JN409862

매니페스토와 한국정치 개혁

매니페스토와 한국정치 개혁

1판 1쇄 찍은날 2006년 3월 10일
1판 1쇄 펴낸날 2006년 3월 17일
지은이 이현출
펴낸이 정길생

펴낸곳 건국대학교출판부
등록 / 제 4-3 호(1971. 6. 21)
주소 / 143-701, 서울시 광진구 화양동 1번지
전화 / (02)450-3891～3
팩스 / (02)457-7202
홈페이지 / http://press.konkuk.ac.kr
e-mail / press@konkuk.ac.kr

책임편집 / 이지은

찍은곳 동화인쇄(주)

정가 10,000 원

ⓒ 이현출, 2006

ISBN 89-7107-439-6 03340

* 지은이와 협의하여 인지 첨부를 생략합니다.
* 잘못된 책은 바꾸어 드립니다.

이 도서의 국립중앙도서관 출판시도서목록(CIP)은 e-CIP 홈페이지 (http://www.nl.go.kr/cip.php)에서 이용하실 수 있습니다.(CIP제어번호: CIP2006000540)

매니페스토와 한국정치 개혁

이 현 출 지음

건국대학교출판부

책을 내면서

국회에서 정치개혁의 현장을 지켜보면서 항상 답답한 마음을 지울 수 없었다. 그 동안 민주화 이후 수많은 개혁조치가 이어졌지만 아직도 국민이 만족할 만한 수준으로의 변화를 이끌어 내지 못했기 때문이다. 부인할 수 없는 제도개혁의 성과에도 불구하고 국민이 요구하는 정치적 성과를 내지 못하는 것은 우리 정당과 정치의 체질이 변화되지 않고 있기 때문이라 할 수 있다. 그 동안 의회와 정당 그리고 선거제도 전반에 걸친 문제들은 많은 부분 해소되었으나, 보다 중요한 사안인 정치세력이 경쟁하는 틀을 어떻게 가져갈 것인가에 대한 방안은 제시되지 못한 것이 사실이다. 선거에서부터 정권 운영에 이르는 정치 사이클의 전 과정을 쇄신해 보겠다는 발상을 하지 못한 것이 현실이다.

이 책은 우리 정치의 개혁을 위한 방안을 선거공약에서 찾고 있다. 지금까지의 한국 정치는 선출된 대표는 백지 위임을 받은 것처럼 활동하고, 주인인 유권자는 대표의 이러한 행동에 짜증을 내면서도 선거 때가 되면 정확한 계약서에 기초하여 계약 이행 여부와 향후의 비전을 고려하지 않고 지역주의나 연고주의에 의거하여 자신의 주권을 행사하는 것이 일반적인 모습이었다.

유권자 입장에서는 어느 정당의 정책이 유권자의 선호를 잘 반영하고 있는지, 그리고 집권당이 생산한 정책이 약속대로 잘 실천되었는지를 평가할 수단이 있어야 한다. 그 기능을 선거공약이 담당하여야 함은 자명한 일이다. 그러나 한국의 선거공약은 공약(空約)이라는 말이 어색하지 않을 정도로 백화점식으로 나열하고, 구체성이 없는 장밋빛 공약으로 일관하고, 선거가 끝나면 실천에는 관심이 없는 희망사항의 종합(wish list)이라고 할 수밖에 없었다.

이 책에서는 반응하지 않는 정치, 정치인들만의 정치, 비전이 없는 정치를 반복하는 한국 정치의 문제점을 극복하기 위한 도구로서 그리고 정당 간 경쟁의 룰(rule)을 변화시켜 정치의 체질을 개선하기 위한 도구로서 매니페스토(manifesto)의 도입을 주장한다. 이러한 점에서 아직 생소한 매니페스토는 무엇이며, 어떻게 평가하고, 어떻게 도입할지 그 방향을 모색하고자 하였다.

이 책은 크게 세 분야로 나누어져 있다. 제1부는 매니페스토에 대한 이해에 목적을 두고 있다. 매니페스토의 의의, 매니페스토와 정치개혁에의 영향, 외국의 매니페스토 도입과 운영 사례, 그리고 매니페스토 평가방안에 대하여 살펴보았다. 제2부에서는 로컬 매니페스토에 대해서 알아본다. 로컬 매니페스토의 의의와 평가방안, 그리고 출마자와 정당을 위해 매니페스토 작성 매뉴얼을 제시하고 있다. 제3부에서는 우리나라 선거에서의 공약의 실태를 분석하였다. 특히 2002년 광역자치단체장 선거공약과 제17대 총선에서의 정당공약 분석을 통해 한국 선거에서 나타난 공약의 특성과 매니페스토로의 발전 전망을 고찰하였다.

필자가 매니페스토에 주목하게 된 것은 2003년도로 거슬러 올라간다. 2003년 실시된 일본 중의원 선거를 분석하던 중에 일본 선거에 처음으로 매니페스토가 도입되어 정책선거로의 대전환이 이루어지고 있다는 점에 주목하게 된 것이다. 이 때부터 자료를 수집하여 2004년 국회에 『입법정보』 제141호를 통하여 매니페스토를 처음으로 소개하게 된 것이다. 이것이 계기가 되어 그 동안 여러 언론에서 관심을 갖게 되었고, 시민단체들이 매니페스토 운동을 추진하겠다는 제안이 들어왔고, 필자는 기쁜 마음으로 이들을 뒷받침해 왔다.

특히 2006년 들어 지방선거를 앞두고 매니페스토 운동에 대한 관심이 크게 고조되었다. 그리고 정치인과 입후보 예정자들이 많은 관심을 가지게 되었다. 책을 낸다는 것이 두렵고 어려운 일이지만, 한국에서 일기 시작한 매니페스토 운동과 논의에 조금

이라도 기여할 수 있었으면 하는 마음에서 감히 출판을 결심하였다. 기존에 발표된 원고들을 취합하고, 또 짧은 시간에 원고들을 완성한 관계로 아직 보완하여야 할 부분이 많을 것으로 생각된다. 이에 대해서는 독자 여러분의 질정을 바란다.

끝으로 이 책이 세상에 나오기까지 많은 분의 도움이 있었다. 멀리서 가까이서 항상 큰 가르침을 주신 은사님과 학회의 여러 교수님께 이 지면을 통해 감사의 인사를 드리고 싶다. 김영래 교수님은 매니페스토 시민운동을 이끌면서 매니페스토 확산에 큰 기여를 하셨다. 아울러 일본에 체재하는 동안 많은 도움을 주시고 일본 정치에 눈뜨게 해 주신 가모(加茂利男) 교수님, 일본 매니페스토에 대해 자세한 설명과 코맨트를 해 준 게이오 대학의 소네(曾根泰教) 교수님, 주오(中央) 대학의 이소자키(礒碕初仁) 교수님, 그리고 와세다 대학 매니페스토 연구소를 방문했을 때 많은 자료와 긴 시간 토론에 응해 준 하야시(林 紀行) 선생, 그리고 로컬 매니페스토 운동에 대한 소상한 설명과 많은 자료를 협조해 준 이노우에(井上良一) 선생에게도 감사의 인사를 전한다. 그리고 연구활동의 울타리가 되어 주신 국회도서관의 배용수 관장님, 박영희 실장님과 동료 연구관 그리고 직원분들께도 감사드린다.

출판을 결정한 후 아주 꼼꼼히 읽고 비평을 해 준 장성훈 박사에게도 고맙다는 말을 전한다. 출판 사정이 어려운 데에도 불구하고 기꺼이 출판을 하락해 주시고 예쁜 책으로 만들어 주신 건국대학교 출판부의 여러분께도 감사 드린다. 마지막으로 바쁘다는 이유로 늘 부족하였지만 언제나 든든한 위로가 되어 주는 사랑하는 나의 가족들, 아내 이정숙과 아들 승준에게 이번 기회에 미안하다는 말과 사랑한다는 말을 전한다.

2006년 2월

국회에서 **이 현 출** 씀

♣ 이 책에 수록된 글들은 출판을 위해 많은 개정 작업을 거쳤기 때문에 이미 발표된 논문의 내용과 다르거나 바뀐 부분이 적지 않음을 밝혀 둔다.

제1장
"매니페스토(Manifesto): 국민에 대한 계약으로서의 선거공약," 국회도서관, 『입법정보』 제141호.(2004).

제2장
"반응하는 정치, 책임있는 정책: 매니페스토 도입과 정당정치 개혁," 경기개발연구원 GRI 총서(2006).

제3장
"외국의 매니페스토와 한국에의 도입을 위한 시사점," 중앙선거관리위원회, '2006 정책선거정착과 한국형 매니페스토 확산을 위한 국민대토론회' 발표논문(2006. 02. 22).

제4장
"정책선거 유도를 위한 공약이행 평가방안." 『선거관리』 제51호(2005).

제5장
"국회도서관 입법지식 DB"

제6장/제7장
신규 작성

제8장
"선거공약의 정치과정과 함의: 광역자치단체장 선거를 중심으로." 『지방행정연구』 제19권 제1호(2005).

제9장
"한국의 지방선거와 정책정당화 과제." (사)내나라연구소・한국정당학회 주최, '지방선거와 정치발전에 관한 한・일 비교' 국제세미나 발표논문(2006. 2. 3).

차례

2 지방선거와 매니페스토

3 한국의 선거공약

1

매니페스토와 정치개혁

1장

매니페스토의 의의

간접민주주의 체제에서 선거공약은 유권자의 의사를 정치 엘리트에게 전달하는 매개가 될 뿐만 아니라 공직자의 선거 후 정책활동에 정통성을 부여해 주는 기능을 수행한다. 그 동안 한국의 선거공약은 유려한 수사(修辭)로 나열되고 구체성이 낮은 모호함과 백과사전식 구성 및 잦은 불이행[1] 등의 이유로 후보자 또는 정당과 유권자 사이에 신뢰의 상징으로 자리 잡지 못하고 공약(空約)에 불과하다는 말이 유행할 정도로 관심을 받지 못해 왔다.

따라서 한국의 선거과정은 정책대결의 장이라기보다는 후보자의 경력소개나 정치활동을 일방적으로 알리는 '개인선전형 선거', 사조직 · 당조직을 이용한 '조직동원형 네트워크 선거', 지역주의 등을 활용한 비방과 흑색선전 중심의 '연고주의형 네거

1) 제15대 의원 평균 공약 이행률이 41%도 안 되는 것으로 보도된 바 있다(주간조선 제1590호, 2000. 2. 17, pp. 18-22).

티브 캠페인'으로 전개되어 온 것이 현실이다. 유권자의 측면에서도 후보와 정당의 정책공약을 비교하여 지지후보를 결정하기보다는 지역주의와 혈연, 학연 등에 얽매인 연고주의 같은 전근대적 투표행태에서 벗어나지 못하고 있는 것이 현실이다.

그 동안 정당과 선거를 둘러싼 환경이 크게 변화하여 정책선거에 관한 관심이 크게 고조되어 왔다(환경 변화에 대해서는 제9장 참조). 이러한 환경의 변화에도 불구하고, 정책선거를 이루려는 정당의 노력은 미약하며, 제17대 총선공약을 살펴보아도 재원과 로드맵, 우선순위 등이 전혀 고려되지 않은 선심성 공약이 남발되었다.

실제 대통령이나 단체장 등에 당선되더라도 공약 달성도를 점검하는 연차보고서는 나오지 않으며, 공약 달성도가 정당 선택의 기준이 되지도 못하는 실정이다. 이 장에서는 한국의 정치가 정책을 중심으로 경쟁하는 정책선거 또는 정책정당을 이루기 위한 전제로서 매니페스토의 도입을 주장한다. 먼저 매니페스토가 무엇을 의미하고 정치과정에서 어떤 의미를 지니는지 살펴보고자 한다.

1. 개념과 기원

매니페스토의 사전적 의미는 "정당이 총선거 후에 정권을 담당한 경우에 반드시 입법화하겠다고 약속한 정책 개요를 공식적으로 문서화하여 선거기간중에 공표하는 국민에 대한 서약서"(Oxford Companion to 20th British Politics, Ramsden, Oxford)로 정의된다. 국민에 대한 서약서를 의미하는 매니페스토가 일반공약과 다른 점은 선거공약의 목표치를 구체적이고 명확하게 명시하고, 이러한 목표를 실현하기 위한 재정적 근거와 로드맵을 구체적으로 제시한다는 점이다. 즉, "선거공약에 기간, 목표, 공정, 재원, 나아가 우선순위라는 구체적 계약을 담는 것"을 의미한다. 예를 들어 '청년실업을 해소하겠다'라는 공약이 아니라 '언제까지, 어느 정도 수준에서, 어느 정도의 재원을 들여, 어떻게 해소하겠다'라는 구체적인 서약서를 제시하는 것이다.

이처럼 '기간, 목표, 공정, 재원, 나아가 우선순위라는 구체적 계약을 포함하고 있는 선거공약'으로서의 매니페스토는 영국 선거에서 그 기원을 찾아볼 수 있다. 영국 보수당 문헌에 의하면 1834년 탐워스(Tamworth)에서의 선거에서 당시 보수당 필(Robert Peel) 당수가 매니페스토를 제시했다고 되어 있으며,[2] 이것이 매니페스토에 대한 최초의 기록이다. 이 기록을 근거로 하면 영국 매니페스토의 역사는 약 170년에 달한다. 이후 영국 선거에서 1906년 노동당이 매니페스토를 문서화하였고, 보수당과 자유당 양당도 이에 따르게 되면서 영국 매니페스토 발전의 맥을 이어왔다. 한편, 현재와 같은 매니페스토 스타일은 1935년 보수당 매니페스토에서 시초를 찾을 수 있다.

매니페스토는 정책의 실질적인 수행을 전제로 한 구체적인 정책 제언이다. 이는 구체성을 결여한 선언적 요망사항 리스트(wish list)를 나열한 한국 정당의 선거공약과는 분명한 차이를

2) 전문은 http://www.scholars.nus.edu.sg/landow/victorian/history/tamworth2.html 참조.

보인다.

아래에서 제시된 사례는 영국 노동당 매니페스토와 한국의 제17대 총선에서 제시된 어느 정당의 정책안을 비교한 것이다. 이 두 사례를 통해서 매니페스토에 대하여 보다 구체적인 의미를 확인할 수 있다.

1997년 영국 노동당 매니페스토의 예

- 25세 미만 25만 명의 청년 고용
- 5~7세 아동 학급 규모 30명 이하로 축소
- 향후 2년간은 현재의 지출제한 틀을 넘지 않음
- 100만 명을 진료대기 상태로부터 해방

2004년 총선에서 우리나라 어느 정당이 청년실업 해소를 위해 제시한 방안

- 창업촉진, 투자활성화, 서비스산업 육성, 중소・벤처기업의 일자리 창출 등 중장기적 대책 추진
- 대국민 서비스 분야의 공무원 신규채용 확대
- 공기업의 청년채용 적극 권장
- 통합적 청년실업대책인 YES(Youth Employment System) KOREA를 시행하여 구직자에게 맞는 개인별 직업알선 서비스 제공
- 고용안정센터를 인력수급 중추기관으로 전문화

영국 노동당 매니페스토의 경우 '25세 미만 25만 명 고용'과 같이 구체적인 숫자가 포함되어 있는 반면, 한국 정당의 정책공약에서는 '중장기 대책'과 '공무원 신규채용 확대' 등과 같이 모호

한 문장으로 구성되어 그 구체성에서 확연한 대조를 이루고 있다. 한편 재원의 명시에서도 그 차이를 명확히 확인할 수 있다. 영국 노동당은 '5~7세 아동 30명 학급 실현'을 위해 1억 8,000만 파운드에 달하는 엘리트 교육제도를 단계적으로 폐지할 것을 공약으로 제시하고 있다. 또한 25만 명의 청년 실업자 감소를 위해서는 잉여이익을 낸 기업을 대상으로 1회에 한해 과세하고, 그것을 재원으로 충당한다고 제시하여 재원의 규모와 조달방법을 명확히 하고 있다. 그러나 한국 정당의 정책공약에서는 구체화된 재원 규모와 확충방법을 확인할 수 없다.

아울러 정책추진의 기한도 공약 제시에 있어 중요한 의미를 가진다. 예를 들어 대통령과 단체장, 국회의원은 각각 임기가 제한되어 있으므로, 명확하게 기한이 제시되지 않은 정책이나 중·장기적인 대책은 유권자에게 판단근거를 제공함에 있어 한계를 가진다. 이러한 측면에서 보면 '2년'이라는 구체적 기간이 명시된 매니페스토와 기간이 전혀 언급되지 않은 한국의 선거공약 사이에 차이를 확인할 수 있다.

또한 1997년 영국 노동당 매니페스토에서 보이는 것처럼 정책의 우선순위를 제시하는 것도 주목할 필요성이 있다. 노동당은 매니페스토를 통해 우선순위별로 10대 공약을 제시하고 있으며, 블레어 당수는 선거기간중 연설에서도 "나에게는 꼭 하고 싶은 것이 셋 있다. 그것은 교육, 교육 그리고 교육이다."라고 정책의 우선순위를 분명히 하였다.

이렇게 정당 또는 후보자가 반드시 행하고자 하는 정책에 대한 의지를 구체적으로 천명함으로써, 유권자들에게 후보자 선택의 실질적 판단기준을 제공하고 선거 이후에는 실행 및 검증의 주요한 근거로 작용할 수 있다. 이러한 점에서 포괄적이고 추상적인 정책을 나열하는 한국 정당의 선거공약과 매니페스토는 명확히 구별된다.

이상에서 나타난 것처럼 매니페스토는 정권 획득 시의 구체적 정책을 표시한 것이다. 따라서 매니페스토를 통한 대국민 정책 제시는 선출된 대통령이나 단체장 그리고 국회의 다수당의 입장에서 그들이 제시한 정책을 착실히 이행하고 있는지 스스로 검증할 책임성을 강제하는 기제로 작용할 수 있다. 그리고 매니페스토 달성도에 대한 평가는 유권자의 입장에서 다음 선거에서 지지 여부를 결정하는 중요한 판단지표의 역할을 수행할 수 있게 된다.

2. 매니페스토의 성격

앞서 살펴본 개념과 의의에 기초하면 매니페스토가 일반적인 선거공약과는 구별되는 몇 가지 중요한 특성을 가지고 있다는 사실을 확인할 수 있다. 따라서 이 절에서는 매니페스토가 갖는 차별적 특성을 통해 그 성격을 규정해 보고자 한다.

1) 계약적 성격

매니페스토가 약속이라는 측면에서 계약으로 본다면 정당과 국민과의 어떠한 계약일까? 매니페스토, 즉 정책계약은 상품

매매계약의 경우와 유사한 논리구조를 가지고 있다는 주장이 있다. 매매계약이 성립되기 위해서는 먼저 상품에 대한 흥미를 표시하고 구매의사를 표시하는 구매자가 나타나야 하듯이, 공약도 다수의 지지자가 나타나야 한다. 다만 공약은 상품이 실물인 점과 달리 '후보자가 당선된다면'이라는 조건이 붙는 정책실현 제안에 지나지 않는다.

매매계약은 매도인과 매수인 사이에 상품의 인도와 대가지불을 내용으로 하는 의사의 일치가 있을 때에 성립하는 것이다. 그렇다면 선거의 경우에도 후보자와 유권자 사이에 정책에 관한 계약이 체결된다고 할 수 있을까? 또한 정책계약의 체결을 추구하는 교섭과정은 있다고 할 수 있는가? 매매계약과 비교하면 아주 불명확한 부분이 많다고 할 수 있다. 선거의 경우 후보자와 유권자의 교섭은 유권자의 수가 너무 많고 선거법에 의한 규제 때문에, 대부분의 유권자의 입장에서 보면 매매교섭의 경우와 비교해 극히 획일적이고 일방적 발표와 청취의 관계일 뿐이다. 따라서 교섭이라고 말하기는 어렵다고 볼 수 있다. 그러나 후보자에게는 각종 단체와 유권자 집단과의 교섭관계를 포함해 일반 유권자의 지지를 좇아 선거과정을 조정해 나가지 않으면 안 되는 교섭과정이다.

그렇다면 정책계약은 체결되는 것일까? 매매계약의 경우와 같이 단순하지는 않지만, 반복되는 선거 그 자체가 불성실한 정치지도자나 공약불이행의 정치인에게 제재의 기회를 제공하고 있다. 그러한 측면에서 재판절차에 의한 법적 보호는 주어져 있지 않지만 정책계약은 상품의 매매계약과 유사한 논리구조를 가진다고 할 수 있다(前田英昭 2003). 그러나 이러한 논리구조를 유지할 수 있게 하는 것은 유권자이다. 유권자가 불성실한 정치인에 대해 반드시 제재를 가하지 않으면 정책계약의 구조는 붕괴되고 말 것이기 때문이다.

공약이라는 제도는 민주적 권력의 합리적 정당성의 토대를 형성하는 것이다. 만약 정치지도자가 공약이라는 제도를 기피한다면 정치권력이 민주주의의 합리성을 잃어가고 있는 확실한 징조라고 말할 수 있을 것이다. 요약하면 공약은 3가지의 기능을 가지고 있다고 할 수 있다.

첫째, 공약은 유권자 집단에 기본적인 정책 선택지를 제공함으로써 선거과정을 정책과정으로 전환하는 것이다. 선거는 단순한 리더의 선출에 머무는 것이 아니라 그 자체가 하나의 정책결정과정이 되도록 하는 기능을 수행하게 된다.

둘째, 공약은 미래에 대한 비전을 후보자들에게 제시하도록 하고, 더욱이 정책계약의 체결을 통해 정치게임의 룰을 설정시켜 정치사회의 예측가능성과 안정성을 높이는 기능을 하게 된다.

셋째, 공약은 정치권력에 민주주의적 정당성을 부여하기 위한 기본적인 제도적 장치로서의 기능을 수행한다.

2) 관습법적 성격

매니페스토는 왜 실행되어야 하는가? 선거인의 명령 또는 위임론(mandate)에 따르면, 선거는 정부가 반드시 복종해야 할 명령을 투표자들이 부여했다는 성격을 지니는 것으로 보기 때문에,

정권을 맡은 정당은 국민이 또는 자치단체 주민이 승인한 정책의 실시를 위탁받은 것으로 보고 있다. 따라서 아무리 어려운 일이 있어도 위임사항은 실천에 옮겨야 하는 것이다. 매니페스토에 기재한 내용을 실행에 옮기지 않거나 또는 게재하지 않은 정책을 실시하는 경우 정부는 국민에게 설명할 필요가 있다. 매니페스토 위반은 법적 책임을 수반하는 것은 아니지만, 그 이상으로 무거운 정치적 제재를 수반하게 된다. 따라서 매니페스토는 실행에 옮기지 않으면 안 된다는 규범성을 갖는 것이다.

영국에서는 기본정책을 변경할 경우 총선에서 국민들 사이의 논쟁을 통해 결정되어야 한다는 원칙이 하나의 선례로 인식되었다. 그러나 현재에는 이 원칙이 관습헌법으로 승인되고 있다(Jennings 1952). 영국의 민주주의는 국민의 참정권 확장과 함께, 의회를 국가의 최고의결기관으로 하는 법적인 의회주권으로부터 나라의 중요한 정책을 국민의 투표에 의해 결정하는 정치적 국민주권의 방향으로 나아갔다. 이처럼 매니페스토는 국민에 대한 구체적인 정책 제시뿐만 아니라 그 정책에 대한 일관성 있는 실현 또는 수행의 의무와 평가라는 규범을 내재한 관습법적 성격을 지니게 된다.

3) 명령적 위임의 모호성

다음으로 명령적 위임(mandate)의 모호성에 대해 살펴보자. 위임은 첫째, 국민에게 제시한 개개의 테마에 관해서 국민의 동의를 얻었다고 하는 설, 둘째, 국민에게 제시한 프로그램의 구체적 실현에 관해서 국민의 동의를 얻었다고 하는 설, 셋째, 정부가 필요하다고 생각하는 입법을 실현하는 데에 관한 포괄적 동의를 얻었다는 설의 세 가지 관점에서 이해될 수 있다.

선출된 국가기관(대통령, 단체장, 의회 등)이 수행하는 정책은 성급하게 만들어진 미숙한 매니페스토 정책일 수도 있다. 어느 정책은 매니페스토에 제시되지 않았지만 국회에서 입법화되는 것일 수도 있다. 또한 선거 시에 매니페스토로 승인되었지만 선거 후에 다수 국민의 지지를 잃는 경우도 있을 수 있다.

그렇다면 위임을 얻었다는 것은 어떤 것을 의미하는가? 누가 국민의 위임이 있다고 판정할 수 있는가? 즉 정부가 정책을 구체화하여 법률안으로 의회에 제출하는 경우에도, 이미 매니페스토에 제시된 내용이라도 법안 제출자인 정부와 국민 사이에 의사의 불일치는 있을 수 있다는 것이다. 그것을 확인하는 것이 의회에서의 심의이다.

예를 들어 영국 대처 정부에서는 인두세를 매니페스토로 제시하여 승인을 받았음에도 불구하고 전 국민적인 반대에 봉착하여 입법화되지 못했고, 이후 취임한 메이저 총리가 인두세 폐지를 결의한 바 있다. 따라서 의회는 국민의 위임이 있는 정책을 다수결로 통과시키기만 하면 되는 것은 아니며, 의회의 심의를 통해 명령적 위임의 유무를 재확인하는 것이 필요하다.

3. 매니페스토의 작성과 평가

1) 매니페스토의 작성

일반적으로 매니페스토를 작성하는 곳은 정당이지만 구체적인 작성기구는 정당에 따라 다르다. 같은 정당이라도 시기에 따라, 당수의 변경에 따라 담당이 달라지는 경우가 많다. 그러나 매니페스토는 국민에 대한 선거계약을 제시한다는 점에서, 그 작성에서부터 심도 있는 논의와 심의가 필요하기 때문에 일반적으로 정당의 당수를 포함한 당 지도부의 영향력이 크게 발휘된다. 이 점에서는 어느 정당이나 공통점을 가지고 있다.

영국 노동당의 경우 1992년 총선거까지는 노동조합이 매니페스토의 작성에 많은 영향력을 발휘해 왔다. 그러나 1980년대부터 1990년대 전반에 걸쳐 노동당이 추락하는 과정에서 자연히 노동조합과의 분리가 검토되어 현재에는 노동조합의 영향력은 약화되었다(Ludlam and Smith 2001, 77-78).

현실적으로 매니페스토가 어떠한 과정을 거쳐 작성되는지 1987년 총선거를 앞두고 만들어진 보수당 매니페스토 작성의 예를 통해 알아보자.[3] 당시 보수당은 집권당이었고, 대처가 수상을 맡고 있을 때였다. 당시 대처는 내각을 이끄는 수상으로서 그리고 보수당 총재로서 절정기를 누리고 있었고, 내각이나 당에서는 누구도 대처에게 거역할 수 없는 상황이었다. 당시 총선

3) 노동당 매니페스토 작성과정은 제3장 외국의 매니페스토를 참조할 것.

일정은 1987년 6월 11일로 정해졌다.

보수당은 1986년 7월부터 어떠한 매니페스토를 만들 것인지에 대한 검토에 들어갔다. 많은 국회의원, 학자, 실업가를 멤버로 하는 정책 그룹을 결성하여 그 정책 그룹에 의해 경제문제, 고용문제, 치안유지, 의료문제, 교육문제, 주택문제, 가족문제, 청소년 문제, 외교문제 등 9개 분야에 걸쳐 보수당의 대응방향을 검토하기 시작하였다. 이 그룹이 결론을 도출한 것이 그로부터 5개월 후인 12월이었다. 그리고 그 보고서를 대처 수상에게 제출하였으나, 그 후 이 보고서를 매니페스토화하겠다는 움직임은 적어도 표면적으로는 보이지 않았다.

1987년 1월이 되어 대처 수상은 국회의원 1인과 수상 정책자문가, 그리고 수상 비서 등 3인을 모아 매니페스토 원안 작성을 지시했다. 이 3인은 각료들의 생각을 조정하기 위해 수상에게 거물각료의 영입을 요청했으나, 수상은 재무성 제2장관을 투입하여 원안 작성을 통솔하도록 하였다. 3월 4일에 이 팀에 타임즈 기자가 다시 추가되었다. 선거에서 유권자에게 약속할 정책을 구체적으로 매니페스토로서 문장화하기 위해서였다. 이 신문기자는 1개월 후인 4월 3일 원안을 작성하여 수상에게 제출하였다. 이 원안은 이후 보수당 국회의원으로 구성된 매니페스토 위원회에서 점검받게 되었다. 이 위원회의 수정을 거쳐 4월 16일 매니페스토 위원회 안으로서 대처 수상이 주재하는 보수당 간부회의에 회부되어, 여기에서 많은 변경이 제안되어 수정되기에 이르렀다.

이 회의에서는 매니페스토의 형식을 두고도 논의가 제기되었다. 대처 수상은 1983년 매니페스토의 추진 실적과 이번 선거의 매니페스토를 분리하여, 두 가지의 문서로 만들자는 주장을 제기하기도 하였다. 결국 대처 수상의 의견이 받아들여져 1987년 보수당 매니페스토는 2권의 책으로 간행되기에 이르렀다. 내용면에서도 수상이 강권하여 매니페스토에 도입된 정책도 적지 않았다. 1987년 매니페스토에 보수당은 교육개혁, 공영주택의 민영화, 지방세의 인두세화 등 다소 과격한 공약을 포함시켰고, 여기에는 대처 수상의 영향력이 크게 작용했다는 평가다.[4)]

그 후 대처 수상의 공보관 등이 읽기 쉽게 표현을 수정하여 최종적인 매니페스토를 작성하였는데, 이는 과거의 예에서 찾아볼 수 없을 정도의 두꺼운 분량으로 무려 77페이지에 이르는 것이었다. 당시 영국의 대표적인 신문인 타임스는 이 매니페스토를 다음과 같이 평가하였다.

> 보수당의 매니페스토는 정권의 자리에 있으면서도 안주하지 않고 향후의 정책방향을 고민하고 그 실현을 위해 감히 위험을 무릅쓰는 내용의 매니페스토이다. 반대세력이 강함에도 불구하고 가야 할 목표를 제시하고 그 실현을 위해 싸워 나가려는 것이다.
>
> — Butler and Kavanagh 1988, 172

2) 매니페스토 선거과정

영국에서의 매니페스토 선거의 가장 큰 특징은 매니페스토가 유권자 판단의 중요한 근거를 제공하며, 따라서 캠페인 차량이

4) 매니페스토 작성과정에 대해서는 Butler and Kavanagh(1988), pp. 39-45를 참조할 것.

난무하는 우리의 선거와는 달리 돈 안 드는 조용한 선거를 치른다는 점이다. 후보자의 선거운동은 호별 방문이나 홍보물 배포, 전화 홍보 등에 한정되며, 후보자 간의 선거구 토론회에서도 지역사업 공약보다는 정당의 정책공약을 둘러싸고 논쟁을 벌이게 된다. 매니페스토는 투표일 1개월 정도 전에 각 정당으로부터 일제히 발표되며, 주요 정당 매니페스토는 선거기간중 일반 서점에서 2파운드 정도에 판매되고 있다.

매니페스토는 각 정당이 득표의 극대화를 목표로 하는 이상 각 정당의 유·불리에 따라 쟁점별 침소봉대가 일어나게 마련이다. 이러한 강조와 침묵의 행간을 파헤치는 것이 언론의 역할이다. 언론은 정책분야별로 각 정당의 구체적 정책내용을 분석해서 유권자에게 알기 쉽게 대비하여 선택지를 제시하게 된다. 각 정당이 매니페스토를 공표한 후에 매스미디어는 각 정당의 공약을 비교·대조한 일람표를 게재하고, 나아가 선거기간중에 신문이나 TV가 매니페스토 해설이나 정당 간의 쟁점을 다루는 기사나 프로그램을 편성하게 된다.

TV나 라디오는 당수나 당간부, 또는 현역 장관과 그림자 내각 등을 초청하여 토론회를 열고, 매니페스토의 애매한 부분에 대하여 추궁하도록 한다. 이러한 평가에 기초하여 투표일 직전에는 영국의 주요 일간지가 지지정당을 선언하게 되며, 민간 싱크탱크에 의해 각 정당 공약의 허구성과 비현실성 등이 공격받는 경우도 있다. 이러한 논의과정을 거치면서 각 정당의 정책은 실제 투표과정에서 국민들의 판단기준으로 자리 잡게 되는 것이다.

3) 매니페스토 실시 절차와 평가

선거에서 승리한 정당은 정권을 담당하게 되며, 내각은 선거기간중에 공약한 매니페스토에 내걸었던 정책의 실시계획을 수립하게 된다. 매니페스토는 선거 때만의 이야기로 끝나는 이전의 공약과는 달리 선거 이후에도 실행과 검증과정을 거치는 하나의 사이클로 이해하는 것이 필요하다. 즉 행정학이나 경영학 분야에서 종종 논의되는 정책의 순환을 구체화한 것이다. 그 발상은 Plan-Do-See의 개념과 동일하다. 즉 계획을 세워 선거에서 심판을 받고, 선거에서 승리하면 그 실행체제를 갖추어 즉시 실천으로 옮겨 가는 것이 필요하다. 그리고 그 실천 과정과 결과를 평가하여 유권자는 다음 선거에서 집권세력을 평가하게 된다는 것이다.

여기에서 영국의 예를 살펴보자. 먼저 정책에 우선순위를 부여하고, 매니페스토의 정책들을 임기 동안의 실시계획에 따라 분류하여 제1차 연도에 실시할 정책을 의회 개회 모두(冒頭)에 '여왕의 연설'에서 공표하게 된다. 여왕의 연설은 이번 회기중에 내각이 입법화할 정책을 여왕이 수상을 대신해서 공표하는 것이다. 여왕의 연설에 대해서 주답문(奏答文)을 올리는 것이 관례로 되어 있고, 그 주답문의 심의라는 형태로 수상, 야당 당수 및 의원에 의해 정책에 관한 총괄적인 토론이 행해진다. 토론을 위해 야당은 수정안을 형식적으로 제출하게 되나, 수정안이 가결되는 것은 아니다.

예고된 법안이 제출되면, 제1독회 심의→위원회 심사→보고단계 심의→제2독회 심의·가결→귀족원 심의의 과정을 거쳐 정책이 입법화된다. 이 과정에서 주목할 것은 매니페스토 논쟁은 선거에서 시작되어 선거 후에 열리는 의회의 모두에서부터 회기 중에도 계속해서 지속되며, 다음 총선까지 지속된다는 점이다.

매니페스토에는 정책실시의 수치목표가 적시되어 있어 수시로 그 목표대로 실시되고 있는지 여부가 검증 가능하다는 점이 특징이다. 야당은 다음 선거 실시 전에 매니페스토 실천상황을 엄격하게 비판하고, 여당은 실시 결과의 수치를 제시하며 반박하게 된다. 한국의 선거공약이 선거를 치른 후 일정기간이 지나면 몸에 붙였던 파스가 떨어지듯이 취급되는 것과 달리 영국의 매니페스토는 공문서로서 간주되며 정기적으로 정리하여 출판되고 있는 실정이다(예: Craig 1990). 한국의 선거공약은 정책이 아니라 추상적인 이념으로 간주하기 때문에 유효기간이 없지만, 영국의 매니페스토의 경우에는 하원의원의 임기라는 유효기간이 명시된다는 점이 다르다고 할 것이다.

4. 이상적인 매니페스토

1) 이상적인 매니페스토

영국에서는 정책의 목표에 스마트[SMART], 즉 구체성(Specific), 측정 가능성(Measurable), 달성 가능성(Achievable), 타당성(Relevant), 기한 명시(Timed)가 요구되고 있다. 이처럼 영국의 스마트 지표는 가치 중립적이며 매니페스토의 형식요건과 타당성에 기초하고 있다.

따라서 이러한 요건을 갖추고 있는지 여부를 파악하는 것이 매니페스토 만들기의 첫걸음이 될 것이다. 그리고 제4장에서도 다룰 예정이지만 선거 시에 매니페스토를 사전에 평가하는 기준으로도 이러한 기준이 활용될 수 있을 것이다.

이러한 형식요건에 더해서 최근 지방선거를 앞두고 한국사회가 지향해 나가야 할 방향과 지방자치의 목표를 담은 한국형 매니페스토 요건을 제시하는 경우도 볼 수 있다. 즉, '셀프'(SELF) 지표가 그것이다(531 스마트 매니페스토 정책선거추진본부 2006).

SELF 지표는 지속 가능성(Sustainability), 자치역량 강화(Empowerment), 지역성(Locality), 이행평가(Follow-up)를 추가로 요구하고 있는 것이다. 여기에서 지속 가능성은 후보들이 제안한 정책들의 실현 결과, 지역의 지속 가능한 발전을 가져오는지 여부를 말하는 것이다. 자치역량 강화는 제시한 정책이 주민의 자치역량을 성숙시키고 지방자치단체 역량과 로컬 거버넌스(local governance) 역량을 얼마나 강화할 수 있느냐를 말한다. 지역성은 각 분야별로 제시된 정책이 얼마나 지역적 특성을 살리고 있으며, 지역특화 발전정책이 얼마나 풍부하게 제시되어 있느냐를 말한다. 끝으로 이행평가는 약속한 정책의 이행과정에 주민들의 참여와 평가가 실효성 있게 제시되고 있느냐를 말한다. 이러한 매니페스토 요건은 다분히 가치가 개입된 기준이며, 이를 어떻게 측정 가능한 형태로 구체화할 것인지는 향후의 과제라고 할 것이다.

이러한 몇몇 차원에서 잘 된 매니페스토를 선택하는 데 필요한 고려사항을 몇 가지 지적해 두고자 한다. 첫째, 매니페스토는 정당이 국민에게 제시하는 계약이기 때문에 전체 후보자가 당선되면 실천에 옮기겠다는 것을 서약하지 않으면 안 된다. 주요 사안에 대해 선거 때에는 표를 의식하여 침묵을 유지하다가 선거 후의 정책결정 과정에 반론을 제기하여 당론수렴을 어렵게 하는 경우가 종종 있다. 매니페스토는 이러한 당론수렴절차를 선거 이전으로 옮겨 가자는 것이다. 따라서 각 정당은 국회의원 선거의 경우에는 소속 후보자들의 의지를 확인하는 것이 중요하다고 본다.

둘째, 수치에는 근거와 공정표 등이 함께 제시되어야 한다. 매니페스토에는 수치가 포함될 것을 요구하고 있으나, "검거율 2배로 증가"와 같은 공약의 경우 이는 단순한 목표이지 실현 가능한 수치와는 다름에 주의할 필요가 있다.

셋째, 정당의 이념과 정체성과는 역행하지 않는가를 살펴볼 필요가 있다. 정당이 정책을 전환하는 것이 나쁜 것은 아니나 기존의 노선을 180도 전환하면서 국민들의 환심을 사려고 내세운 정책은 실현 가능성이 없다고 판단할 수 있기 때문이다.

넷째, 연립정부 또는 공동정부의 경우에는 각 정당정책의 최대 공약수를 제시해야 한다. 이제는 단순히 지역에 기초한 선거연합이 아니라 정책에 기초한 연합의 추진이 이루어져야 할 것이다. 이러한 측면에서도 매니페스토 도입의 의의는 크다고 할 수 있다. 각 당이 구체적인 매니페스토를 제시한다고 하더라도 전혀 다른 매니페스토를 제시한 정당과의 연립을 구성할 경우, 연립 이후의 정책갈등은 불 보듯 뻔한 일일 것이기 때문이다.

다섯째, 기한은 원칙적으로 임기 이내로 할 때 의미가 있다. 대통령 임기가 5년임에도 불구하고 임기 후의 일인 "2010년까지

국민소득 2만불 달성" 등을 공약으로 내세우는 경우가 흔히 있다. 수치로 명확화하는 것은 좋으나 현 대통령의 임기 내에는 실현 불가능한 사항인 경우 기한을 설정한다고 하더라도 이는 의미를 잃고 말 것이다.

여섯째, 실현에 즉각 옮길 수 있는 공약이어야 함을 전제로 한다. 1994년 미국 중간선거에서 '아메리카와의 계약'과 같이 당선 후 100일 이내에 입법화할 수 있는 정책이 제시되었던 것처럼 즉각적인 실천 가능성이 중요한 판단기준이 될 것이다. 당내 의견 조율조차 되지 않은 상태에서 공약으로 내세우는 경우, 즉각적인 실천은 어려우며 오히려 국론을 분열시킬 우려가 있기 때문이다.

일곱째, 정책에 우선순위가 부여되어 있어야 한다. 각 정당이 제시하는 공약은 수십 항목에 달할 것이며, 그 중에서 가장 중요한 항목으로서 우선적으로 취급할 것, 차 순위로 처리할 것, 2, 3년차로 처리할 것 등을 분류하여 유권자에게 제시하는 것이 필요하다. 정해진 재원으로 할 수 있는 일은 한정되어 있기 때문에 우선순위가 필요한 것이다. 한국의 제17대 총선에서 각 정당이 제출한 10대 공약은 분야별로 망라하였을 뿐, 우선순위를 전혀 발견할 수 없도록 작성된 것을 볼 수 있다(제9장 참조).

여덟째, 정책실현을 위한 체제와 진용을 갖추고 있는지, 어떤 진용으로 목표에 달성할 수 있는지를 명시할 필요가 있다. 어떤 진용으로 정권을 운영하고 공약을 실천에 옮길 것인지를, 특히 의회 내 소수세력은 현실적으로 가능한 연립의 방법 등을 제시하여 국민들이 어떤 정권이 형성될 것인지를 분명히 알 수 있도록 해 주어야 할 것이다.

2) 매니페스토 도입의 한계

매니페스토의 원조인 영국과 2003년부터 도입하여 국민들로부터 많은 지지를 받고 있는 일본의 경우 공히 의원내각제를 채택하고 있다는 점을 들어 매니페스토가 의원내각제라는 제도적 토양에서 성공할 것이라는 논의가 있다(前田英昭 2003). 그러나 미국의 깅그리치의 '아메리카와의 계약'과 같이 대통령제 국가에서도 성공할 수 있으며, 일본의 경우 지방자치단체의 단체장이 중앙정계보다 먼저 들고 나와 주목을 끈 바와 마찬가지로 우리나라에서도 대통령 선거, 국회의원 총선, 단체장 선거 등에 다차원적으로 적용될 수 있을 것으로 판단된다.

특히 양원제를 취하고 있는 일본의 경우 참의원 선거의 매니페스토 성격을 어떻게 부여할 것인가가 문제가 된다(川口英俊 2005). 일본에서는 중의원 총선거를 정권공약을 내건 매니페스토 선거로 규정하는 데에는 이론이 없다. 중의원 선거로 정권선택을 결정하기 때문에 참의원 선거의 성격을 어떻게 규정할 것인가가 문제로 대두된다. 하나의 논의는 참의원 선거를 정권선택 선거의 중간선거로의 의미를 부여하자는 논의가 제기되고 있다(新しい日本を作る國民會議 2004). 필자는 대통령과 국회가 모두 국민으로부터 위임받는 이원적 정통성을 갖는 한국의 경우에도 대통령 선거는 정권을 선택하는 선거이며 국회의원 선거는 중간평가로서 의미를 부여할 수 있을 것으로 본다.

아울러 우리나라와 같이 여소야대의 분점정부(divided government)의 탄생이 빈번한 경우 연립정부의 구성으로 매니페스토의 본질이 훼손될 것이라는 주장이 있을 수 있다. 그러나 최근 독일이나 프랑스에서처럼 선거 전부터 각 당이 연립의 상대를 명확히 하고 있는 경우에는 정당연합의 정권공약을 공표하고 유권자의 지지를 호소할 수 있을 것이다. 그러나 선거 후 연립을 모색하게 되는 경우 매니페스토의 조정에 합의하지 않으면 안 될 것이며, 이러한 경우에는 국회에서의 공개적인 심의를 통해 국민들의 지지를 확보해 나가는 방법을 취하게 될 것이다.

다음으로 원내정당화 경향과 배치되는지 여부에 대해 알아보자. 이 문제는 지방 차원보다는 중앙정치 차원에서 제기되는 문제일 수 있다. 오늘날 한국 의회정치는 지나친 원내정당화의 강조로 인하여 교섭단체의 역할을 줄이고 의원 개인의 자율성을 강조하고 있다. 나아가 당론정치가 있는 한 다수결에 의한 국회운영은 불가능하다며 당론정치의 폐해를 주장하고, 원내교섭단체 중심의 국회운영의 혁파를 주장하는 논의가 제기되기도 한다(김민전 2005). 이처럼 의원 개인의 자율성만을 강조할 경우 한국 정당에서처럼 소속 의원들의 이념적 스펙트럼이 다양한 상황에서 매니페스토의 실행을 담보할 수 없다는 결론이 나온다.

반면 이웃 일본의 경우에는 1994년 이후 정치개혁의 목표를 "정당본위", "정책본위"의 정치에 두고 정당의 책임성을 강조하고 있다는 점에서 우리와 대조적이다. 중앙정치 차원에서 매니페스토의 성공은 정당이 그 중심에 서야 한다는 점에서 한국에서의 극단적인 원내정당화 주장은 옳지 않다고 판단된다. 따라서 다음의 제2장에서도 살펴볼 것처럼 매니페스토의 도입이 의회정치와 정당정치를 변화시키는 순기능을 발휘하기 때문에, 오히려 지금까지 제기되고 있는 원내정당화 논의를 근본적으로 해소할 수 있다고 판단된다.

특히 한국에서의 선거제도와 정당제도 등은 여전히 정당의 책임성을 강조하고 있기 때문에 제도적 정합성의 차원에서도 책임정당론이 더 가까울 것으로 판단된다. 즉, 정당투표제 도입이나 정당에 대한 국고보조금 지원 등 여타의 제도들이 정당의 책임성을 강조하고 있다는 점에서도 지나친 원내정당화 논의는 재고할 필요가 있다고 생각한다. 다만 과제는 매니페스토를 도구로 하여 원내논의를 정책을 둘러싼 논의로 바꾸어 나가는 것이라고 생각한다.

매니페스토의 도입은 정당으로 하여금 구체적인 정책목표를 명시하도록 함으로써, 유권자의 선택을 정책선거로 견인함과 동시에 정치의 국민에 대한 책임성(accountability)을 확보하는 데 목적이 있다. 즉, 유권자의 측면에서는 선택의 기준이 종래와 같이 금권, 지역, 연고주의 등에 얽매이는 것이 아니라 정책을 보고 선택하도록 함으로써 선거문화를 한 차원 끌어올리는 데 크게 기여할 것으로 평가된다.

아울러 정치권에 대해서도 매니페스토 프로세스에 기초한 책임성이 강조됨으로써, 정쟁에 골몰하지 않고 자신들이 내세운 정책공약을 실현하는 데 집중하게 되어 정치의 생산성을 높이는 결과를 가져올 것으로 기대된다. 선거과정도 정책대결이 중심이 됨으로써 막대한 돈을 들여 거대한 조직을 동원하는 선거, 흑색 선전과 상호비방의 네거티브(negative) 선거운동을 지양하게 될 것이다.

물론 이념과 정책에 기초한 생산적인 정책선거는 유권자들이 이념적 · 정책적 정체성을 갖고, 정당체계가 이러한 사회적 균열에 기초하여 안정성을 보일 때 가능할 것이다. 그러나 유권자의 의식변화는 시간이 걸릴 것이다. 그러므로 우선 공급자 측면에서 지역주의나 연고주의가 아닌 정책을 내걸고 국민들에게 호소할 때, 정책선거는 앞당겨질 것이며, 이는 제도적으로 개선될 수 있는 문제이기 때문이다.

이러한 맥락에서 매니페스토의 도입은 한국 선거문화를 일신하고 생산적인 정치로의 도약을 위한 의미 있는 첫걸음이라고 할 수 있다. 매니페스토의 도입과 정착을 위해서는 매스미디어와 시민단체의 관심과 역할이 중요하다. 지금까지 매스미디어는 균형 있는 선거보도를 최우선시해 왔으나 매니페스토가 도입되면 각 당의 정책 소개뿐만 아니라 각 당의 매니페스토가 갖는 문제점, 비교평가 등이 가능해질 것이다. 민간 싱크탱크와 시민단체들의 평가 또한 유권자들의 선택을 돕게 될 것이다.

2장

매니페스토 도입과 정치개혁

1. 정치위기와 개혁방향

한국의 위기가 심화되고 있다. 국민은 그 원인의 많은 부분이 정치에 있다고 인식하고 있다. 오늘날의 한국 정치에는 제한된 시간과 자원이라는 여건 하에 정책과제에 우선순위를 부여하려는 전략도 없고, 민간기업에서는 당연하게 여겨질 일정표도 존재하지 않는다. 국민은 한국 정치의 불투명성, 결정과 책임소재의 불명확함에 싫증을 느끼고 있으며, 그에 대한 해명조차 없음에 대해 답답해하고 있다. 문제해결 능력이 낮고, 지도력이 약하다는 점에 절망하고 있으며, 갈수록 규모가 커지는 정치 부패에 분노하고 있다.

경제의 위기와 정치의 위기가 함께 닥쳐오고 있음에도 기존 정당은 적절한 대응을 등한시함으로써 정당이라는 존재에 대한 근본적 불신과 의문이 확산되고 있다. 무당파층이 확산되고, 국민의 정치 불신이 극에 달한 현실이 정당에 대한 극히 낮은 지지로 나타나고 있다. 나라의 장래 비전을 제시하고, 개혁을 견인해야 할 정당이 이제는 한국 정치의 중요한 개혁의 대상이 되고 있는 것이다.

지금까지의 개혁조치 성과를 부인할 수는 없다. 그럼에도 불구하고 국민이 요구하는 정치적 성과를 내지 못하는 것은 제도적 개선의 문제뿐만이 아니라 정당정치의 주역인 정당의 체질이 일시에 변화되지 않고 있기 때문이라고 할 수 있다. 정당은 민주화 이후 십 수년 간 쌓아온 정치개혁의 성과를 전략적으로 활용하지 못했다. 정치를 주도하기 위해 새로운 소프트웨어(software)나 룰(rule)을 개발하여 선거로부터 정권운영에 이르는 정치 사이클의 전 과정을 쇄신해 보겠다는 발상도 하지 못했다.

우리가 정당개혁을 논한다면 이는 정당 내부구조의 민주화나 고비용 구조의 해소를 위한 지구당 폐지, 조직의 축소 등과 같은 문제에 한정할 수 없다. 보다 중요한 사안은 정당들이 경쟁하는 틀을 어떻게 갖추어야 할 것인가에 대한 방안을 제시해야 한다. 새로운 개혁은 시민사회의 요구에 반응하지 않는 정치를 혁파하여 정당에게 책임성을 부여하는 개혁으로, 정책이 아닌 정치투쟁에 몰입한 한국 정치의 체질을 개선하는 개혁으로 방향이 모아져야 할 것이다.

총선이나 대선을 통해 국민과 정당이 어떠한 계약을 주고받고 있는지가 애매모호하다면 어떠한 개혁이 이루어진다 하더라도, 그것을 국민의 지지라는 이름 아래 추진하는 것 또한 불가능하다. 정당이 행정부에 명확한 정책목표를 부여하고, 나아가 지도·통제해 나가는 것은 말할 것도 없고, 개혁추진을 위해 정치인들을 하나의 방향으로 유도하는 것도 어려울 것이다. 또한 개혁의 과정을 국민과 함께 공유하고 이해와 협력을 구해 나가는 것도 불가능하게 될 것이다. 따라서 이제는 새로운 정치운영의 시스템은 어떻게 변해야 하며, 새로운 시스템의 작동을 위해서 우리 정당의 체질을 어떻게 개선할 수 있는지의 문제에 관심이 모아져야 할 것이다.

2. 대의민주주의와 정당

정당은 현대 대의제 민주주의에서 민주주의의 본질을 구성하는 필수 불가결한 정치기구이다. 현대정치에서 유권자의 의사는 정당과 정치인을 매개로 하여 정치체계에 투입되며, 유권자는 정치과정에서 정책이라는 산출을 통해 정당과 정치인에게 책임성을 부여하는 체제이다. 따라서 민주주의 발전은 정당정치에서부터 시작한다고 해도 과언이 아니다.

우선 정당은 선거과정에서 나타나는 국민들의 다양한 사회적 요구를 수렴하고 대표해 의회를 통해 국정에 반영한다. 즉 사회적 요구와 갈등을 정치적으로 통합하는 기능을 수행하는 것이다. 또한 정당은 사회의 여러 문제에 대한 대안을 제시하여 행정부의 정책결정에 영향을 미친다. 즉, 정당은 현대 대의민주주의(representative democracy)에서 이익 결집을 통한 시민적 요구를 국정에 반영하는 주요한 통로로 기능한다. 나아가 정당은 공직후보를 추천하여 선거에서 경쟁하도록 함으로써 공직 충원의 일부분을 담당함으로써 정치체제를 유지·발전시키는 역할을 담당하고 있다(LaPalombara and Weiner 1966). 즉 정당과 정치체계는 시민사회와 국가를 연결하는 동시적 대리인(simultaneous agents)의 역할을 수행하는 현대정치에서 불가결한 기능을 맡고 있는 정치기구라 할 수 있다. 그러므로 정당의 발전 없이 민주주의의 발전을 기대하기는 어렵다.

그렇다면 대의민주주의의 본질과 관련하여 정당은 어떻게 작동해야 하는가? 먼저 대의민주주의는 기본적으로 민주적 참여(participation)에 의한 정부 구성이라는 문제와 주인과 대리인 간의 민주적 책임성(accountability)의 확보가 전제되어야 한다(임혁백 2000, 201-202).

첫째, 참여라는 측면에서는 시민적 참여가 대의제 민주주의 하에서도 여전히 중요한 구성적 요소로 남아 있긴 하지만, 규모와 시간의 문제로 인해(Dahl 1970) 그것은 주로 대표자를 선출하거나 또는 대표자들에게 시민들의 요구와 관심을 주기적으로 전달하는 간헐적이고 단속적(斷續的)인 성격에 머물고 있다. 오늘날 대의민주주의의 위기가 운위되는 상황에서, 어떻게 하면 시민과 대표와의 거리를 좁혀 시민들이 정책결정과정에 직접 참여하는 효과를 발현할 수 있을까에 관한 논의가 이루어져 왔다. 이러한 맥락에서 비교적 장기간의 주기를 갖는 한 번의 선거로 다양하고 복잡한 의제를 결정하고 마는 것이 아니라, 정당의 활성화를 계기로 새로이 제기되는 정책 이슈와 이를 둘러싼 이익갈등을 참여적 논의의 장으로 수렴하는 것이 대의민주주의의 활성화에 기여할 것으로 본다.

둘째, 대표의 문제이다. 직접민주주의와 달리 대의민주주의는 국민과 대표자 간의 "주인-대리인 문제"(principal-agent problem)가 발생한다. 대표와 국민 간의 차이 또는 거리는 현대 대의민주주의의 구조적 문제라 하더라도 이 간격을 얼마나 좁힐 수 있느냐가 중요한 논점으로 제기되고 있다. 특히 이러한 문제는 국가 전체적으로는 정당체계의 문제로 나타날 것이다. 기존의 한국 정당체계는 이념적으로는 보수, 사회계층적으로는 사회 상층의 이익을 편향적으로 대표하는 성격을 보여 왔으며, 결과적으로 노동문제는 제도화된 의회에서 제대로 수렴되지 못하고 거리의 투쟁으로 내몰리거나 노사정위원회와 같은 특별위원회에 맡겨지기도 하였다.

셋째, 시민에 대한 대표(representative)의 민주적 책임성의 문제이다. 대의제 민주주의 하에서는 시민의 지지에 의하여 선출된 대표가 시민의 완벽한 대리인으로 행동하지 않을 가능성이 상존한다. 또 시민들 위에 군림하며 시민의 이익보다는 사익을 추구하는 경우도 흔하다. 그러므로 민주적 참여에 의해 정부를 구성한 뒤 주권자가 해야 할 일은 시민의 대리인인 대표가 시민을 위해 일하도록 강제하는 것이다. 대의제 민주주의 하의 대표들은 정기적으로 선거를 통해 심판을 받기 때문에 시민의 선호와 요구에 반응하게 된다. 민주적 책임성은 시민들의 선호에 반응한 정책의 결과가 시민의 이익을 대표하는가를 판단하여, 이익을 대표한 대표는 계속 자리에 남게 하고 그렇지 못한 대표는 처벌하는 것을 말한다.

그러나 그러기에는 오늘날 대표와 시민의 거리가 너무 멀다.

오늘날 대의제 민주주의는 이를 위한 조건 상의 한계와 제도적 피로가 중첩되어 있는 상황이다. 특히 복잡한 현대사회에서 시민은 전문적인 공동체 현안에 대하여 적절한 정보를 가질 수 없는 경우가 많다. 또 대표를 뽑아 놓아도 그들이 시민의 요구에 반응하는지, 그리고 그 결과를 두고 적절히 책임을 묻기에는 대표와 시민 간의 거리는 너무 멀다고 할 수 있다. 따라서 이러한 문제의 극복이 향후 한국 정당정치의 과제가 될 것이다.

3. 정당정치가 직면한 문제

1) 반응 없는 정치, 책임지지 않는 정치

지금까지의 한국 정치는 대리인은 백지 위임을 받은 것처럼 활동하고, 주인은 대리인의 이러한 행동에 짜증을 내면서도 선거 때가 되면 정확한 계약서에 기초하여 계약이행 여부와 향후의 비전을 고려하지 않고 지역주의나 연고주의에 의거하여 자신의 주권을 행사하는 것이 일반적인 모습이었다.

시민이 선거에 의해 선출된 대표에게 책임을 묻는 방법은 크게 두 가지로 나누어진다. 하나는 후보들 중 누구에게 맡기면 잘 할 것인가를 두고 판단하는 전망적 투표(prospective voting)이고, 또 하나는 현 정부가 임기 동안 얼마나 제대로 업무를 수행하였는지를 두고 평가하는 회고적 투표(retrospective voting)에 해당한다. 따라서 유권자 입장에서는 어느 정당의 정책이 유권자의 선호를 잘 반영하고 있는지, 그리고 집권당이 생산한 정책이 약속대로 잘 실천되었는지를 평가할 수단이 있어야 한다. 그 기능을 선거공약이 담당하여야 함은 자명한 일이다. 그러나 한국의 선거공약은 공약(空約)이라는 말이 어색하지 않을 정도로 유권자의 정책적 선호를 반영하지 않고, 구체성이 매우 낮고 바람직한 희망사항의 종합(wish list)이라고 할 수 있는 백화점식의 나열에 불과하였다.

따라서 정당정치의 개혁은 결국 선거에서부터 시작되어야 하며, 선거를 통해 유권자들이 분명하게 판단할 수 있도록 구체적인 정책 패키지를 제시하는 것에서부터 시작되어야 할 것이다. 이러한 정책 패키지를 두고 유권자는 전망적 평가와 회고적 평가를 할 수 있을 것이며, 이를 통해 책임성을 확보할 수 있을 것이다. 아울러 정당과 정치인이 유권자의 선호에 귀 기울이는 반응성도 확보할 수 있을 것이다.

2) 정치적 의사결집 메커니즘의 부재

한국 정치의 기본문제는 국민의 정치적 의사결집이 이루어지지 않고 있다는 데 있다. 그 필요성이 점점 요구되고 있으나 그 구조적 결함은 더욱 눈에 뛴다. 그러한 결과는 민주화 이후 전개된 여소야대에서나 여대야소에서도 마찬가지라는 데 문제가 있다. 그 결과 무엇이 끝나고 무엇이 시작되고 있는지에 대한 평가가 불가능하고, 정치적 표류가 지속되고 있다. 그것이 얼마나 큰 경제적 · 사회적 비용(cost)을 우리에게 강요하고 있는지는 지난 10여 년간의 경험을 통해서 잘 알고 있다. 특히 IMF의 경험과 그 후속조치를 통해 그 어느 나라보다도 우리는 값비싼 대가를 치르고 있는 셈이다.

물론 작지 않은 나라에서 정치적 의사결집이 쉬운 일은 아니다. 그렇지만 이를 방치한다면 국민이라는 이름 아래 권력의 지위를 가진 자들이 마치 백지 위임을 받은 것과 같이 정책을 생산하고, 집행에 옮기더라도 이상한 일이 아닌 것처럼 보일 것이다. 국민은 선거를 통하여 마치 행선지가 불투명한 배의 표를 사고 승선하는 것과 같은 입장에 서게 되는 것이다. 이것이 바로 우리가 "선거는 국민의 심판"이라고 말하는 것의 실체임을 부인할 수 없다. 선거는 국민의 정치적 의사결집을 도모하고, 그것에 따라 정치의 진로를 정한다는 일반적인 명제와는 관계가 없는 것으로 흐르고 만다. 정치개혁은 이러한 유권자와 정치인, 정당의 관계를 개선하는 데 있다고 할 수 있다. 이러한 정치적 의사결집이 이루어지는 선거, 정치적 의사결집을 위해 노력하는 정당이 되기 위해서는 주도면밀한 준비와 무대장치가 필요하다.

정치적 의사결집은 단순한 열기의 결집이 아니며, 의미가 분명치 않은 여론조성 작업도 아니다. 한마디로 자기만족을 위한 이벤트(event)는 아니다. 정치적 의사결집은 일정한 결과의 실현을 위한 것이며, 이를 위해 절차와 방법에 관한 의사의 결집을 전제로 하고 있다. 선거과정을 통해 공약(空約)이 아닌 계약을 유권자와 함으로써 집권당은 정책추진에 힘을 받을 수 있고, 국민의 뜻이라며 벌이는 불필요한 논쟁을 막을 수 있을 것이다. 따라서 정당의 개혁은 선거단계에서부터 목적과 계획을 부여하고 국민의 의사를 물어야 할 것이다. 이제 더 이상의 지역주의에 기초한 백지 위임의 정치는 한국 정치에 어떠한 미래도 없다는 것을 분명히 해야 할 것이다. 정치중심의 대결구도가 정책을 중심으로 한 대결로 전환되어 국가의 장래를 둘러싼 의사결집을 도모해야 할 것이다.

3) 당론수렴의 난항

민주화 이후에도 지역주의 구도 속에서 공천권을 비롯한 정치자원을 정당 보스가 독점함으로써 의원들의 자율성은 매우 제한적이었다. 현실적으로 국회에서 당론을 거스르는 투표를 공개적으로 한다는 것은 정치생명의 위협을 의미하기도 한다. 그러나 제16대 국회에서부터 이러한 경향에 많은 변화가 일어났다. 이는 3김씨가 정치일선에서 완전히 물러나 더 이상 정치적 영향력을 행사할 수 없는 상황과 함께 한 변화이기도 하다. 또한 당원이나 지지자가 참여하는 상향식 공천이 일반화함으로써, 소속정당이나 당 지도부의 입장을 추종하기보다는 사안에 따라 자신의 입지를 강화시킬 수 있는 선택을 하는 경향이 늘어나고 있다. 특히 제17대 국회의원들은 소속 당내에 이념적 스펙트럼의 폭이 넓어짐에 따라 자신의 이념노선에 따른 선택을 하는 경우가 두드러지게 나타나고 있다.

이러한 현상은 기존에 각 정당이 3김식 사당적 구조를 무너뜨리고 정당을 민주화하기 위한 개혁의 일환으로 추진한 원내정당화 노력에서 기인한 바 크다. 원내정당화 실현을 위한 구체적인 방법은 원내대표단과 의원총회의 권한을 강화시키는 방향으로 이루어졌다. 그러나 이러한 원내정당화는 정당의 당조직, 즉 중앙당으로부터의 자율성을 확보하기 위한 시도임에도 불구하고 '외부로부터의 일체의 영향을 받지 않는' 독립적인 존재로서의 의원의 자율성을 상정하는 경향이 강하게 나타나고 있다. 따라서 의원은 정당의 조직으로부터의 자율성을 확보하는 대신 유권자들과의 관계를 더욱 밀접하게 유지해야 함에도 불구하고, 의원들의 개별행동은 유권자로 하여금 정당과 정치인 개인 어느 쪽에도 책임을 묻기 어려운 상황에 직면하게 하였다.

특히 정당의 정책과 이념적 지향 없이 선거에서의 득표 극대화를 추구해 온 정당으로서는 일단 선거 후 개별 정치인의 독자적 행동 때문에 국민과 약속한 정책의제를 실현시키는 데 어려움을 겪게 된다. 선거 전부터 각 정당이 뚜렷한 정책공약을 제시하지 않은 상황 하에서 이념성향이 강한 의원은 자유투표로 결정된 사안은 물론이고 '강제적 당론'으로 결정된 사안에 대해서도 자신의 이념에 따라 행동하고 당론에 구속되기를 거부하게 될 것이다. 물론 당론이 있는 한 다수결은 불가능하며, 당론은 갈등을 증폭시킬 것이므로(김민전 2004) 결국 원내파행을 막을 수 없다는 이유로 당론정치를 부정하는 견해도 있으나, 이는 집단으로서의 정당의 책임성을 도외시한 견해라고 할 수 있다. 적어도 정당의 선거공약과 관련된 사안, 당헌이나 당규에 포함된 정당 이념과 관련된 사안, 정당 대표의 당내 경선 공약과 관련된 사안 등에 관해서는 당론을 따르도록 하여야만 국민에게 책임정치를 구현하는 중요한 정치적 행위자로서의 역할을 다할 수 있을 것이다. 특히 정당투표제가 도입된 마당에 정당은 일체감과 결속력을 갖는 집단으로 남아 있어야 하며, 매니페스토가 도입되면 당론정치를 둘러싼 부정적 논의는 종식될 것으로 보인다.

4) 리더십의 부재

대통령의 리더십을 입법부와의 관계에서 논의하면 대통령의 입법적 리더십과 대중적 리더십으로 나뉘게 된다. 대통령은 자신이 추진하는 정책을 성공적으로 추진하고 이행하기 위해서는 정부와 의회, 그리고 정당 등 각종 제도들과의 사이에 권위와 신뢰가 형성되어야 하며, 특히 정치과정 내부의 다양한 역학관계 속에서 정치적 갈등이 발생할 때 반대자를 설득하고 지지자들의 더욱 강력한 지지를 이끌어내는 설득력을 필요로 한다. 그러나 제16대 국회에서와 같이 여소야대 국회에서 상대적으로 리더십을 발휘할 수 없게 되거나, 측근의 비리 등으로 지도력을 잃게 되는 경우가 흔히 나타났다.

물론 대통령은 국민의 지지도, 소속정당에 대한 장악력, 국회대책팀의 협상력, 헌법에 규정된 거부권 행사 등을 통하여 국회로부터 자신의 정책에 대한 지지와 협력을 이끌어 낼 수 있다(최평길 2002, 304-306). 제17대 국회의 경우 여대야소의 국회상황임에도 불구하고, 대통령은 대권과 당권의 분리를 주장하며 스스로 당내의 다양한 목소리를 주도적으로 조율하고 설득하는 데 실패하였다.

더욱이 보안법 처리를 둘러싸고 2004년 9월 5일 정기국회에서 "독재시대의 낡은 유물"을 "칼집에 넣어서 박물관에 보내는 것이

좋겠다."고 공언하여 한나라당의 맹렬한 반대에 부딪치자 그 해 12월 23일 당 지도부와의 만찬에서 "너무 무리하거나 조급하게 굴지 말고 차근차근 풀어가자."고 언급함으로써 내부혼란을 겪게 된다(정윤재 2005, 10-11). 이처럼 노무현 대통령은 국가보안법 폐기를 선언한 후 그것을 실천할 수 있는 구체적 방안을 열린우리당에 제시하지 못하여 리더십 부재현상을 초래하였다.

이러한 리더십의 부재는 3김씨와 비교할 때 절대적인 지지기반의 취약함 등의 여러 가지 원인이 있겠으나, 정책에 대한 국민의 지지를 이끌어내지 못하는 데에 궁극적인 원인이 있다고 할 수 있다. 대통령 후보자가 국민적 지지기반에 따라 당선되었음에도 불구하고, 이미지나 감성에 호소함으로써 정책에 대한 분명한 청사진을 밝히지 못하였고, 결국 임기 시작 이후 정책추진과정에서는 국민의 지지를 재동원하지 못하게 된 것을 알 수 있다. 즉 지금까지의 관례는 선거 후 대통령직 인수위원회 활동을 통하여 국정과제를 선정하고 이를 발표하기에 이르렀으며, 그나마 매우 추상적이고 선언적이었다.

이처럼 구체적인 프로그램이 없을 뿐만 아니라, 국민적인 위임도 분명치 않은 가운데 수립되는 정책은 정책 담당자들 간에도 알력과 마찰을 가져오기 일쑤였다. 주요 정책을 둘러싸고 대통령과 국무총리, 장관, 수석비서관 사이에서 조율되지 않은 정책입장이 발표되고, 그에 따른 정책적 혼선이 야기됨으로써 리더십 문제가 더욱 심화되었다(이강로 2005, 57). 이러한 문제는 결국 선거과정에서 구체적인 선거공약을 제시하지 않고 집권하게 됨으로써 정책추진에 대통령이 리더십을 발휘할 수 없고, 정당이나 대통령이 행정부를 장악할 수 없는 상황으로 몰고 갈 개연성이 생기게 만드는 것이다.

4. 매니페스토 도입과 정당정치의 개혁

1) 매니페스토 도입의 의미

간접민주주의 체제에 있어서 선거공약은 유권자의 의사를 정치엘리트에게 전달하는 매개가 되며, 공직자에게 있어서는 선거 후의 정책활동에 정통성을 부여하는 기능을 수행한다. 공약이 정치과정에서 수행하는 기능들을 개념화해 보면 그림 2-1과 같이 도식화해 볼 수 있다.

먼저 정당과 정치인은 공약을 제시하고 시민은 투표로서 위임을 한다. 그리고 투표행태를 통해 표출된 그러한 시민들의 선호에

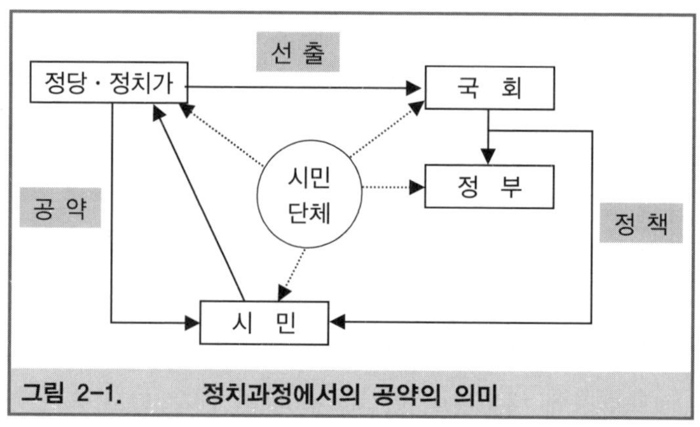

그림 2-1. 정치과정에서의 공약의 의미

정당이나 국회, 나아가 정부가 적절히 반응하는지 여부를 판단하여 다음 선거에서 책임성을 묻는다. 이 과정에서 시민단체는 공명선거 감시활동을 하고 후보자들의 정책공약과 선거자금을 감시하고 후보자 정보 공개운동을 전개하여 시민들의 선택에 도움을 주고 있다. 선출기관으로서의 정부와 국회는 유권자들의 위임을 반영하여 예산을 배정하고 정책으로 산출하게 된다. 산출된 정책이라는 결과를 두고 시민들의 요구와 선호가 반영되었는지 여부를 평가하여 회고적(retrospective)으로 책임을 물어 제재를 가하든지, 향후 전개할 정책비전을 두고 전망적(prospective)으로 책임성을 확보하기도 한다. 따라서 선거공약은 대의민주주의의 시작이자 끝에 해당하는 중요한 의미를 지니며, 그 본질적 기능을 회복하는 것이 한국 정치발전을 위한 중요한 과제가 될 것이다.

이 글에서는 반응하지 않는 정치, 정치인들만의 정치, 비전이 없는 정치를 반복하는 한국 정치의 현상을 극복하고, 한국 정당정치의 경쟁 룰(rule)을 변화시켜 그 체질을 새롭게 하기 위한 도구로서 매니페스토의 도입을 주장한다. "구체적인 목표가 확실한 정치", "명확한 평가가 가능한 정치", "구체적인 정책집행을 담보하는 정치"를 실행하기 위한 도구로서 매니페스토의 도입을 강조하는 것이다.

2) 매니페스토에 기초한 개혁추진 사이클: 정당개혁은 선거로부터

영국의 매니페스토를 고찰하면서 주목을 끄는 것은 제반 개혁을 추진하는 과정에 매니페스토에 기초한 사이클이 있다는 점이다. 먼저 선거에 즈음하여 어떠한 개혁을 실천해 나갈 것인지를 매니페스토에 명시하고, 선거전에서는 각 정당이 매니페스토의 내용을 둘러싸고 격론을 벌이게 된다. 국민들은 이러한 논쟁이나 매니페스토의 내용을 보고 지지정당을 결정하게 되는 것이다.

총선거 후 정권을 획득한 정당은 국민과의 서약이 실천에 옮겨질 수 있도록 내각을 구성하는 등 매니페스토 이행을 위한 체제를 구축하고 법안화해 가는 과정에서도 각 부처가 매니페스토에 실린 개별정책을 보다 구체적으로 기록한 화이트 페이퍼 또는 그린 페이퍼라고 일컫는 정책제안서를 발표한다. 그리고 세부사항에 관해서는 국민이나 이익집단에 의견을 구하는 기회

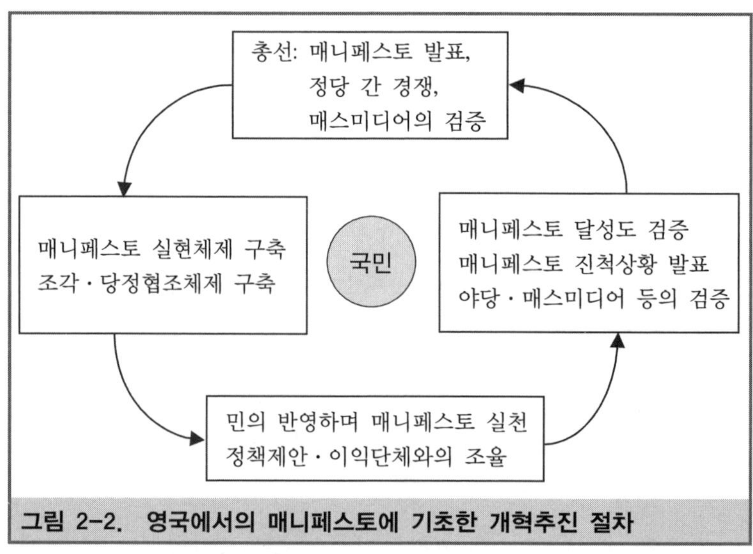

그림 2-2. 영국에서의 매니페스토에 기초한 개혁추진 절차

자료: 이현출, "매니페스토(Manifesto): 국민에 대한 계약으로서의 선거공약", 국회도서관, 『입법정보』제141호(2004).

를 갖고 있다. 또한 매니페스토에 제시한 공약의 진척도를 정부가 매년 '연차 보고서'를 발행하여 발표하고 있다. 나아가 선거 시에는 야당, 매스미디어, 중립적인 싱크탱크 등이 매니페스토 이행도를 각각 평가하고 여기에 기초해 유권자는 지지정당을 결정해 가는 것이다.

그러나 한국의 선거는 국민이 충분한 정보를 토대로 '개혁의 청사진'으로서의 공약을 선택하는 체제로 발전하지 못하고 있는 상황이다. 각 정당으로부터 한국병 치료에 관한 충분한 치료법에 관한 정보를 입수하여, 환자로서의 국민이 주체적으로 치료법을 선택해 가는 "정보를 가진 동의"(informed consent)를 얻은 위에서의 개혁으로 발전되지 못하고 있다.

따라서 대통령 선거과정에서는 구체성이 없는 공약을 내세우고, 집권 후에 이를 실현해 나가는 과정에서는 야당과 매스미디어의 반대에 봉착함으로써 많은 시간을 허송하는 결과를 초래하게 되는 것이다. 물론 국민도 입에 단 약만 지속적으로 먹어서는 효과가 나타나지 않는다는 점을 자각하고, 결국 고통은 환자로서의 국민에게 돌아온다는 점을 명심하여야 한다. 근거 없이 정권을 맡기는 일이 없도록 자각하는 것은 그래서 중요한 일이다. 국민이 주체적으로 개혁에 관여하는 방법은 선거 시에 충분한 정보를 갖고 개혁의 청사진에 대해 선택권을 행사할 수 있도록 해 나가는 것이며, 매니페스토의 도입이 그러한 단초를 제공해 줄 것이다.

3) 매니페스토 도입의 효과

(1) 정당 간 정책경쟁의 실질화

한국 정치의 기본 문제는 국민의 정치적 의사결집이 되지 않는다는 데 있다. 심지어 특정 정당이 내세우는 이념과 캐치프레이즈가 무엇을 말하는지, 그 정당의 무엇을 추구하는지, 정당 간에는 어떤 차이가 있는지 도저히 알 수 없는 경우가 많다. 또한 선거 직전에 정당을 창당하여 특정 인물을 중심으로 선거에 후보를 내세우는 정당도 많았다. 이합집산을 거듭하는 정당이 무엇을 생각하고 있는지, 그들이 정권을 잡거나 의회의 다수를 확보할 경우에 어떤 정책을 추구할지 알 수 없는 경우가 많았다.

매니페스토는 정당이라는 집단이 정권을 획득한 경우 추진할 정책의 비용과 일정을 명시한 정책 청사진이다. 이러한 점에서 매니페스토는 정당이라는 집단의 계약문서이면서 스스로의 정체성(identity)을 발현하는 문서이다. 즉 자신의 정당이 무엇을 표방하며, 당선되면 또는 의회의 다수를 차지하면 무엇을 하려고 하는지에 관하여 이 문서를 통하여 분명히 하게 되는 것이다. 따라서 지금까지는 유권자의 눈치를 살피거나 표를 잃지 않기 위해 자신의 정체성을 확실히 하지 않는 경우가 있었으나, 매니페스토가 도입되면 이러한 애매함은 더 이상 통용되지 않을 것이다.

매니페스토 선거에서 추구되어야 할 것은 지도자의 개인적 이미지나 몇몇 스타플레이어의 대중적 인기가 아니라 무엇보다 정당이라는 집단이 실행하겠다는 선거계약이다. 따라서 대통령 선거와 총선은 정권 선택의 장이기도 하며, 정책 패키지를 선택하는 기회이기도 한다. 정권의 자리를 담당할 정당은 매니페스토라는 형식을 통하여 나라의 장래에 관한 뚜렷한 방향을 제시하고, 국정과제의 우선순위를 부여한다. 그래서 정책의 축이 되는 전략 포인트를 구사하여 국민의 선택을 구하는 것이다. 정당은 정당간 경쟁을 통해서 검증 가능한 구체적인 목표설정과 실현 가능한 정책의 입안능력을 연마하고, 정권을 획득한 후에는 그 결과를 엄정하게 검증받게 된다. 이러한 정책에 대한 이해의 심화와 상호감시를 통해 정책 경쟁을 유도하는 구조를 만드는 것이 매니페스토 도입의 가장 큰 의의라고 할 수 있을 것이다.

(2) 선거 이전 당론수렴을 통한 정책집행의 효율화 도모

정당정치는 개별 국회의원의 정치가 아니라 집단적 정치활동의 세계이며, 매니페스토가 묻고 있는 것은 바로 집단으로서의 정당이 무엇을, 어떤 절차와 방법에 따라 실현하려고 하는가의 문제이다. 즉, 그것은 정당이라는 집단의 문제를 묻는 것이며, 집단의 책임소재를 문제삼고 있는 것이다. 따라서 개별의원이 각각의 수준에서 제시한 공약의 실현은 매니페스토의 차원과는 다르다고 할 수 있다. 이러한 점에서 대통령과 국회의원을 뽑는 국정선거와 지방자치단체의 장과 의원을 뽑는 지방선거와는 구별되어야 할 것이다. 이러한 측면에서 로컬 매니페스토(local manifesto)는 별도로 다루어야 할 것이다. 매니페스토는 정당이 스스로의 책임을 명확히 하는 것을 전제로 하며, 그것이 전제되지 않는다면 매니페스토를 발표한다는 것은 새로운 혼란을 초래하는 결과를 낳게 된다.

매니페스토는 지금까지의 선거공약과는 구별되며, 정책내용이 상세하다는 것뿐만 아니라 정당의 집단적 책임을 건 유권자에 대한 제안이라는 의미를 내포하고 있다. 따라서 이러한 책임 속에는 정당이 유권자 다수의 지지를 받으면 매니페스토의 실행에 책임을 갖게 된다는 메시지가 내포되어 있다. 이것은 곧 정책결정절차의 변경을 의미하는 것이다. 즉, 매니페스토는 개별 의원 후보자나 대통령 후보자의 정견을 포함한 정당의 사전조정의 결과로서 나타나는 것이며, 선거 후에는 즉시 그 실행에 착수하는 것을 전제로 하고 있다(佐々木 毅 2004). 그리고 의원 후보자들에게 요구되는 것은 매니페스토의 성실한 이행에 있다. 당 내의 조정은 기본적으로 선거 이전에 행해지는 것이며, 선거 후에 다시 논의를 시작하는 것은 아니다.

지금까지는 종종 누가 책임자인지 불분명하고, 내용적으로도 불충분한 선거공약이 제시되어 선거 후에나 비로소 당내에서 구체적인 의견조정을 시도하는 절차가 취해져 왔다. 하지만 이 절차에는 관청이나 이익단체의 이해가 관련되어 많은 시간과 에너지가 낭비되어 왔다. 이렇게 됨으로써 정책결정과정은 항상 당내의 당론수렴과정과 당정협조 단계에서부터 난항을 겪고, 속도감을 상실하게 하고 결과로 나온 정책도 신선도가 떨어지고 마는 것이다. 이러한 상황이 경제정책의 영역에서는 치명적인 결과를 초래한다는 것은 두말할 필요가 없을 것이다.

매니페스토를 제시한다는 것은 정책결정을 가능한 한 선거 이후 형(型)으로부터 선거 이전 형(型)으로 변경하는 것을 염두에 두고 있다. 이것은 당내의 의견을 무시하거나 그것에 귀를 기울이지 않는다는 것을 의미하는 것은 아니다. 당내의 의견조정을 선거 전에 함으로써 선거 후에는 즉시 실천에 옮기는 절차로 바꾸는 것을 제안하고 있는 것이다. 폭넓고 다양한 당내 의견을 두고 사전에 충분한 조율을 거쳐 매니페스토를 결정하고 선거에 임한다는 것을 의미한다.

또한 매니페스토를 중심으로 정책결정 절차를 취하는 것이 당내 민주주의를 무시하는 것은 아니며, 오히려 그 위치와 단계를 변경하는 것과 같다고 할 수 있다. 즉, 정당도 유권자를 향한 것이어야 하며, 당내 민주주의도 유권자를 향한 것이어야 한다. 이를 무시한 당내 민주주의 만능론은 정당과 정당정치를 유권자로부터 멀어지게 하는 계기가 될 것임을 유념할 필요가 있다.

정당 내부적으로 당 대표 경선과 같은 절차도 중요한 의미를 가질 수 있다. 이러한 정당 대표 경선시에도 정책공약을 둘러싼 활발한 토론을 벌일 수 있고, 이는 곧 당내 주요 사안에 대한 중지를 모을 수 있는 계기를 불어넣을 수 있기 때문이다. 또한 국회의원 선거는 대통령 선거의 중간평가로서 기능하고, 대통령 선거에서 제시한 공약에 대한 평가와 함께 보다 새롭고 구체적인 정책과제를 제시하는 계기로 활용할 수 있을 것이다. 이처럼 매니페스토를 도입하게 되면 정책결정에 관한 논의가 선거 이전에 이루어지고, 이를 두고 선거과정에 각 정당 간 토론을 통해 국민들로부터 위임을 받게 된다. 이렇게 되면 국회 심의과정에서도 정책결정이 보다 신속히 이루어질 수 있고, 여야 간 불필요한 논쟁을 줄일 수 있게 된다. 이러한 정책논의 절차의 개선은 오늘날 원내정당화의 경향과 함께 나타나는 당론수렴 절차의 난항과,

원내에서도 의원 개인별로 다양한 주장이 제기되어 정책결정이 지연되는 것과는 대조를 이룰 수 있다. 따라서 의회정치의 활성화를 정당정치의 활성화로부터 실현해 보자는 시도가 매니페스토에서 이루어지는 것이다.

(3) 당정협조체제 강화와 리더십 확보

그 동안 구체적인 정책수립과 집행을 위한 행정 각 부처의 업무협조 미비와 주도권 다툼으로 효율적으로 국가정책이 추진되지 못한 사례를 많이 보아 왔다. 그리고 지금까지 집행된 주요 정책들은 노무현 정부가 주도적으로 추진한 것이라기보다 오히려 외부적 요인에 의한 정책적 대응이라는 수동적 경향이 강하였다. 취임 이래 북한 핵을 둘러싼 위기의 대응, 이라크 파병 결정과 국회동의 문제, 취임 직후 터진 일련의 노동쟁의와 그 해결방안, 측근비리와 대선자금 수사, 경제환경 마련 등의 현안에 휘말려 취임 초 제시한 12대 국정과제가 실종되게 되었다.

매니페스토의 도입은 정권의 임기중 실시하고자 하는 구체적인 정책 패키지를 국민의 손에 의해 사전에 위임을 받는 과정이다. 따라서 국정의 개혁은 선거 단계에서부터 암묵적인 룰이 형성되며, 선거 후 정치인들에게는 일정한 행동의 룰을 부여하고, 행정부에는 집행계획을 사전에 제시하게 되는 것을 말한다. 3김 정치가 끝난 후 국회의원 개개인의 당내 자율성이 확산됨에 따라 정당정치는 더욱 책임성을 잃어가게 되고, 행정부 또한 당정분리의 흐름 속에서 정보의 우위를 내세워 정당을 정책결정의 후면에 배치시키려는 노력이 두드러지게 나타나고 있다. 이러한 분위기

속에서 매니페스토의 도입은 정책을 중심으로 정당의 아이덴티티를 재확립하게 함으로써, 정당 내뿐만 아니라 행정부에 대한 당선자의 리더십을 더욱 강화할 수 있게 하는 효과를 지니게 된다.

특히 대통령 선거와 국회의원 선거를 이원적으로 실시하는 대통령제를 채택하고 있는 한국의 경우에는 대통령 선거를 통해 정권을 획득하고, 국회의원 선거를 중간평가로 활용함으로써 정책 패키지를 다시 한번 확인할 수 있는 계기가 될 것이다. 대통령 선거를 정권선택의 선거로 규정하고 국회의원 선거를 중간선거로 자리매김할 때, 대통령 선거 이후에 다가올 국회의원 선거에서는 이전의 대통령 선거에서 공표한 매니페스토와 전혀 다른 새로운 공약을 제시할 필요는 없다. 오히려 이전 선거에서 발표한 매니페스토를 발전시키는 기회로 삼을 수 있을 것이다.

여당은 국민에게 이미 서약한 매니페스토에 기초하여 지금까지의 정권운영과 정책수행의 실적에 대한 자체적인 평가를 실시함과 아울러 매니페스토에서 제시한 정책 패키지의 향후 실천계획을 좀더 구체화하고, 필요가 있다면 새로운 공약사항을 추가하여 국회의원 선거에 임할 수 있을 것이다. 그리고 여기에 재신임을 받는 경우에는 정책추진에 더욱 탄력을 받게 되고 따라서 대통령의 리더십은 강화될 수 있을 것이다. 이처럼 국회의원 선거를 정책 패키지와 연결시켜 치르게 되면 지금까지 빈번히 등장한 분점정부의 출현도 그만큼 저지할 수 있을 것이다. 그것은 국민들 스스로 정책의 혼선을 요구하지 않고 맡긴 임기를 통하여 약속한 정책을 추진하기를 바랄 것이기 때문이다. 야당의 경우에는 지난 선거에서 패배한 매니페스토를 다시 계승할 필요는 없을 것이다. 그리고 매니페스토 선거를 통해 중간선거에서 여당이 과반수 확보에 실패하면 각 정당 간의 정책적 차이가 명확히 드러나 있기 때문에 정책이 가장 유사한 정당과 정책연합이나 연립정부 구성을 시도하게 되는 경우 인위적 정계개편과는 달리 비판의 소지가 적을 것이다.

(4) 이익집약과 표출의 실질화로 반응성과 책임성 확보

매니페스토는 정당과 정치의 질을 변화시켜 "구체적인 목표가 확실한 정치", "명확한 평가가 가능한 정치", "구체적인 정책집행을 담보하는 정치"를 실행하기 위한 도구이다. 민주주의 정치과정에 책임성을 부여하기 위한 시스템 변화의 도구로서 매니페스토를 상정하고 있는 것이다. 그리고 이를 통한 정당정치 체질 개선의 고삐를 국민이 쥐도록 만드는 역할을 하는 것이다.

매니페스토 시스템이 구축되면 선거에 즈음하여 정당과 국민을 연결하는 두 가지의 작업을 거치게 된다. 먼저 현재 정권을 장악하고 그것을 지속하고자 하는 여당 측이 이전 선거에서 제시한 매니페스토에 기초하여 지금까지의 정권운영과 정책수행 실적을 스스로 평가하여 국민이 판단할 수 있는 형태로 공개하고 그 경과를 설명할 책임을 지게 된다는 것이다. 또 하나는 정당에 의한 자기평가 작업과 병행해서 국민의 입장에서도 다양한 입장의 단체, 조직, 민간 싱크탱크 등이 각각의 입장을 명시한 후에 여당에 의한 정권운영이나 매니페스토 달성상황을 분석·평가하여 그 결과를 공개하는 것이다. 궁극적으로 대통령 선거에서의 정권선택(인물과 정책) → 조각(매니페스토 실천을 위한 내각과 정당 지도부 구성) → 내각과 여당에 의한 정책의 실현 → 매니페스토 달성도 평가(여당 측의 자기평가, 야당에 의한 감시, 비판, 매스미디어 및 민간 싱크탱크 등에 의한 평가) → 다음 정권의 선택(현 정권의 업적평가와 야당의 대체 가능성)으로 연결되는 사이클을 확립하고 이를 통해 정당정치 개혁의 수단으로 삼고자 매니페스토의 도입을 주장하는 것이다.

매니페스토는 정당에게 투명성을 갖도록 강요하는 매개체이며, 그것에 의해 정당은 정치문화의 변화 속에서 예측 가능한 존재가 되는 것이다. 정당이 선거과정에 자신들의 약속을 투명하게 제시하고 그것의 타당성과 실현 가능성 등을 국민이 평가하여 위임하면, 정권을 잡은 정당은 선거가 끝나면 즉시 실천에 옮길 것이 상정된 것이다. 한국의 경우를 보면, 제17대 총선에서 열린우리당은 총선과정에서 국가보안법 폐지에 대해 "오늘날의 상황에 적절치 않은 조항이나 위헌 소지가 있는 조항을 개정하는 것이 타당"하다고 의견을 개진했음에도 불구하고(표 2-1 참조), 2004년 정기국회에서 국가보안법을 폐지하려는 당론을 모은 바 있다. 이러한 경우는 스스로 국민과의 약속을 투명하게 제시하지 않고 있는 것을 보여준 것이다. 매니페스토가 도입되면 이러한 불투명한 공약은 공약 점검 단계에서 사라지게 될 것이며, 민간 평가단에 의해 집중적인 공격을 받게 될 것이다. 따라서 매니페스토와 같이 구체적인 목표와 추진일정, 그리고 재원과 우선순위가 명시된다면 국민의 입장에서는 쉽게 회고적 평가를 내릴 수 있을 것이며, 새로운 매니페스토를 두고 전망적 평가도 아울러 내릴

표 2-1. 각 당의 2004년 총선공약 비교

9) 국가보안법은 폐지되어야 한다.		
정 당	답변	사 유
한나라당	×	북한의 근본적 태도 변화 선행 필요
새천년민주당	○	기본 골격은 유지하되, 국가보안법의 제정 취지에 맞게 대체입법 마련
열린우리당	△	최근의 남북 간 평화협력 및 화해 분위기를 계기로 기존의 대결구도에서 상호 신뢰의 새로운 관계 정립이 필요함. 그 동안 남북이 각자의 체제를 보호·유지하기 위한 법률 및 제도들이 새로운 시각과 방향으로 정비되어야 할 것임. 이런 점에서 현행 국가보안법 가운데 오늘날의 상황에 적절치 아니한 조항이나 위헌 소지가 있는 조항을 개정하는 것이 타당함.
자유민주연합	×	-
민주노동당	○	헌법에도 보장되어 있는 사상·양심의 자유를 보장하기 위해

*자료: 경제정의실천시민연합, "17대 총선 정당정책 비교평가", 2004. 3. 24.

수 있을 것이다. 따라서 매니페스토는 국민 이익의 집약과 표출을 명료하게 하고, 반응성과 책임성을 확실히 할 수 있다는 점에서 반응하는 정치, 책임지는 정치를 구현할 수 있는 최적의 도구라고 할 수 있다.

(5) 지역주의와 연고주의 탈피를 위한 수단

매니페스토는 유권자와 사회가 정치를 판단하는 평가기준으로서 결정적으로 중요한 의미를 지닌다. 매니페스토의 무엇이 어느 정도까지 실현되었는가에 초점을 맞추어 정권과 정당의 성과를 측정하는 것은 기본적으로 어려운 일은 아니다. 영국과 일본의 경우와 같이 매니페스토 시스템이 구축되면, 새로운 매니페스토에 대한 평가와 매니페스토 실행도 평가가 언론기관이나 민간 싱크탱크, 또는 시민단체 등에 의해 꼼꼼히 이루어지기 때문에 구체적인 정책 패키지 없이 지역주의나 연고주의에 호소하여 표를 얻고자 하는 행태는 사라지게 될 것이다.

매스미디어는 지금과 같은 지역주의적 보도행태를 지양하고 매니페스토에서 제시한 구체적 정책을 두고 전문적으로 정책을 평가하게 될 것이며, 정책을 둘러싼 논쟁을 주로 다루게 될 것이다. 따라서 소수당이나 야당도 스스로의 정책능력을 향상하는 데 주력하게 될 것이고, 이러한 정책과 평가의 순환을 통해 과거에 팽배했던 지역주의적 투표행태는 사라지고, 매니페스토에 기초한 전망적 또는 회고적 평가를 새롭게 하게 될 것이다. 매니페스토는 정당 측이 유권자에게 판단의 재료를 제공한다는 전제에 서 있기 때문에, 지금과 같이 유권자들이 무엇에 근거하여 투표할지 우왕좌왕하는 상태와는 대조를 이룬다. 따라서 유권자 측에서는 선거가 시작되면 이러한 매니페스토에 기초하여 지지정당을 결정하게 됨으로써, 지역이나 연고에 이끌릴 가능성이 그만큼 줄어든다고 볼 수 있다.

무엇보다도 매니페스토를 유권자에게 제시하는 것이 정당의 기능이라는 것의 이면에는 정책의 선택과 정치의 결과에 관해서 책임을 지는 것은 궁극적으로 유권자라는 의미가 내포되어 있다. 민주정치에서는 명확한 매니페스토가 없는 경우에도 유권자가 결과에 책임을 떠맡는다는 것은 상식이다. 문제는 유권자가 이러한 책임을 어떻게 명확한 근거와 명확한 기준에 기초하여 완수할 수 있을지에 있다. 애매한 소망사항의 리스트(wish list)만으로 제시된 경우보다도 명확한 매니페스토를 제시한 경우가 유권자가 자기책임을 완수하는 데 있어서 공정하다는 것이 매니페스토 도입 주장의 입장이다. 백지 위임장을 발급하는 것과 같이 "맡겨두자" 식의 선거를 치르고 결과에 대해서는 유권자의 자업자득이라고 말하는 것은 공정하다고 할 수 없다.

5. 정치개혁: 정당경쟁의 시스템 개혁으로부터

이 장에서는 정책선거 도입을 위한 전제로서, 그리고 한국 선거 경쟁의 새로운 틀을 마련하고 정치의 질을 바꾸기 위한 도구로서 매니페스토의 도입을 주장하고 그 의의를 분석하였다. 고찰한 바와 같이 매니페스토의 도입은 정당에 구체적인 정책목표를 명시하도록 함으로써, 유권자의 선택을 정책선거로 견인함과 동시에 정치의 국민에 대한 책임성(accountability)을 확보하는 데 목적이 있다. 즉, 정책을 두고 선택하도록 함으로써 선거문화를 한 차원 높이는 데 크게 기여할 뿐만 아니라, 대의민주주의의 기본 원리인 유권자의 참여를 새롭게 하고 책임성을 확보한다는 의미에서 한국 대의민주주의의 기능을 강화하는 의미를 가질 수 있을 것이다.

이념과 정책에 기초한 생산적인 정책선거는 유권자들이 이념적·정책적 정체성을 갖고, 정당체계가 이러한 사회적 균열에 기초하여 안정성을 보일 때 가능할 것이다. 특히 제8장과 제9장의 연구 결과를 보면 한국의 선거에도 이념적 차이가 나타나고 있다는 점을 밝히고 있는 것처럼, 이러한 이념의 차이에 기초한 정책의 차별화도 멀지 않았다고 평가할 수 있다.

그 시작은 정당과 후보자로부터 시작되어야 한다. 우선 공급자 측면에서 지역주의나 연고주의가 아닌 정책을 내걸고 국민들에게 호소할 때, 정책선거는 앞당겨 질 것이며 이는 제도 변화 없이도 개선될 수 있는 문제이기 때문이다. 한국의 선거문화를 일신하고 생산적인 정치로의 도약을 위해 정당의 결단과 선구적인 후보자의 등장을 기대한다.

3장

외국에서의 매니페스토

일반적으로 매니페스토는 그 기원을 영국에 두고 있으며, 역사는 170여 년에 이르고 있다. 이러한 매니페스토는 연원은 같다고 하더라도 나라마다 본격적으로 도입된 시기와 그 실천 양태가 다르게 나타나고 있다. 그러한 차이는 각국이 처한 상당히 다른 정치적 환경과 제도적 배경에 기인한 바 클 것으로 짐작된다. 같은 내각제 정부형태를 취하고 있는 영국과 일본만 하더라도 수상의 리더십 양태, 선거체제나 의회운영 등 정치가 행해지는 모습이 다르게 나타나고 있음을 그 예로 들 수 있다.

따라서 한국에서 매니페스토를 어떻게 채택하여 운영할 것인가, 나아가 한국에서의 매니페스토 정치를 어떻게 기능하게 할 것인가를 파악하기 위해서는 외국의 사례를 십분 이해하는 것이 필요할 것이다. 매니페스토의 종주국이라 할 수 있는 영국의 사례와 한국보다 앞서 매니페스토를 도입하여 정치개혁의 고삐를 다잡아가고 있는 일본의 사례는 이러한 측면에서 한국의 매니페스토 도입과 운영에 많은 시사점을 줄 것으로 기대된다.

1. 영국의 매니페스토

1) 영국의 선거

영국의 선거에서 본격적인 선거운동은 여·야당이 매니페스토를 공표하면서부터 시작된다. 2001년 6월 7일 실시된 총선거에서는 총선거 발표(5월 8일) 2일 후에 보수당 매니페스토 "Time for Common Sense"가 발표되었고, 8일 후에는 노동당의 매니페스토 "Ambitions for Britain"이 각각 발표되었다. 2005년 선거에서도 노동당의 'Britain Forward Not Back'이라는 매니페스토가 공표되면서 본격적인 선거운동에 돌입하기 시작하였다.

영국 선거의 특징은 정당으로서의 매니페스토 이외에 개별후보의 공약이 없다는 것이다. 이러한 특징을 이해하기 위해서는 영국의 선거 실태를 이해할 필요가 있다. 영국 선거에서 정치가를 지망하는 사람은 보수당이나 노동당을 불문하고 먼저 정당의 중앙당이 결정하는 후보자 명부(보수당의 경우 3,200~3,300명 정도)에 등재되어 있어야 한다. 그 다음으로 자신이 입후보하고자 하는 선거구의 총무위원회에 경력이나 정치적 신념을 기록한 서면 지원서를 보내 입후보 의사를 밝히게 된다. 이 때 수상 또는 당수가 유능하다고 인정한 후보자를 유리한 선거구에 추천하는 이른바 낙하산 공천도 이루어진다.

각 선거구의 총무위원회는 서류심사에서 5~6명으로 압축한 후 이들을 대상으로 정견발표나 질의응답 등을 시킨 후에 총무위원회 전원투표에서 최종적으로 후보자를 결정한다. 이러한 일종의 예비선거에서 후보자로 선정되면 이번에는 선거구의 당원들이 전력을 다해 후보자를 당선시키는 정당 중심의 선거가 행해진다. 이때 정당의 공약, 즉 매니페스토 이외에 후보자 개인의 공약은 없으며 정당이 선거의 중심에 서게 된다. 따라서 개인 후원회는 불필요하며 금지되어 있다.

2) 영국 매니페스토의 배경

> 만약 내가 수상으로서 어울리지 않는다면 다른 사람을 수상으로 시키면 된다. 내가 수상인 이상 스스로 옳다고 생각하는 길을 간다.
>
> — 토니 블레어 수상

이 말은 영국 수상의 리더십을 나타내는 말로 인용되고 있다. 영국 매니페스토의 배경에는 이 같은 영국 수상의 강력한 리더십이 존재하고 있다(言論 NPO 2003). 현재 영국의 정치에서 수상은 '수상통치제'라고 불릴 정도로 민간기업의 오너같이 강한 리더십을 갖고 있다. 이러한 강한 리더십의 발휘가 가능한 것은 영국의 수상(야당의 당수 포함)이 리더십 발휘에 필요한 지위의 안정성, 인사권, 정책형성의 주도권 및 실질적으로 선거에서 직접 선출됨으로써 오는 강한 카리스마를 갖고 있기 때문이다.

먼저 지위의 안정성에 관해서 살펴보자. 영국의 수상은 보수당과 노동당 공히 2~3년마다 당수 선거를 치르는 경우는 거의 없고, 실질적으로 선거에서 패배하지 않는 한 본인의 의사에 반하여 교체되는 경우는 없다. 이처럼 당수 지위의 안정성은 당수가 스스로 매니페스토를 꼼꼼히 챙길 수 있도록 해 줄 수 있다.

다음으로 인사권에 대해 살펴보자. 영국의 수상은 스스로의 판단에 의해 각 성의 대신과 부대신 등을 임명 또는 파면할 수 있다. 그러나 수상의 대신 임명권이 존재하는 한편에는 강한 야당 또한 존재하고 있다. 따라서 의회에서 여당의 각료인 자와 야당의 그림자 내각(shadow cabinet) 사이에 격렬한 토론이 전개될 수 있고, 결국 수상은 유능한 인물을 임명하지 않으면 안 된다는 것이다.

정책형성 면에서도 영국의 당수는 연 1회의 당대회에서 결정되는 정당의 정책에 관해 의제설정 등을 통해서 큰 권한을 행사하고 있다. 처음부터 여당에는 정부로부터 독자적인 정책심의회나 총무회 같은 정책사전심사기구가 존재하지 않기 때문에 일상적인 정책형성 면에서도 수상이 강력한 리더십을 발휘하고 있는 것이다.

끝으로 카리스마에 관해서 알아보자. 영국의 선거에서는 여·야당 당수가 제시한 매니페스토를 중심으로 한 정책 격돌 속에 실질적으로 수상을 국민이 뽑는 직접선거와 같은 형태로 전개되기 때문에 수상의 카리스마가 높다는 평가다.

한편 국민의 입장에서 매니페스토는 어떠한 의미를 가지는가? 국민은 매니페스토를 읽으면 정당별 정책의 차이나 시책의 우선순위, 그리고 중요한 시책이 언제 어떻게 실현될 것인가, 그리고 이에 따라 무엇이 변할 것인가에 대한 이해를 할 수 있게 된다. 그리고 이러한 이해 위에 투표에 임하게 된다. 따라서 이러한 측면에서 매니페스토는 유권자의 정보비용을 낮추어 주게 하고 결과적으로 정치참여를 활성화하게 된다.

1980년대까지는 매니페스토의 페이지가 얇았으나, 1990년대 이후에는 국민이 정책을 이미지화하기 쉽도록 만들어 페이지도 늘고 장정도 화려하게 변했다. 요즘에는 약 2파운드의 가격으로 서점에 진열되어 있다. 더욱이 매니페스토가 발표되면 신문이나 잡지, 텔레비전 등에서는 특집 프로그램을 편성하여 국민이 이해할 수 있도록 뉴스 캐스터나 싱크탱크 연구원 등이 상세히 설명을 하고 있다. 이러한 측면에서 매니페스토는 정보를 가진 시민(informed citizen)을 양성하여 정치참여의 질을 높이는 데에도 기여한다고 할 수 있다.

3) 영국의 국정선거 매니페스토

(1) 특징과 수립과정

영국의 매니페스토는 정책실현을 위한 수치목표와 목표달성을 위한 재원 및 목표 기한이 명기되어 있고, 정책 간에 우선순위를 분명히 하는 특징을 뚜렷이 보여주고 있다. 1997년에 발표된 노동당 매니페스토를 살펴보자(표 3-1 참조). 모두에 "노동당과 국민과의 계약(contract)"이란 제하의 10대 비전이 제시되어 있으며, 여기에서 노동당은 교육을 최우선시한다고 명시하고 있다.

표 3-1. 1997년 노동당 매니페스토 10대 비전

1	노동당은 '교육'을 최우선 과제로 삼는다. 국민소득 대비 정부의 교육지출 비율을 증가시킴과 함께 경제적 실책에 대한 정부지출 비율을 삭감
2	소득세의 기초세율과 최고세율을 인상하지 않음
3	물가상승률을 억제하여 경제의 안정성장을 도모. 산업의 국내·국제 경쟁력 제고
4	청년실업자 25만 명에 일자리 부여
5	국영의료기관 사무비를 삭감하여 환자에 대한 의료서비스 충실 도모
6	범죄에 단호히 대처하고 범죄유발 요인에 대해서도 엄격히 대처. 재범의 청소년 범죄자에 대한 재판기간의 단축화
7	견실한 가정과 지역 만들기 지원에 힘써 복지국가의 기반을 확립
8	환경을 지키며 교통정체·환경오염에 대한 종합적인 교통대책 마련
9	정치 정화에 힘쓰고 정치권력의 분권화 추진. 정당지출의 적정화 도모
10	유럽에서의 리더십을 영국이 발휘

다음으로 이 비전을 실현하기 위한 구체적인 시책이 제시되고 있고, 각각의 시책마다 기한·목표·재원이 정리되어 있다. 노동당의 매니페스토 기한은 향후 5년 내에, 즉 정권을 담당하는 기간 내에 추진할 사항을 중심으로 제시하게 된다.

수치가 포함된 목표에 관해서는 "5~7세 아동의 학급 규모를 30명 이하로 한다", "5년간은 소득세의 증액을 하지 않는다", "입원대기 환자수를 10만 명 줄인다" 등 반드시 실현할 것을 제시하고 있다. 또는 이러한 시책에 필요한 재원의 제시방법에 관해서는 기존 시책의 중지·축소 등에 의한 재원 확보, 새로운 세금 도입을 통한 재원 확보, 공공부문 내부의 효율화에 의한 재원 염출 등으로 대별된다. 예를 들면, 앞에서 언급한 "입원대기 환자수를 10만 명 줄인다."라는 목표에 대해서 현행 국민 의료서비스의 효율화에 따라 1억 파운드를 염출하여 시책의 재원에 충당한다는 경우와 같이 개별 시책별 재원이 확보된다.

이처럼 각 당은 수개월에서 수년에 걸쳐 매니페스토를 작성해 간다. 영국 노동당의 경우, 매니페스토는 다음의 그림에서 보는 바와 같이 2년간 2회에 걸쳐 각 위원회의 심의를 거쳐 작성된다. 첫해에는 정책의 선택지나 그 내용을 검토하고, 두 번째 해에는 최종적인 제안을 위해 재심의를 해 나가게 된다(Webb 2000, 203). 정책공약 작성과정에서 중요한 역할을 담당하는 곳은 당 간부

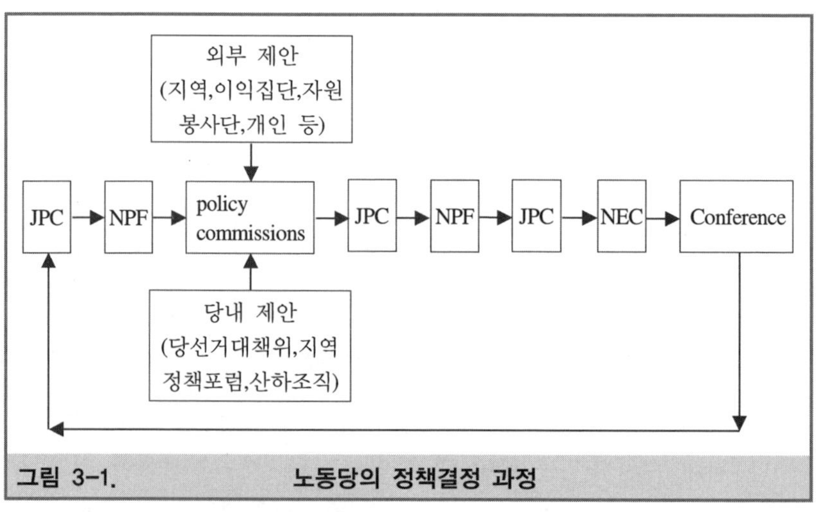

그림 3-1. 노동당의 정책결정 과정

주: JPC(합동정책위원회): Joint Policy Committee, NPF(전국정책포럼): National Policy Forum, NEC(전국집행위원회): National Executive Committee

자료: Webb(2000), p. 204.

등으로 구성되는 '합동정책위원회(JPC)'이며, 이 위원회는 어떤 정책을 논의할 것인가를 결정하는 권한을 가진다.

합동정책위원회는 노동당 당수를 의장으로 하고, 각료(8명), 그리고 노동조합 · 지역지부 대표자 · 국회의원 등으로 구성된 전국집행위원회(NEC)의 대표자(8명), 당의 관계부문 대표자로 구성되는 전국정책포럼(NPF)의 대표자(3명)로 구성되며, 그 속에서도 각료 멤버들이 주도권을 행사한다. 다음으로 합동정책위원회가 설정한 정책의제에 기초해서 '전국정책포럼'에서 심의를 하며, 이 포럼은 당의 관련단체 대표자 183명으로 구성되어 있다.

더욱이 전국정책포럼에 의해 설립된 '정책위원회(Policy Commission)'가 정기적으로 모임을 갖고 정책문서의 초고를 작성한다. 초고의 작성 때에는 당외 전문가와 이익단체로부터 제안이나 의견을 받고 동시에 당내의 각종 단체로부터도 의견을 청취한다. 정책위원회가 작성한 정책문서 초안은 그 후 합동정책위원회, 전국정책포럼 등에서 수정을 거친 뒤 전국집행위원회와 전당대회에서 심의하게 된다.

한편 보수당은 매니페스토 작성과정을 비공개로 하고 있으나, 노동당과 비교할 때 당수의 권한이 크다는 점에 특징이 있다. 당수는 다른 당원들의 동의 없이도 내용을 삭제하거나 새로운 공약을 추가하는 것이 가능하다. 예를 들면 1983년 보수당 매니페스토에는 대처 수상이 독단적으로 '런던시의회'의 폐지를 공약에 추가하기도 하였다. 대처 수상은 1983년 총선거에 임하며 "우리 시대의 도전(The Challenge of Our Times)"이라는 제하의 매니페스토 작성에 강력한 리더십을 발휘한 것으로 유명하다.

(2) 매니페스토의 실효성 확보와 평가

그렇다면 정권을 획득한 정당의 매니페스토는 어떻게 그 실현이 담보되는가? 영국의 예산편성 사업은 다음과 같이 이루어진다. 먼저, 국정선거 후에 내각이 구성되고, 내각 중에 '내각위원회'가 설치된다. 이 위원회가 집권정당의 매니페스토를 기초로 예산편성 사업을 담당하고 있다. 매니페스토에 따라 예산을 모두 수정하는 것이다. 또한 블레어 정권은 내각위원회에 의해 검토된 예산에 관해서는 3년간에 걸쳐 큰 틀을 보증하는 '포괄적 세출수정' 제도를 도입하였다. 이전에 영국에서는 단년도 회계주의를 취하였지만, 매니페스토의 정책효과 발현기간이나 예산집행의 상황을 종합하면 복수년도 회계방식이 바람직하다는 인식이 높아져 이 제도가 도입되기에 이르렀다.

또한 매니페스토는 법적 구속력이 없다. 이 때문에 행정 각부의 대신과 재무대신은 매니페스토의 달성 상황에 관한 구체적인 수치목표를 내건 합의문서(PSAS; Public Service Agreements)를 교환하고, 수치목표가 달성되지 못하면 소관 대신이 정치적 책임을 지게 된다는 엄격한 인식이 깔려 있다. 매니페스토를 기초로 한 예산편성 사업이나 포괄적 세입 수정, 그리고 PSAS 등의 구조에 의해 매니페스토의 실효성은 담보되고 있다.

다음으로 매니페스토 실행을 담보하는 또 하나의 방법은 공개적인 평가이다. 노동당은 새로운 시도의 하나로서 1997년 매니페스토 달성 상황에 관한 '연차보고서'를 발표하고, 177개 공약을 '달성 완료', '진행중', '미착수'로 나누어 평가하였다. 더욱이 2001년 총선의 매니페스토에서는 집권기간 5년간을 통해 추진한

표 3-2. 노동당 1997년 매니페스토와 2001년 매니페스토에서의 평가

정책 분야	1997년 매니페스토	2001년 매니페스토에서의 평가
교육	교육을 최우선시하고, 국민소득에 대한 정부의 교육지출 비율을 증가시킴과 동시에 경제적 실책에 대한 정부지출 비율을 삭감	▪ 1997년과 비교해 2001년에는 식자능력(literacy)이 12%, 수량적 사고능력(numeracy)이 10% 향상 ▪ 2001년 9월에는 5~7세 아동의 30명 이상 학급 규모는 없어질 예정임
경제	소득세 기초세율과 최고세율은 인상하지 않음	▪ 최고세율은 4년간 동결 ▪ 2인 자녀와 1인 소득자로 구성된 세대의 직접세 부담은 1972년 이래 최저액
고용	청년실업자 25만 명에 대해 일자리 제공	▪ 청년실업자 중 28만 명 이상이 취업 ▪ 1997년과 비교, 100만 개 이상의 공용기회 창출 ▪ 청년실업률은 1975년 이래 최저 ▪ 25세 이하의 청년 장기실업자의 비율은 75% 감소 ▪ 실업률은 과거 25년간 최저
의료	국영의료기관의 사무비 삭감과 환자에 대한 의료서비스 충실 도모	▪ 사무비는 2002년까지 10억 파운드 이상 삭감(예정) ▪ 1996~97년 대비 국영의료기관의 입원환자 및 외래환자는 각각 62만 명, 65만 명 증가 ▪ 1997년 대비 간호사는 17,100명, 의사는 6,700명 증원 ▪ 입원대기 환자수는 124,000명 삭감

성과나 미달성 이유 등을 분석하여 국민용으로 공표하였다(표 3-2 참조).

그 외에 매스미디어와 민간 싱크탱크 등의 평가기관이 매니페스토에 게재된 정책의 달성 상황 등에 관한 평가보고서를 즉시에 제공하고 있다. 영국에서의 매니페스토 평가에 관해서는 후술하는 제4장의 매니페스토 평가방안에서 설명될 것이다. 이러한 기관의 평가에 기초하여 유권자인 국민의 심판 또한 엄격하다는 것은 두말할 필요가 없다. 5년간의 업적을 평가하여 만족하지 못하면 집권정당을 바꾸어 정권을 교체시키게 된다.

4) 야당의 매니페스토가 갖는 의미

영국의 매니페스토에서 특징적인 것은 야당의 매니페스토가 평소의 여・야당이 부딪치는 의회심의를 배경으로 도출된다는 점이다. 영국의 야당은 의회에서 정부여당과 예산심의 등 각 분야에 걸친 '언어 결투'를 통해 다음 선거에서 정권교체를 추구하고 있다. 따라서 야당에 의한 심의거부 등은 나타나지 않는다.

영국의 본회의장은 공간은 그렇게 넓지 않지만 회의(영국은 본회의 중심주의를 취하고 있음)의 모두(冒頭) 약 1시간은 질문시간으로 되어 있어, 여당의 담당대신의 설명에 대해서 야당의 담당대신(그림자 내각)뿐만 아니라 프론트 벤치(의석에 앉은 유력의원) 등 누구로부터도 자유로이 보충질문이 이루어지는 엄격한 질의응답이 행해지고 있다. 또한 최근에는 BBC 홈페이지에서 실황을 볼 수도 있다.

선거에서 여당이 국민의 지지를 잃으면 야당의 그림자 내각이 기본적으로 그 상태에서 내각이 되고 야당의 당수가 수상이 되기 때문에, 이러한 의회심의와 이를 배경으로 나온 야당의 매니페스토가 갖는 의미는 매우 크다고 할 것이다. 영국 헌정 상 제1야당은 언제나 여당으로 대체될 수 있다는 의미에서 로얄 오포지션(Royal Opposition)이라고 불린다. 야당 당수는 개회식에서 수상과 어깨를 나란히 하여 출석한다. 야당에게는 간접보조금의 일환으로 하원의 야당에 지급하는 쇼트 머니(Short money)와 상원 야당에 제공하는 크랜본 머니(Cranborn money)도 있다.[5] 국가가 정당에 지원하도록 규정한 2000년 '정당, 선거 및 국민투표법'에 의한 정책개발보조금보다 훨씬 이전부터 야당에 대한 보조가 이루어지고 있는 것은, 정부와 여당에 비해 정보수집력이 약한 야당의 의회활동을 활성화한다는 취지이다.

2. 일본의 매니페스토

1) 일본의 선거

전후 일본은 이른바 55년체제 하에서 1960년대 고도성장기를 거치면서 '이념정치'에서 '이익정치'로 전환되어 왔다. 한편으로는 개헌 · 안보를 둘러싸고 국론이 이분되고, 보 · 혁 대립의 정치도식이 형성되어 갔다. 이러한 정치를 이념정치라고 한다면 다른

5) 쇼트 머니는 하원 내 야당에게 '중요한 의회책무'를 수행하는 데 도움을 주기 위해 1975년부터 지급하기 시작하였으며, 이를 제안한 노동당의 원내총무 Edward Short의 이름을 따서 붙여진 것이다. 1996년부터 상원에서도 쇼트 머니가 도입되었는데, 1999년 수정된 상원 야당에 대한 국고 지원은 이를 도입한 당시 상원 원내총무였던 크랜본 경(Lord Cranborne)의 이름을 따서 크랜본 머니라고 부르고 있다.

한편으로 고도성장기와 함께 지역개발이나 보조금·공공사업의 배분 등을 채널로 하는 이익에 의한 지지조달의 메커니즘도 본격적으로 가동되었다(이현출 2002). 이러한 경향은 결국 이익 이외의 목표가치를 상실한 정치의 왜소성을 보여 일본정치의 병폐로 지적되어 왔으며, 또한 나라 전체의 정치를 우선하는 '큰 정치 지향'과는 대조적으로 '지역이익 지향'의 정치에 머무르게 되었다.

다른 한편으로 선거운동 또한 중선거구 제도와 함께 개인의 후원회 중심의 선거가 이루어져 정당의 정책을 둘러싼 선거가 이루어지기 어려운 상황이 되었다. 결국 선거는 후원회를 중심으로 한 개인 중심의 선거로 치러졌으며 정당정치는 실종되는 듯했다. 이러한 현상은 무당파층의 급증으로 나타났고, 정당이라는 존재 자체에 대한 근본적인 불신이 제기되기에 이르렀다.

이러한 상황 하에서 1994년 소선거구제와 비례대표병립제로의 선거제도 개혁이 이루어졌다. 이러한 제도 변화의 목적은 정당중심의 정치, 정책본위의 선거를 이루기 위한 것이었다. 이러한 선거제도의 개혁과 함께 꾸준히 정책선거로의 방향전환이 논의되면서, 결국 2003년 매니페스토가 도입되어 정책중심의 정당대결이 본격화된 것이다.

2) 매니페스토 도입배경

일본의 매니페스토는 정치권에서 본격적인 논의가 전개되기 이전에 전문가나 연구자들 사이에서 그 도입에 관한 논의가 우선되어 왔다. 1996년 10월 21세기 임조(臨調)는 총선거를 앞두고 "총선거를 향한 긴급어필"을 발표하여 '정권선택', '수상선택', '정책선택'의 일치를 제창하며 매니페스토 선거의 원리를 밝혔다. 이후 1997년에는 일본 중의원의 '공직선거법 개정에 관한 조사특별위원회' 등에서 매니페스토 도입에 관한 논의가 제기되었다(曾根 2006, 31).

논의가 정치권으로 옮겨오면서는 2002년 12월 지사 3선 불출마 선언을 한 전 미에(三重) 현 지사 기타가와 마사야스(北川正恭)가 지사 8명이 모인 자리에서 매니페스토를 제안하였다. 이어 2003년 1월 25일 미에 현에서 개최된 기타가와 당시 지사가 "매니페스토 선언"을 발표하고 당시 심포지움에 참가한 이와테(岩手) 현 마스다(增田) 지사와 돗토리(鳥取) 현 가타야마(片山) 지사 등 혁신 지사들이 속속 동참선언을 하게 되었다. 2003년 통일지방선거에서 혁신파 지사인 현직 후보들을 비롯하여 매니페스토를 제시한 후보는 14명이었으며 이 중에서 7명(현직 2명, 신인 5명)이 당선되고 7명(현직 1명, 신인 6명)이 낙선하였다.

이 매니페스토 선거로 인해 신인으로 당선된 지사가 가나가와(神奈川) 현 마츠자와 시게후미(松澤成文)였다. 그는 자민당이 추천한 유력후보가 로컬 매니페스토를 제시하지 않은 가운데 37항목에 걸친 자세한 매니페스토를 제시하고 정책 면을 강조한 결과 당선되었다. 이와테 현의 마스다 지사 등도 후보 중 혼자만이 매니페스토를 제시하여 낙승하였다. 이 후 '로컬 매니페스토 추진 단체장 연맹', '로컬 매니페스토 추진 지방의원 연맹'을 결성하여 지방정치인 스스로 로컬 매니페스토를 확산하는 운동에 동참하고 있으며, 시민단체들도 '로컬 매니페스토 추진 네트워크'를 결성하여 해당 지역에서의 매니페스토 활성화를 통한 정책선거 유도에 전력하고 있다.

단체장 연맹과 지방의원 연맹은 자신들이 제시한 매니페스토를 매년 평가하는 '로컬 매니페스토 검증대회'를 개최하고 있다. 제1회 대회는 2004년 9월 와세다 대학교 매니페스토 연구소 주최로 열렸으며, 제2회 대회는 2005년 11월에 열린 바 있다. 이를 통하여 자신들이 제시한 매니페스토 추진성과를 스스로 평가하고 민간의 검증도 받는 계기로 삼았다. 이러한 민간기구들의 관심은 2006년 1월 13일 현재 514명이 로컬 매니페스토 의원연맹에 가입하였고, 2006년 2월 1일 현재 205명(지사 19명, 시구장 134명, 정촌장 52명)이 매니페스토 추진 단체장 연맹에 가입할 정도로 정치인들에게 압력으로 작용하고 있다고 할 수 있다.[6)]

지방선거와 마찬가지로 국정선거에도 매니페스토 바람이 불어 민주당을 중심으로 한 소장파 의원들을 중심으로 매니페스토 도입 논쟁이 전개되었다. 그래서 중의원 선거를 한 달 여 앞둔 2003년 10월 3일 중의원에서 매니페스토 도입을 위한 선거법 개정안이 통과하여 중참의원 선거에도 본격적으로 매니페스토가 도입되었다. 2003년 6월에 11월 총선을 앞두고 민주당의 칸 대표가 당수 토론에서 다음 선거를 매니페스토 선거로 치르자는 제안을 하였다. 당시 자민당은 냉담한 반응을 보였으나 당 총재

6) 로컬 매니페스토 추진 단체장 연맹은 http://www.local-manifesto.jp/headleague, 로컬 매니페스토 추진 지방의원 연맹은 http://www.local-manifesto.jp/gikaigiin을 참조.

선거를 앞두고 고이즈미(小泉) 수상이 이를 수용하였다.

3) 일본의 국정 매니페스토

지사선거의 경우 정당의 관여가 낮아 개인의 매니페스토화한 경향이 있으나, 국정선거의 경우에는 정당 간에 치열한 정책경쟁으로 전개되었다. 특히 지금까지는 후보자 개인홍보물 배포에 주력해 왔으나, 2003년 선거에서는 매니페스토 중심의 선거화함으로써 정당이 제작한 매니페스토를 배포하는 데 후보들이 역점을 두어 왔다. 자민당은 매니페스토 상세판 25만 부와 요약판 410만 부를 배포하였으며, 민주당은 상세판 320만 부, 요약판 1,500만 부를 제작 · 배포한 것으로 보도되었다.

유권자 출구조사를 통해서도 소선거구에서의 투표기준으로 '후보자의 인물'보다는 '정당의 정책 · 공약'을 지적한 유권자가 많은 것으로 나타났다(朝日新聞 2003. 11. 11). 중의원 선거에서 주요한 쟁점으로 부상한 정권공약은 연금문제를 비롯한 사회보장문제, 도로공단 개혁, 이라크 부흥 지원, 경제 · 고용 문제 등을 들 수 있다. 2005년 실시된 중의원 선거에서는 단연코 우정 민영화가 주된 이슈로 등장하였다.

이처럼 매니페스토 원년인 2003년 11월의 총선거와 2004년 7월의 참의원 선거, 그리고 2005년 9월의 총선거 등 3번의 국정선거가 치러짐으로써, 매니페스토의 제시는 이제 정착되었다고 말할 수 있을 것이다. 표 3-3과 같이 각 정당은 구체적인 매니페스토를 제출하고 있으며, 이제는 매니페스토를 제출하지 않고서

표 3-3. 각 정당 매니페스토의 주요 쟁점

	2003 중의원 선거	2004 참의원 선거	2005 중의원 선거
자민당	▪ 2005년부터 도로 4공단 민영화(2004정기국회법안 제출) ▪ 2006년까지 보조금 약 4조엔 폐지감축 단행 ▪ 정책입안 기능 강화	▪ 사회보장제도 개혁 2007년 3월까지 결론 ▪ 이라크 파병 계속 ▪ 향후 2년간 서비스업에 300만 명 이상 고용창출	▪ 우정법안 차기국회에서 입법 ▪ 공무원 포함 샐러리맨 연금제도 일원화 ▪ 2010년 초 기초적 재정수지 회복
민주당	▪ 고속도로 3년 이내 무료(일부 대도시 제외) ▪ 18조 엔의 조건부 보조금을 4년 내에 전부 폐지 ▪ 공공사업 수주기업으로부터의 정치헌금 금지	▪ 연금제도 일원화 ▪ 자위대의 이라크 철수 ▪ 사회보장청을 폐지하고 국세청과 통합한 '세입청' 신설	▪ 모든 연금 일원화 ▪ 우편저축 규모를 축소하고 다양한 선택지 검토 ▪ 3년간 10조 엔 세출 삭감
공명당	▪ 2005년중 도로 4공단 민영화 추진 ▪ 세원이양 추진, 장래 국가와 지방 세원 비율 1 : 1로 ▪ 국회의원 세비 10% 삭감 계속	▪ 연금 100년 안심계획 근본적 개혁 ▪ 이라크 부흥 지원 계속 ▪ 10년간 개호 희망자 비율을 고령자 '7명 중 1명'으로부터 '10명에 1명'으로	▪ 후생연금과 공제연금의 일원화 ▪ 우정법안 입법 ▪ 2010년 초 프라이머리 밸런스의 흑자화

는 선거전에서 싸울 수 없게 되었고 매니페스토형 선거는 크게 진전을 거듭하고 있다고 평가할 수 있다.

특히 2005년 중의원 선거를 앞두고 8월 25일 실시된 '정권공약 검증 긴급대회'에서는 기존 2003년 선거에 제시된 매니페스토에 대한 평가와 함께 2005년 선거를 앞두고 제시된 신매니페스토에 대한 검증이 이루어졌다. 새로운 일본을 만드는 국민회의(21세기

臨調)에서 주최한 검증대회에서는 경제동우회, 전국지사연맹, 연합(노동단체), 일본청년회의소, 언론 NPO, 구상일본 등 일본의 주요 민간 사회단체와 싱크탱크 등이 참여하였으며, 선거 후에 기타가와 교수는 이번 총선은 매니페스토형 선거의 큰 추진력이 되었다고 평가하였다.

4) 일본에서의 매니페스토 도입과 과제

(1) 연립정권과 매니페스토

양당제 하에서의 매니페스토의 위치 부여는 분명해진다. 그러나 다당제 하에서 어느 한 정당이 단독으로 과반수를 차지하여 정권을 구성할 수 없을 때, 연립을 구성하게 되면 국민의 위임과 정책 간의 괴리가 발생할 수 있다. 즉 단독정권일 경우에는 단일의 정당이 매니페스토 실행의 책임과 의무를 맡고, 임기중에 그것을 실행에 옮겨 다음 선거에서 국민으로부터 심판을 받으면 된다.

그러나 다당제 하의 연립정권의 경우에는 다른 문제점이 발생한다. 일반적으로 선거가 종료되고 의회의 의석에 따라 연립정권에 대한 협상이 이루어진다. 이 경우 누구를 연립정권의 수반으로 할 것이냐, 그리고 주요 부처 책임자(대신)는 누구로 임명할 것이냐, 끝으로 연립정권의 정책은 어떻게 가져갈 것이냐가 협의의 대상이 된다. 다른 정당과의 정책협의는 특히 정책이 일치하지 않을 경우에 어렵게 되고, 최종적으로 의석수나 연립의 잠재력 등에 의해 조정이 이루어진다. 따라서 연립정권의 정책은 선거

시에 제시된 최초의 정책과는 차이를 보이는 경우가 있을 것이다.

매니페스토는 그것을 제시하는 것뿐만 아니라 그것을 실현에 옮겨 다음 선거에서 평가할 수 있다는 점에서 의미가 있다고 할 것이다. 그런데 연립정권이 탄생하면 A정당의 정책 a와 B정당의 정책 b, 그리고 연립정권의 정책 c가 있다고 할 때, A정당 지지자는 자신의 정당이 c의 형태로 변질되는 것에 불만을 표시할 것이며, B정당 지지자도 같은 결과를 상정할 수 있다. 더욱이 c라는 정책의 달성 여부에 대하여 평가할 경우 A, B 정당 중 어느 정당이 책임을 져야 하는지의 문제도 제기될 수 있다.

이러한 경우에는 일차적으로 연립을 구성한 정당들이 자신을 지지해 준 지지자들에게 설득을 통한 동의를 구하는 것이 중요하다고 할 것이다. 합의된 c라는 정책이 주어진 환경 속에서의 최선의 선택임을 호소하고, 나아가 입법과정에서 다양한 세력들의 의견을 집약하는 노력이 기울여져야 할 것이다. 반면에 매니페스토 선거가 정착되면 단독정권을 형성하지 못한 정당 간의 연립 형성에 있어 새로운 전환점을 가져올 것으로 전망된다. 즉, 정책적 거리가 가까운 정당 간의 연립이 모색될 것이므로 지금까지 득표를 위해 입장을 모호하게 하던 경우와는 반대로 주요 사안에 대한 입장을 분명히 하게 된다. 그럼으로써 연립 형성에 있어 국민들의 동의를 구하기에 더욱 쉬워질 것으로 판단된다.

(2) 일본 공직선거법과 매니페스토

일본의 공직선거법은 규제적 측면이 강하여 호별 방문이 금지되고, 배포 가능한 홍보물도 제한하고 있다. 이러한 규정 가운데 문제가 되는 것은 국정선거에는 공직선거법 제142조의 2를 신설하여 매니페스토와 요약판은 배포가 가능하도록 하였으나, 지방선거에는 이러한 규정이 적용되지 않아 매니페스토의 배포가 불법으로 되어 있다는 점이다. 나아가 국정선거에서도 배포는 가능하나 선거사무소, 정당연설회장 내, 가두연설 장소로 배포장소가 한정되어 있다는 점이다.

또한 인터넷에서 선거운동을 위해 매니페스토를 올리는 것은 문서·도화의 반포로 간주되어 공직선거법 위반이 된다는 점이다. 그런데 2005년 2월 현재 일본의 인터넷 이용자수가 7,007만명에 이르며, 인터넷의 세대침투율(이용장소, 접속기기를 불문하고 인터넷 이용자가 있는 세대의 비율)도 82.8%에 이르러(財團法人インターネット協會 2005) 정보 격차는 염려할 문제가 아니라고 본다. 따라서 인터넷을 통한 매니페스토 홍보가 가능하도록 하는 것도 매니페스토 선거를 앞당기는 하나의 방안이 될 것으로 본다.

(3) 참의원 선거와 매니페스토

양원제를 취하고 있는 일본에서 참의원 선거의 매니페스토의 성격을 어떻게 부여할 것인가가 문제가 된다. 일본에서는 중의원 총선거를 정권공약을 내건 매니페스토 선거로 규정하는 데에는 이론이 없다. 중의원 선거로 정권선택을 결정하기 때문에 참의원 선거의 성격을 어떻게 규정할 것이냐가 문제로 대두된다. 그래서 참의원 선거를 정권선택 선거의 중간선거로 의미 부여하자는 하나의 논의가 제기되고 있다. 중의원과 참의원 선거가 분리되어 치러질 때에는 각 정당이 이전 선거의 매니페스토와 전혀 다른 공약을 제시할 수 없다는 점도 현실적인 이유가 될 것이기 때문이다.

3. 기타 국가의 매니페스토

1) 미국의 선거공약

미국 대통령 선거의 경우에는 당 후보자를 정식으로 선출하는 전당대회에서 채택하는 당강령이 대통령 선거 공약에 해당된다. 미국에서는 이를 매니페스토라고 부르지 않고 플랫폼(Platform)이라고 칭한다. 오늘날은 전당대회가 정치 쇼(show)화한 면이 적지 않으나 그래도 중요사안을 두고 격론을 벌이기도 하며, 여기에는 전문가와 선거 컨설턴트 등이 참여하여 일익을 담당하고 있다. 실제 공약 달성도는 평균 70% 정도라는 조사 결과도 나와 있다.

종래 미국 대통령 선거의 쟁점은 구체적 정책을 상세히 제시한 것도 없었고, 구체적인 숫자를 들어 명확한 정책 처방전으로 선거를 치르는 경우도 그다지 많지 않았다. 보통 추상적인 정치 슬로건이 중심이 되었다고 한다. 그러나 예외적으로 1980년 레이건 후보의 선거 캠페인에서는 조세개혁 등 많은 구체적 공약을 제시하기도 하였다. 상·하 양원 선거에서도 전국적인 당조직이나 당의 정책수립기구가 없는 미국 선거에서는 영국의 하원 선거 때처럼 당강령이 책정되는 경우가 없다. 각 의원이 개인적으로 지역의 이익을 중심으로 정책을 제시하고 선거를 치른다.

하지만 1992년 대통령 선거에서는 민주당의 클린턴이 국내경제정책이나 의료・복지 개혁을 쟁점으로 내걸고, 구체적 재정적자 삭감정책을 포함한 정책공약집 Putting People First(부재는 "미국 재생의 시나리오")를 출판해 현직의 공화당 부시 대통령을 물리치고 당선된 바 있다. 1994년 중간선거에서는 공화당 하원의원 367명이 깅그리치 전 하원의장의 발의에 의해 하원 본회의에서 개원 후 최초의 100일 간에 채택할 것을 약속하는 10대 정책공약을 "Contract with America(아메리카와의 계약)"라는 이름으로 국민들에게 제시하였다. 이 계약에 찬동하는 공화당 후보들은 여기에 서명한 후 선거전에 돌입하였으며, 결국 하원에서는 40년 만에 상원에서는 8년 만에 공화당이 다수를 차지하는 성과를 올렸다.

'계약'의 전문에는 "우리들은 단순히 정책의 변경을 제안하는 것이 아니라 무엇보다 중요한 것은 국민과 국민으로부터 선출된 대표 사이에 생긴 신뢰의 상처를 회복하기 위해 제안하는 것"이라고 제시하고 있다. 명확한 정책을 내세워 선거가 종료된 후 즉시 실천에 옮기는 깅그리치 식의 계약은 이름은 다르지만 발상은 매니페스토와 같다고 할 것이다.

2) 독일의 선거공약

독일의 정당 선거공약은 매니페스토라고 부르지 않고 선거강령(선거 프로그램, Wahlprogramm)이라고 부르며, 이 프로그램은 4년에 한 번씩 연방의회 선거 반년 전에 열리는 임시전당대회에서 결정하는 경우가 많다. 전당대회에서는 선거강령의 결정과 함께 수상 후보도 함께 결정하게 된다. 선거 시 정당은 선거강령을 제시하는 것 외에도 각 정책분야에 걸친 상세한 문서를 작성하여 유권자에게 제공하며, 유권자들은 정당이 정책에 투입한 노력을 높이 평가하는 분위기이다.

선거강령은 유권자에게는 그 정당의 입장에 관한 정보를 제공하고 지지를 호소하는 기능을 수행하며, 당원들에게는 그 정당의 아이덴티티를 확보하는 기능을 수행한다. 선거강령의 작성은 각 분야의 정책에 관한 이해관계를 갖는 여러 단체로부터의 의견을 청취하고, 조사기관에 위탁하여 실시한 여론조사 결과를 활용하는 것으로 알려져 있다. 당내의 소수파도 자신들의 주장을 선거강령 속에 포함시키려고 노력한다. 그런데 많은 유권자의 지지를 얻기 위한 타협의 산물로서 등장한 선거강령은 다의적이고 애매한 것이 될 가능성이 높다.

독일에서는 선거강령(Wahlprogramm)이라는 표현이 더 보편적으로 쓰이긴 하나, 최근 들어 선거 매니페스토(Wahlmanifest)라는 말을 쓰기 시작하고 있다. 2005년 9월 18일 선거를 앞두고 국영방송국 ZDF의 위탁으로 베를린의 독일경제연구소(DIW Berlin)와 쾰른의 독일경제연구소(IW Köln)가 2005년 8월 22일 작성한 "2005년 연방의회선거를 위한 선거강령 판단"(Beurteilung der Wahlprogramme zur Bundestagswahl 2005)이 발표되는 등 선거 매니페스토 평가에도 관심을 보이고 있다. 이 평가에는 원내 다섯 정당의 선거강령에 나타난 노동시장, 조세, 연금보험, 의료보험이라는 네 가지 정책분야에 대한 정책을 분석한다.

3) 프랑스의 선거공약

프랑스는 다당제이기 때문에 영국이나 미국같이 명확한 양당제 국가와는 다른 면들이 있다. 프랑스의 정당들은 크게는 좌우 그룹으로 대별된다. 이 때문에 각각의 그룹이 행하는 정책협정이 중요한 의미를 갖게 된다.

프랑스의 매니페스토는 영국 등과 비교할 때 관료 의존 체질이 강하다(金井辰樹 2003). 직접선거로 선출하는 대통령 선거에서도 그러한 경향이 나타나고 있다. 2002년 대통령 선거에서는 시라크와 조스팽 두 진영이 공히 관료 출신자를 공약담당 책임자로 둔 것을 보아도 이러한 경향을 짐작할 수 있다. 이것은 그 외 유럽의 여러 나라들과 차이를 보이는 부분이며, 민간 싱크탱크 등이 발달하지 않은 것도 원인이 될 수 있을 것이다. 그러나 공약 작성을 관료에게만 맡겨두는 것이 아니라 정당 측과 밀접한 협력과 정보교류를 행하고 있다.

그리고 프랑스 선거에서 공약에 대한 관심은 아주 높은 편이라고 할 수 있다. 시라크는 2002년 선거에서 자신의 공약을 1,200만 부나 인쇄하였다. 조스팽은 당초 자신의 공약을 800만 부 인쇄했다가 시라크와의 차이가 선명하게 드러나지 않아 지지도가 떨어지고 있음을 알고, 이번에는 “시라크와 다른 10가지 포인트”라는 새로운 홍보물을 만들어 다시 수백만 부를 뿌렸다고 한다.

4장

매니페스토 평가방안

선거공약은 유권자의 의사를 정치엘리트에게 전달하는 매개가 되며, 공직자에게 있어서는 선거 후의 정책활동에 정통성을 부여하는 기능을 수행한다. 따라서 일반적으로 대의민주주의가 효과적으로 작동한다면, 선거과정에서 정책선호가 효과적으로 표출 또는 수렴되기 위한 정책선거는 필수적이다. 그리고 이러한 정책선거는 후보자 측의 구체적인 선거공약 제시와 이를 두고 활발한 상호 간의 의견교환과 토론을 통하여 정권 담당자를 선택하게 하고, 정권 담당자는 이러한 위임에 기초하여 정책을 형성하고, 그 결과를 두고 유권자의 평가를 받는 구조가 이루어져야 하며, 그 중심에 선거공약이 위치하게 된다.

따라서 매니페스토는 실행을 전제로 한 공약으로서 당선되면 선거기간중 약속한 매니페스토를 실행에 옮기게 된다. 그리고 그 진척도를 매년 평가하고, 임기가 끝나면 종합적으로 평가를 하게 되는 것이다. 이 장에서는 매니페스토 사이클에 기초한 평가방법을 고찰하고자 한다. 목표가 애매모호하고, 구체적인 집행방안이 나오지 않는 공약을 제시하는 현재의 한국 선거풍토에서는 선거공약의 평가는 불가능한 일이다. 이 장에서는 일본과 영국, 그리고 다른 나라들의 평가방안을 소개하고 향후 한국에서의 매니페스토 평가방안을 마련하는 데 참고로 삼고자 한다. 지방선거 매니페스토 평가는 제6장에서 다시 살펴보고자 한다.

1. 일본에서의 매니페스토 평가

1) 누가 평가하나?

일본에서도 2003년 총선거 이후, 영국에서 실시되고 있는 바와 같이 미디어가 독자적으로 각 정당의 매니페스토를 분석하고 비교하여 그 내용을 유권자에게 제공하고 있다. 더욱이 2004년 5월에는 "새로운 일본을 만드는 국민회의(21세기 임조)"에 의해 '정권공약 매니페스토 검증' 제1회 대회가 열렸으며, 2005년 8월에는 중의원 총선을 앞두고 '정권공약 검증 긴급대회'를 열어 경제단체와 싱크탱크 등 다양한 단체가 독자적인 방법으로 수행한 매니페스토 평가내용을 발표하고 검증한 바 있다.

이처럼 매니페스토를 평가하는 것은 매니페스토에 의한 선거를 착근시키기 위한 불가피한 조치이다. 매니페스토를 제출해도 그 내용과 실시상황이 분석・평가되지 않는다면, 매니페스토를 내세우는 측은 그에 대한 책임을 갖지 않게 될 것이기 때문이다. 또한 영국과 마찬가지로 일반 유권자들이 매니페스토를 세부적으로 읽고 이해한다는 것은 매우 힘든 일이며, 매니페스토를 단순히 제출한다는 것만으로는 선거에서 유권자의 투표행동의 참고자료로 활용되기에는 어려움이 있을 것이다. 따라서 선출되는 측과 선출하는 측 사이에 존재하는 제3자가 매니페스토의 내용이나 그 실시상황을 분석·평가하여 그 내용을 널리 발표하는 것은, 정당이나 후보자가 매니페스토를 충실히 제출하게 만드는 역할을 담당하게 할 수 있다. 또한 그 실행에 책임을 부여하는 점검수행의 역할과 유권자의 정치참가에 필요한 판단자료를 제공하는 비용을 절감시키는 기능을 함께 수행하게 된다.

물론 평가는 자연히 평가하는 측의 가치관이나 주관으로부터 자유로울 수는 없을 것이다. 따라서 미디어나 각종 단체, 싱크탱크 등 많은 기관이 각각의 방법으로 매니페스토를 평가하고, 유권자 스스로가 다각적으로 그것을 판단할 수 있도록 환경을 만드는 것이 요구된다고 할 것이다. 한국에서는 이러한 평가를 종합적으로 주관할 중립적인 민간 선거감시기구가 없다는 점을 고려할 때, 중앙선거관리위원회가 중심이 되어 선거공약 평가를 주관하는 방안도 검토해 볼 만하다. 그리고 개별 평가기관으로는 시민단체, 경제단체, 싱크탱크 등 다양한 분야에서 참여하여 각각의 평가결과를 제시하고, 이를 유권자들의 판단준거로 활용하는 방안을 검토할 수 있을 것이다. 이러한 인식 하에 선거계약으로서의 매니페스토 평가방법을 종합하여 그 방안을 개관하고자 한다.

2) 매니페스토 평가 사례

(1) PHP 종합연구소

① 매니페스토 요건 평가[7)]

먼저 각 정당은 선거를 앞두고 다양한 형태로 선거공약을 제시하고 있다. 각 정당의 공약체계나 강조 분야 및 정책이 다르기 때문에, 각 당의 매니페스토를 동일한 정책분야별로 분류하여 비교하거나 우열을 판단하기가 쉬운 일은 아니다. 문제는 이처럼 다양한 정책공약을 비교 가능한 체제로 재구성하는 작업이 필요하다는 것이다. 우선 몇 가지 정책분야를 설정하여 해당 선거의 매니페스토 전반에 걸쳐 목적별로 개별정책을 재분류하고, 각 정당의 매니페스토를 수평적으로 비교할 수 있도록 하는 것이 필요하다.

다음으로 매니페스토 평가는 2가지 단계로 나누어 생각할 수 있다. 첫 번째는 정책공약이 매니페스토로서의 요건을 갖추고 있는지 여부를 검증하는 것이다. 두 번째 단계는 집권당이었던 정당이 스스로의 매니페스토를 어떻게 실행하고 있는지, 그 달성도를 검증하는 것이다.

먼저 새로운 공약에 대한 매니페스토로서의 요건을 구비하고 있는지 여부에 대한 평가에 대해 알아보자. 이 평가는 크게 3단계로 나누어 고찰해 볼 수 있다. 즉, 첫째, 개별정책 평가, 둘째, 정책분야 평가, 셋째, 비전 및 구성 평가로 나누어 고찰해 볼 수 있다.

7) PHP 종합연구소 매니페스토 평가기준에 관해서는 http://research. php.co.jp/ 참조.

개별정책 평가는 정책분야 속에서 추출된 가장 작은 단위의 정책에 관한 평가이다. 개별정책의 요건으로서 중요한 것은 다음과 같은 5개 항목이다.

① what: 정책으로서 무엇을 행할 것인지 기술되어 있는지 여부
② why: 그 정책을 추진하는 이유와 배경이 기술되어 있는지 여부
③ when: 그 정책의 실현을 위한 구체적인 기한을 설정하고 있는지 여부
④ how: 정책 실현을 위한 프로세스나 방법을 명시하고 있는지 여부
⑤ appeal: 유권자의 관심을 끌 수 있는 정책인지 여부

위의 ①~④ 항목은 5점 척도로 하여 평가를 하고, ⑤의 경우에는 영향력 정도에 따라 점수를 높게 평가하는 것으로 할 수 있다. 전자의 5점 척도는 1점: 기술되어 있지도 않고 알 수도 없음, 2점: 기술되어 있지만 잘 알 수 없음, 3점: 기술되어 있지 않지만 알 수 있음, 4점: 기술되어 있고 알 수 있음, 5점: 기술되어 있고 잘 알 수 있음으로 나누어 볼 수 있다. 또한 평가 시 가능한 한 객관성을 확보하기 위하여 평가에 참여하는 전원이 각 정당의 전체 개별정책을 평가하는 것을 원칙으로 하고, 평가위원들이 부여한 점수 중 최고점과 최저점을 제외한 나머지 점수의 평균을 통해 구할 수 있을 것이다.

다음으로 정책분야 평가에 대해 알아보자. 정책분야 평가는

각 개별정책을 포괄하는 정책분야를 대상으로 한 평가이다. 개별정책 단위에서는 각 정책이 정당 간에 일대일로 대응되지 않아 각 정당의 매니페스토를 수평적으로 비교하는 것은 어렵지만, 다양한 정책을 공통의 범주로 재분류한 정책분야의 평가는 각 정당의 매니페스토 비교를 좀더 편리하게 할 수 있도록 해 줄 것이다.

채점방법은 정책분야별로 그 속에 분류된 개별정책의 득점(25점 만점)의 평균점을 산출한다. 그 후에 그 정책분야의 개별정책 전체의 정합성・포괄성을 0~1로 평가하여 그것을 개별정책의 평균점에 곱하고, 나아가 만점이 100점이 되도록 조정한 것을 정책분야의 평가로 할 수 있다. 정합성과 포괄성을 평가할 경우에는 각 구성원의 채점을 단순히 평균하는 것이 아니라, 정책분야별・정당 간의 바이어스 등을 배제하기 위해 심사위원 간의 논의를 거쳐 합의에 기초하여 결정할 필요가 있다. 정책분야 평가를 식으로 나타내면 다음과 같다.

정책분야 평가(0~100)=개별정책의 평균점(1~25)
×정합성・포괄성(0~1)×4

다음으로 비전과 구성 평가에 대해 알아보자. 정당으로서 어떤 사회를 만들어 갈 것인가에 관한 비전을 제시하는 것은 매니페스토의 전제이다. 그리고 그 비전에 기초하여 매니페스토를 유권자에게 알기 쉽게 표현하는 것은 매니페스토의 중요한 요건이다. 비전의 평가방법은 개별정책 평가와 기본적으로 동일하지만, 합계의 최고득점이 100점이 되도록 각 항목의 최고점을 20점으로 하였다. 구성의 평가방법에 관해서는 명료성과 어필, 즉 유권자의 관심을 끌고 있는지 여부의 2개 항목으로 각 50점 만점으로 합계 100점 만점이 되도록 하였다. 각각을 식으로 명료화하면 다음과 같다.

비전 평가(5～100)＝what(1～20)＋why(1～20)＋when(1～20)
＋how(1～20)＋appeal(1～20)

구성 평가(2～100)＝명료성(1～50)＋appeal(1～50)

② **매니페스토 달성도 평가**

두 번째 검증은 매니페스토의 달성도를 평가하는 것이다. 그 검증은 당연하지만 매니페스토를 정책으로 실현할 수 있는 입장에 있는 집권당이 제시한 매니페스토를 평가하는 것이다. 여기에서는 개별정책 평가와 정책분야 평가를 하지만, 달성도 파악이 어려운 비전 평가와 달성도와 관계가 없는 매니페스토의 구성에 관한 평가는 제외한다.

먼저 개별정책 평가, 즉 '실제 어느 정도 진척되고 있는가?'에 대해 알아보자. 평가방법은 아래에 제시된 바와 같이 각 개별정책이 5단계의 진척상황 중 어느 단계에 있는가에 따라 점수(진척도, 0~25)를 부여하고, 여기에 그 정책의 난이도를 0~1 사이로 평가한 것을 곱하여 그것을 25점 만점의 달성도로 평가하고자 한다.

◉ **진척도**

- 착수(0～5점): 정책의 실현을 위해 무엇인가를 착수한 가장 초기의 단계
- 검토(6～10점): 실현을 위해 어떤 형태로 실제의 논의 등을 진행

시키고 있는 단계

- 구체화(11~15점): 논의의 단계로부터 실제 실시를 위한 구체적인 방안이 제시된 단계
- 실시(16~20점): 정책을 실시하는 단계
- 효과(21~25점): 정책을 실시한 결과로서 효과가 나타나고 있는 단계

◉ **난이도**(0~1점)

정책의 실현이 비교적 쉬운지 어려운지 여부

평가에 난이도를 포함시킨 이유는 실현하기가 비교적 쉬운 정책과 곤란한 정책 사이에 평가의 격차를 시정하는 데 있다. 난이도가 고려되지 않을 경우 높은 점수를 받기 위하여 실현하기 쉬운 정책만 추진하려 할 것이기 때문이다. 반대로 사회적 요구는 높지만 실현하기 어려운 정책을 제시한 경우에, 실현을 위해 많은 노력을 기울여도 평가는 낮을 가능성이 높기 때문이다. 각각의 개별정책에 대해 달성도의 산출방식은 다음의 식과 같이 나타낼 수 있다.

개별정책 달성도(0~25)=진척도(0~25)×난이도(0~1)

다음으로 정책분야 평가에 대해 알아보자. 개별정책을 망라하는 정책분야 평가는 그 분야의 개별정책의 달성도 평균치를 산출하고, 그것을 100점 만점으로 조정한 것으로 한다. 매니페스토 요건 평가와는 달리 달성도 평가에는 전문성이 요구되기 때문에 평가 멤버 전원이 동일한 기준에 따라 모든 정책을 평가하는 것이 아니라 각각 전문성에 따라 정책분야를 담당해서 평가하도

록 하였다.

(2) 사단법인 경제동우회

사단법인 경제동우회는 매니페스토를 정권공약 달성도(종합평가), 정권공약 달성도(개별평가), 그리고 신정권공약의 검증 등 3단계로 나누어 평가하고 있다.[8)]

① 정권공약 달성도 종합평가

정권공약 달성도 종합평가는 '실적', '실행과정', '설명책임'의 3가지 항목의 합계를 통하여 종합 판정하는 것으로 하였다. 항목별 점수 배분은 실적 60점, 실행과정 20점, 설명책임 20점으로 하고 있다.

평가항목을 구체적으로 살펴보면, '실적'은 주요 정책의 개별평가 점수를 종합적으로 감안하여 0~60점의 범위에서 5점 단위로 채점한다. 어디까지나 2003년 총선거의 정권공약에 나타난 진척도 평가이며 내용에 관한 평가는 반영하지 않는다. 실행과정은 20점 만점으로 평가되며, 평가방법은 2003년 총선거의 정책공약에 게재된 정책의 실행과정에 관해 다음과 같은 몇 가지 관점을 중심으로 종합평가한다(5점 단위). 즉, 평가관점은 구속성과 조정력을 중심으로 평가한다. 구속성은 정당 소속의원에 대해서 정권공약을 지지한다는 것을 서약하였는가, 서약을 받지 않은 경우에 국회심의에서의 당론구속이나 그 위반자에 대한 처분 등으로

8) 경제동우회 매니페스토 평가기준에 관해서는 http://www.secj.jp/050826/index.htm 참조.

엄격한 입장을 표명하고 있는가에 초점을 두고 있다. 다음으로 조정력은 정권공약의 내용이 그 후의 논의 · 조정에서 크게 후퇴하지 않았는가, 정부와 여당의 의견이 일치하고 있는가, 연립정권의 경우 연립정권으로서의 정권공약 또는 합의문서가 작성되어 있는가라는 점에 초점을 두고 있다.

다음으로 설명책임에 대해 알아보자. 설명책임은 자기 검증력과 투명성에 초점을 두고 5점 단위로 평가를 하였다. 자기 검증력은 정권공약의 달성도가 알기 쉽도록 제시되어 있는가, 그 평가방법은 타당한가, 진척이 늦어지고 있는 분야도 자세히 설명되고 있는가를 중심으로 평가하는 것이다. 투명도는 정권공약의 실현을 위해 논의 또는 조정의 과정이 국민들에게 알기 쉽게 공개되고 있는가에 주안점을 두고 있다.

② **정권공약 달성도 개별평가**

2003년 총선의 정권공약의 실적(진척도)은 평가하지만 내용에 관한 시비, 즉 경제동우회의 의견과의 합치도 등에 관한 평가는 반영하지 않았다. 평가대상이 된 정책분야는 각 당의 실재 정권공약의 내용을 정리하여 경제동우회의 입장에서 중요하다고 생각되는 정책분야를 열거하였다. 따라서 전체 정책을 망라하고 있는 것은 아니다.

평가방법을 살펴보면, 평점기준은 정책항목에 따라 다르지만, 다음에 제시될 몇 가지 관점에 따라 0점에서 100점 사이에서 채점한다(10점 단위). 우선 평가의 관점은 정책의 효과, 수치목표, 법률의 성립, 당내의 논의 등을 중심으로 평가하였다. 정책의 효과는 정책항목에 따라 평가기준이 다르지만, 원칙적으로 수치

표 4-1. 경제동우회의 공약 달성도 평가기준

기준	평 점 기 준 (예)
100	정책이 실현되어 상정한 효과를 거양하고 있다. 수치목표를 달성했다.
90	정책이 실현되어 상정한 효과를 거의 달성하고 있다(8할 이상). 수치목표를 거의 달성했다(80% 이상).
80	정책이 실현되어 효과를 거양하기 시작하였다. 수치목표를 달성해가고 있다.
70	법률이 성립되었다. 예산에 반영되었다. 구체적 프로세스가 작동하기 시작했다.
60	법안이 국회에서 심의중이다. 예산 절충중이다. 국제회의·교섭의 장에서 교섭중이다.
50	법안이 국회에 제출되었다. 구체적 프로세스가 해결의 실마리가 열린 단계이다.
40	정책의 기본방침 등이 각료회의에서 결정되었다. 당내에서 기본정책 등이 결정되었다. 전체 프로세스는 불명하지만 일부의 법률이 성립했다.
30	당내 또는 관계성청에서 논의·검토중이다.
20	기간이 짧기 때문에 아직 진척을 파악할 수 없다. 당내 또는 관계성청에서의 진척을 파악할 수 없다.
10	정권공약의 내용이 추상적으로 진척을 평가할 수 없다.
0	정권공약의 내용이 단념되었다.
-	정권공약에 기술이 없다.

목표의 달성이나 정책실현에 의해 상정된 효과가 나타나 있는 것을 가장 최고위의 달성도·진척상황으로 평가하였다. 수치목표는 수치목표가 있는 것에 관해서는 원칙적으로 그 달성을 가장 최고위의 달성도·진척상황으로 평가하였다. 법률의 성립을 목

표로 내걸어도 최종목적은 그 정책이 효과를 미치는 것에 있기 때문에 법률의 성립은 통과점으로 위치를 정한다. 당내 논의에 있어서는, 모든 정권공약의 당내 일치에서 당내 논의 또는 조정중인 정책으로 범주화되며, 논의나 조정중인 정책은 실적평가에서 낮은 수준으로 평가하였다.

③ **신정권공약의 검증**

신정권공약의 검증 시 평가항목은 전체평가로는 표기의 충실성과 정책의 실현 가능성을 평가하고, 개별정책 과제의 경우에는 표기의 충실성만 평가하였다. 평가대상이 된 정책분야는 각 당의 실재 정권공약의 내용을 정리하여 경제동우회로서 중요하다고 생각되는 정책분야를 열거하였다. 따라서 전체 정책을 망라하고 있는 것은 아니다.

평가항목별 평가의 기준과 방법을 알아보자.

첫째, 표기의 충실도에 관한 전체평가는 다음과 같은 관점으로부터 5점 척도로 평가를 실시하였다(5: 아래 1~5의 관점을 전부 만족하고 있다, 1: 아래 1~5의 관점이 전부 불충분하다). 평가의 관점은 ① 작성과정, ② 기본이념, ③ 구체성, ④ 정합성, ⑤ 구속성을 기준으로 평가하게 된다. 작성과정은 당내에서 시간을 두고 충분히 논의되어 작성된 것인가를 본다. 기본이념은 나라의 이상적인 모습이나 방향성이 명확히 제시되고 있는지 평가한다. 구체성은 정책의 달성목표와 시기, 공정, 재원이 알기 쉽게 구체적으로 명기되어 있는가, 또한 정책의 우선순위가 명확한가를 평가한다. 정합성은 구체적 정책과제는 전체로서 정합성은 확보되어 있는가, 특히 재정 면에서 전체적 정합성은 확보되어 있는가를 평가한다. 구속성은 선거에 즈음하여 당 공천 후보자에게 정권공약을 지지하도록 서약시켰는가를 평가한다. 끝으로 연립정권의 경우 연립정권을 전제로 하고 선거에 임하는 경우에는 연립정권으로서의 정권공약이 책정되어 있는가를 평가한다.

둘째, 정책의 실현 가능성에 대한 전체평가는 정권공약의 내용을 실시하는 경우 정당의 정권 담당 능력, 실시체제, 현행 법제도와의 관계, 실시의 사회적 영향 등에 비추어 정책의 실현성이 어느 정도 있는가에 따라 5점 척도로 평가를 한다.

셋째, 개별정책 과제에 대한 표기의 충실도 평가를 알아보자. 평점기준은 정책항목에 따라 다르지만 다음에 제시할 관점을 중심으로 5단계로 평가하고 있다. 평가의 관점은 명료성, 목표, 기한, 공정, 재원을 제시하고 있다. 명료성은 일반 국민 모두가 이해할 수 있도록 구체적인 시책을 세세하고 알기 쉽게 제시하고 있는가를 평가한다. 목표는 가능한 한 많은 시책에서 객관적으로 계측 가능한 수치목표를 제시하고 있는가, 수치로 표시되지 않는 것은 구체적인 목표를 제시하고 있는가를 평가한다. 기한은 목표 달성의 시기를 명시하고 있는가, 달성시기가 임기 4년을 초과하는 경우에는 그 근거를 명시하고 있는가를 평가한다. 공정은 목표달성에의 공정을 제시하고 있는가, 시계열적으로 달성 수준을 명시하고 있는가를 평가한다. 재원은 목표달성에 필요한 재원을 제시하고 있는가, 재원의 확보는 현실적인가를 평가하고 있다. 이러한 관점에 따라 5단계 평가를 예시하면 다음의 표 4-2와 같다.

표 4-2. 신매니페스토 평가기준

5	목표, 기한, 공정, 재원 모두가 명확하다(바람직한 수준). 추구하는 정책 전체의 계획이 공표되어 있다.
4	조금 명확하지 않은 점도 있지만, 개요나 계획이 공표되어 있다. 또는 제안 준비가 종료되어 있다.
3	정책의 방향성 · 전체상이 명확하며, 일부의 정책에 관하여 구체적 목표가 명기되어 있다.
2	정책의 방향성 · 전체상이 불명확하고 추상적이긴 하지만, 일부 정책에 관하여 구체적 목표가 명기되어 있다.
1	정책의 구체적 내용이 불명확 또는 결여되어 있다(추상적 표현이다).
-	해당 정책항목에 관한 기술이 없다.

(3) 언론 NPO

① 매니페스토 평가의 틀

언론 NPO의 매니페스토 평가 포인트는 공정관리로 설계되어 있다는 점이다. 즉, 제2장에서 살펴본 매니페스토 사이클에 기초하여 필요한 조치라고 간주되는 사항을 하나하나 점검하여 그것을 체크 항목으로 기술하고 있다. 체크 항목은 매니페스토 실현의 공정에 기초하여 순서에 따라 수립할 필요가 있다. 점수화도 시도되고 있지만 단순히 점수로 순서를 매기는 것은 아니며, 그 점수에 이른 이유와 근거도 명확하게 설명하고 있다.

매니페스토 사이클에 근거하여 선거 시에 매니페스토를 제시하고, 또 정권을 잡으면 그 정책을 실현하게 된다. 그리고 임기 종료 직전에 그러한 정책의 실현 상황과 성과를 평가하여 유권자에게 피드백하게 된다. 언론 NPO는 이러한 매니페스토 사이클에 기초한 분석틀을 통해 2종류로 나누어 공약평가를 시도하고 있다. 하나는 이전 선거에서 제시한 매니페스토에 대한 실적평가이고, 또 하나는 이번 선거에 제출한 매니페스토의 타당성과 형식평가이다. 이하에서는 이를 나누어 고찰해 본다.

② **실적평가**[9)]

언론 NPO의 실적평가는 실적(40점), 실행과정(40점), 설명책임(20점)의 3가지 측면에 주목하고 있다. 실적에는 매니페스토의 이념·목표와 그 성과를 확인하고 있다. 실행과정에서는 매니페스토가 행정업무 시책에 어떻게 반영 또는 운영되었는지의 상황을 검토하고, 매니페스토 실현수단으로서의 시책의 타당성, 나아가 매니페스토 실현 로드맵의 유무를 확인하였다. 설명책임에서는 매니페스토가 국민에게 분명하게 설명되고 있는지 뿐만 아니라, 그 진척보고나 자기평가가 설명 또는 공개되고 있는지를 확인하였다.

③ **신정권공약의 평가**

2005년 중의원 총선거를 앞두고 실시한 매니페스토 평가는 주최 단체인 21세기 임조에서 의뢰한 자민당, 민주당, 그리고 공명당의 3당이 제출한 매니페스토를 평가대상으로 하였다. 신정권공약의 평가는 형식요건을 40점, 타당성을 60점으로 각각 배점하여 두 가지 측면에 주목하였다. 형식요건에서는 정책의 이념·목표가 제시되어 있는지, 측정·평가가 가능한지, 목표실현을 위한 시책체계와 로드맵 명기가 되어 있는지 여부를 체크항목으로 하였다.

타당성 평가는 목표와 그것을 달성하기 위한 수단으로서 제시

9) 언론 NPO의 평가기준은 http://www.genron-npo.net 참조.

된 시책의 정합성, 이전 매니페스토로부터 본 개선상황, 나아가 실현을 위한 수상 주도 혹은 정당 내각에서의 실행성, 그리고 이번 선거에 즈음하여 평가의 가장 중요한 요점으로서 매니페스토 목표는 일본이 고민하고 있는 문제에서 볼 때 적절한가를 확인하고 있다. 이 외에도 각 언론기관과 구상일본(構想日本), 일본청년회의소, 전국지사회, 일본총련 등이 매니페스토 평가에 각각 참여하고 있다. 이러한 평가주체들의 평가의 기준과 방법에는 각기 차이가 있으나 큰 틀에서는 일치하고 있음을 알 수 있다.

2. 영국의 매니페스토 평가

1) 누가 평가하나

매니페스토의 모국인 영국에서도 매니페스토 요약판을 읽었다고 하는 사람은 많으나, 서점에서 2파운드 정도 하는 정당 매니페스토를 직접 구입하는 유권자는 많지 않다. 뿐만 아니라 구입한다고 하더라도 그것을 구체적으로 읽고 그것에 기초하여 투표하는 사람은 많지 않다. 그러나 각 정당은 스스로의 매니페스토에 기초하여 방송광고 프로그램을 짜고, 신문은 각 정당의 매니페스토를 비교·분석하거나 독자가 흥미를 가진 부분을 다루는 보도를 한다. 유권자의 투표행태를 결정하는 것은 매니페스토에 기초한 홍보지나 보도를 통해서 형성된 정당의 전반적인 인상이며, 직접적이라고는 말할 수 없지만 역시 매니페스토는 정치의 행방을 좌우하는 중요한 기능을 하고 있다.

따라서 각 정당이 공히 전문가나 미디어에 높게 평가받거나 또는 불필요한 비판을 피하기 위해 매니페스토 작성에 힘을 모으고 있다. 그 과정이 정당 간의 경쟁을 촉진하고, 매니페스토를 보다 발전시켜 실효성 있는 정책의 입안과 그 실행에 기여하고 있다고 간주되고 있다.

영국에서의 매니페스토 평가는 언론기관에 의한 평가가 주종을 이루고 있다고 할 수 있다. 언론기관이 주요 싱크탱크 등의 조력을 받아 엄격하게 평가하고 그 결과를 발표할 뿐 아니라 이에 따라 스스로 정당에 대한 지지를 표명하는 경우가 많다. 1997년도 선거에서의 각 언론의 정당 지지 내용을 보면 다음의 표 4-3과 같다.

이 외에도 정당의 매니페스토 평가를 실시하는 경우는 NGO

표 4-3. 영국 언론의 정당 지지 표명(1997 신문)

지 명	지지정당명	발행부수
Sun	노동당 지지	3,746,376
Daily Mail	보수당 지지	2,336,587
Mirror	노동당 지지	2,331,101
Express	보수당 지지	1,099,830
Daily Telegraph	중 립	1,046,813
Times	노동당 지지	744,490
Daily Star	노동당 지지	605,189
Gurdian	노동당 지지	402,182
Financial Times	노동당 지지	364,384
Independent	노동당 지지	224,494

*자료: 前田英昭(2003)에서 재인용.

등 시민운동 단체들에서 이루어지는 것을 볼 수 있다. 환경운동 단체인 Everyone과 같은 단체들에서 실시한 해당 분야에 대한 매니페스토 평가 등이 돋보인다. 그리고 노동운동 싱크탱크인 Catalyst와 같은 민간 싱크탱크에서 매니페스토 평가를 실시하는 경우도 볼 수 있다.

2) 매니페스토 평가 사례

(1) BBC 방송[10)]

여기에서는 BBC가 토니 블레어(Tony Blair) 집권 5년을 맞아 2002년 5월에 실시한 매니페스토 평가를 중심으로 알아보자. 분석 결과는 1997년 노동당이 제시한 229개의 공약에 대한 것이다. BBC 평가는 공약에 내재된 가치판단의 문제와 정책이행의 질 문제는 배제하고 있다. 그러나 각각의 공약에 대해 중요한 비판들을 부가하여 기술하고 있다. 예를 들어 정부가 통합교통정책을 도입하겠다고 약속한 경우 현재 그러한 정책이 실시되고 있기 때문에 이행으로 평가할 수 있다. 그러나 국민들은 정부의 교통운영에 대해 광범위하게 비판하는 경우가 있다. 이 경우에 실행 여부보다는 부기된 가치의 문제도 중요한 판단기준이 될 것이다.

BBC는 전체 229개 매니페스토를 5개의 범주로 나누어 평가하고 있으며, 다섯 개의 범주는 다음과 같이 나누고 있다.

10) BBC 방송의 평가 사례는 http://news.bbc.co.uk/1/hi/uk_politics/1961522.stm 참조.

첫째, 공약 이행(Pledge met)
둘째, 공약 미이행(Pledge not met)
셋째, 부분적 이행(Partially met): 이 분야에서 몇 가지 조치가 취해짐
넷째, 진행중(on course): 수개월 내에 이행될 예정
다섯째, 논란 여지(Debatable): 현 단계에서는 어떠한 객관적 평가를 할 수 없음

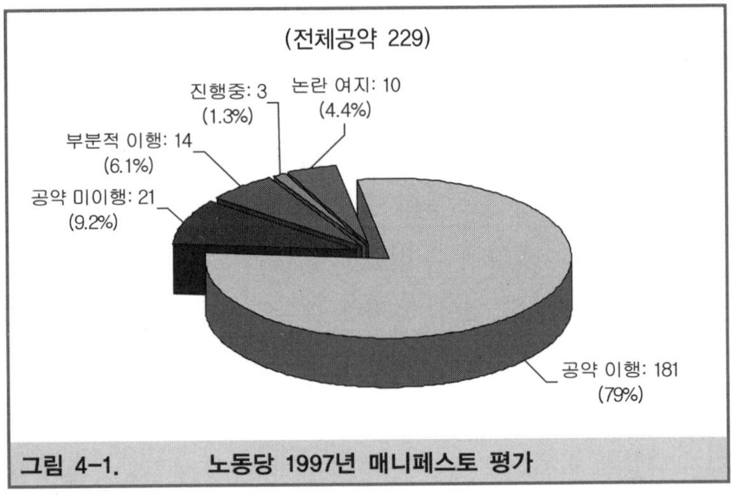

그림 4-1. 노동당 1997년 매니페스토 평가

이러한 기준에 따라 229개 서약을 평가한 결과를 보면 다음의 그림 4-1과 같다. 즉, 공약 이행은 181건(79%), 미이행은 21건(9.2%), 부분적 이행은 14건(6.1%), 진행중은 3건(1.3%), 논란의 여지가 있는 것은 10건(4.4%)으로 나타났다.

매니페스토 분석은 총론으로 '도입 및 설명'이 제시되고, 이어서 8개 분야(경제, 환경, 보건, 복지, 교육, 헌법, 국내문제, 외교 · 안보)로

나누어 개별서약에 대한 평가를 하고 있다.

다음의 예에서 볼 수 있는 바와 같이 "5, 6, 7세 아동 학급 정원 30명 이하로 줄이겠다."는 서약은 전체의 0.1%에 해당하는 68개 유아학급을 제외하고 이행되었음으로 평가하고 있다(그림 4-2 왼쪽 위).

그러나 '하원 개혁위원회'를 만들겠다는 공약에 대해서 1997년 6월에 '하원 현대화 위원회'를 만들어 공약은 이행되었다. 그러나 위원회에서의 논의는 비판의 소지가 있음을 지적하고 있다(그림 4-2 오른쪽). 즉, 가치판단의 문제를 부기하고 있는 것이다.

WHAT THE MANIFESTO SAID:

"We will reduce class sizes for five, six and seven year-olds to 30 or under, by phasing out the assisted places scheme..."

✓ CONCLUSION: PLEDGE MET

In September 2001 there were 63,300 infant classes taught by one teacher. Of these, only 68 classes - 0.1% of the total - included more than 30 pupils in circumstances which break the rules.

WHAT THE MANIFESTO SAID:

"We are committed to a referendum on the voting system for the House of Commons. An independent commission on voting systems will be appointed early to recommend a proportional alternative to the first-past-the-post system."

CONCLUSION: PLEDGE NOT MET

The Jenkins Commission produced its report on a new voting system in October 1998. The Government has not held a referendum on the subject.

WHAT THE MANIFESTO SAID:

"We believe the House of Commons is in need of modernisation and we will ask the House to establish a special Select Committee to review its procedures."

✓ CONCLUSION: PLEDGE MET

The Modernisation Committee first met in June 1997 and made a series of recommendations that led to some changes such as changing the hours of sittings.

CRITICISMS AND QUALIFICATIONS

For many, however, it has not gone far enough. A group of Labour MPs has led a campaigin to make Westminster more family-friendly, including a protracted row over whether female MPs can breastfeed in the Commons chamber, a campaign they lost. Conservatives have also accused the government of using measures such as shorter hours to kill debate and push through legislation.

그림 4-2. 매니페스토 평가 예시

한편 그림 4-2 왼쪽 아래의 예에서 볼 수 있는 바와 같이 선거제도 개혁에 관한 국민투표 회부 공약에 대해 의회 젠킨스 위원회(Jenkins Commission)에서 개혁안을 제시했으나 정부가 국민투표에 붙이지 않아 공약 미이행으로 평가하고 있음을 볼 수 있다. 그러한 평가와 함께 블레어 정부 등장 이후 각급 경제지표에 대한 분석을 통해 유권자들의 객관적인 평가를 돕고 있다.

(2) Everyone의 평가[11)]

다음으로 환경단체인 Everyone의 평가를 예로 들어 보자. 스코틀랜드의 환경단체인 Everyone은 자신들의 정책제안이 각 정당의 매니페스토에 어떻게 반영되어 있는지를 기준으로 공약을 평가하고 있다. 이들은 자신들이 제안한 정책에 대해 5가지의 기준으로 평가하고, 이를 통해 유권자들의 선택을 유도하는 캠페인을 전개하였다. 이들의 평가척도는 표 4-4와 같이 5가지로 구분되고 있다.

이들은 식품안전, 야생동물 보호, 기후변화에 기초한 배출량 저감, 맑은 공기, 매립의 저감, 건강한 바다 등의 영역으로 나누어 각 정당의 환경정책을 평가하고 있다. 표 4-5는 이들 단체의 식품안전에 관한 각 정당의 매니페스토 평가를 예로 보여주고 있다. 이들이 제안한 식품안전 정책은 농·환경 시책에 3배 규모의 투자, 5년 후 유기농업, 유기 과일 및 야채에 관한 시책, 토지운영 제도 대대적 통합, 그리고 각 정당의 부가적 공약을 평가하고 있다.

11) Everyone의 평가 사례는 http://www.everyonecan.org/manifestos_2003.pdf#search='manifesto%20assessment 참고.

표 4-4. Everyone의 환경정책 평가기준

✓✓ - challenge met in full	√√ - 정책제안 충분히 반영
✓ - goes some way towards meeting challenge	√ - 정책제안 수행을 위한 일부 수용
<>- no significant reference made	<> - 중요한 언급이 없음
✘ - challenge ignored and policy with opposite effect proposed	✘ - 과제를 간과하거나 상반된 효과가 나오는 정책 제시
? - proposal too vague/unclear to judge	? - 막연한 제안으로 판단하기에 불분명한 제안

표 4-5. Everyone의 매니페스토 평가 예시(2003)

EVERYONE CHALLENGE	Greens	Labour	Lib Dems	SNP	SSP	Tories
SAFE FOOD						
Treble investment in agri-environment schemes	✓✓ - committed to doing this	< > No commitment on budget allocations	< > No commitment on cash allocations but will seek reform of CAP to shift subsidies away from production to rural development.	✓ no commitment on increasing cash but are committed to making the rural stewardship scheme 'fairer' and promotion in the interests of small farmers and crofters	< > No commitment to doing this	< > Support agri environment in principle, but oppose detail.
Organic farmers beyond 5-year limit	✓✓ - committed to ongoing funding	< > No mention	✓ - will 'increase payments to organic farmers	< > No mention	✓ No commitment to this but will 'provide grants and assistance to help farmers convert to organic farming and animal husbandry'.	< > No mention
New scheme for organic fruit and veg	✓ - will deliver an Organic Farming Action Plan	✓ Will implement organic action plan.	✓ - will implement 'the organic development plan'	✓ to encourage new markets in the emerging organic sector.	< > No mention	< > No mention
Roll-out integrated Land Management Contracts.	< > No mention	< > No mention	✓✓ - will implement LMC's to deliver environmental action.	< > No mention	< > No mention	< > No mention
Additional commitments in this area by parties	• New procurement strategy for locally produced food • A ban on GM crop trials and will 'block' commercial production.	• support principles of the reform of the CAP, including towards environmental protection. • Maintain precautionary principle for GMO. • Will 'take steps' on environmentally friendly farming and fishing, but nothing specified.	• No further GM crop trials with various caveats • Encouraging local food markets for local economies including local food accreditation schemes and regional marketing co-ops. • New labelling scheme to promote organics and sustainable food production	• To create a 'workable organic farming plan' • Introduction of 'country of origin scheme' • Immediate moratorium on GM crop trials in Scotland.	• Will encourage the spread of farmers markets • assist farmers to shift 'away from exports towards providing quality local food for local markets' • tighten the regulations covering definition of 'Scotch' products • impose five year ban on GM crops to allow further research to take place • End battery farming, factory farming and intensive farming	• labelling scheme that tells consumers country of origin and method of production

(3) 노동운동 싱크탱크 Catalyst의 평가[12)]

다음으로 노동운동 싱크탱크인 Catalyst의 평가를 살펴보자. 이들은 정부의 부처를 그들이 제시한 5가지 기준에 따라 평가하고 있다. 따라서 일반적인 매니페스토만이 아니고 주관적인 가치

표 4-6. Catalyst의 매니페스토 평가기준

평 가 기 준	관 련 내 용
Drive and Energy (추진력과 활동력)	어떻게 각료들이 그들의 입법 안건에 관해 추진력 있게 성공적인 수행을 하였는지? 활동의 실질적인 척도가 조사되어 진다. 그 결과는 몇몇 각료들은 다른 각료 보다 더욱 활동적임을 보여주고 있다. 사회보장제도(DSS)가 가장 빈곤한 기록을 보여주는 동안, 환경각료, 교통과 지역 각료(DETR), 그리고 재무각료는 최고 수치로 나타난다.
Manifesto promises (공약약속)	공약약속의 전체항목은 Appendix에 열거하였으며, 각 내각들은 그러한 이행에 대한 부응의 시작 유무에 관한 평가를 받게 된다. DETR와 북아일랜드는 높은 점수를 얻었다.
Meeting New Labour's values (노동당의 새로운 가치부응)	각 내각은 새로운 강령 IV에서 설명한 가치를 어느 정도 부응하는지 평가를 받게 될 것이다. 역동적인 경제, 공평한 사회, 열린 민주주의, 그리고 건강한 환경을 육성에 관한 평가를 받게 될 것이다. 현재 상황에서, 북아일랜드와 보건부는 제일 위 목록에 있으며, DSS는 표 맨 아랫부분에 항상 위치해 있다.
Flexibility(유연성)	유연성은 수많은 예상치 못한 각료에 의해 다투어지며, 효율적인 위기 조절할 수 있는 능력은 중요하다. 북 아일랜드와 외무부와 같은 성공적인 협상을 한 각료들은 높은 점수를 얻었다.
Public impact (대중효과)	새로운 노동당의 기준에 의하면, 매스컴의 유효 시청범위는 매우 중요하다. 단순히 양적인 측면에서 보면, 영국 총리는 대략 장관의 유효 시청범위의 2배를 점유한다.

12) Catalyst의 평가는 http://www.catalyst-trust.co.uk/pub1a.html 참조.

판단 요인이 포함되어 있음을 알 수 있다. 이들이 제시한 평가기준은 표 4-6과 같다.

3. 다른 나라의 매니페스토 평가 사례

1) 독일의 매니페스토 평가

독일에서 선거 매니페스토(Wahlmanifest)라는 말은 최근에 와서 쓰이기 시작했으며, 아직까지 선거강령(Wahlprogramm)이라는 표현이 더 보편적으로 쓰인다. 독일에서의 매니페스토 평가 사례는 2005년 9월 18일 선거를 앞두고 국영방송국 ZDF가 실시한 것을 예로 들 수 있다. ZDF는 베를린의 독일경제연구소(DIW Berlin)와 쾰른의 독일경제연구소(IW Köln)에 분석을 의뢰하여 2005년 8월 22일 작성한 "2005년 연방의회선거를 위한 선거강령 판단"(Beurteilung der Wahlprogramme zur Bundestagswahl 2005)[13]을 발표하였다. 원내 다섯 정당의 선거강령에 나타난 노동시장, 조세, 연금보험, 의료보험이라는 네 가지 정책분야에 대한 공약을 분석한 것이다. 이 보고서에는 두 연구소가 각자 독립적으로 수행한 분석이 수록되어 있다.

두 연구소는 먼저 자신들이 판단하기에 각 분야별로 어떤 일이 필요한지를 서술한 다음 각 정당의 선거강령의 강점과 약점을

13) http://www.zdf.de/ZDFde/download/0,1896,2002504,00.pdf 참조.

판단하였다. 분석 시에 두 연구소가 기준으로 삼던 질문은 아래 제시된 바와 같다. 두 연구소는 각 정당들이 노동시장, 조세, 연금보험, 의료보험이라는 네 가지 주제에 대해 내놓은 방안들을 분석한 다음 성적을 매겨 평가하였다.

▣ 노동시장

- 필요한 일
  - 노동시장을 활성화하기 위해서는 무슨 일이 필요한가?
- 선거강령의 강점과 약점 분석
  - 각 정당들은 어떤 개혁들을 제시하는가?
  - 그것이 노동시장에 어떤 결과를 가져올 것으로 기대할 수 있는가?
  - 개혁의 재정은 견실한가?
  - 선거강령에 빠진 것은 무엇인가?

▣ 조 세

- 필요한 일
  - 세제를 보다 간단하고 보다 공정하고 보다 성장에 도움이 되게 만들기 위해서는 무슨 일이 필요한가?
- 선거강령의 강점과 약점
  - 각 정당들은 어떤 개혁들을 제시하는가?
  - 종업원과 기업의 세부담이 줄어드는가 아니면 늘어나는가?
  - 어떤 사회집단이 개혁으로부터 이익을 보며 어떤 집단이 손해를 보는가?
  - 개혁의 재정은 견실한가?
  - 개혁으로부터 성장에 긍정적인 자극을 기대할 수 있는가?
  - 선거강령에 빠진 것은 무엇인가?

▣ 연금보험

- 필요한 일
  - 법정 연금보험을 지속적으로 안정시키기 위해서는 무슨 일이 필요한가?
- 선거강령의 강점과 약점
  - 각 정당들은 어떤 개혁들을 제시하는가?
  - 그것이 평생 노동기간에 어떤 결과를 가져올 것으로 기대할 수 있는가?
  - 인구상의 발전이 적절히 고려되었는가?
  - 개혁의 재정은 견실한가?
  - 선거강령에 빠진 것은 무엇인가?

▣ 의료보험

- 필요한 일
  - 독일의 보건체제를 안정시키기 위해서는 무슨 일이 필요한가?
- 선거강령의 강점과 약점
  - 각 정당들은 어떤 개혁을 제시하는가?
  - 개혁의 재정은 견실한가?
  - 개혁이 개개인에게 어떤 재정적인 결과(장기적인 것 포함)를 가져오는가?
  - 노동요소의 부담이 더해지는가 아니면 덜해지는가?
  - 목표는 국민보험인가 아니면 건강보험료 모델인가?
  - 선거강령에 빠진 것은 무엇인가?

2) 프랑스의 매니페스토 평가[14)]

다음으로 프랑스의 사례를 살펴보자. 프랑스의 사례에서는 매니페스토 평가의 또 다른 사례로 전문가 조사를 통해 분석한 결과를 소개한다. "Association francaise de science politique"에 소속된 정치전문가 51명을 대상으로 2002년 프랑스의 의원 및 대통령 선거 때의 정책공약에 관해 실시한 설문조사가 그 예가 될 것이다. 이 분석에서는 여섯 개 주요 정당의 정책공약을 7개의 정책 차원으로 나누어 1에서 20까지의 스케일로 평가하고 있다. 정치 전문가 설문조사의 스케일 정의는 다음과 같다.

▣ **조세와 공공지출**

1. 조세를 늘리더라도 의료시설, 교육 등을 위한 공공지출의 증가를 선호

20. 의료시설 · 교육을 위한 공공지출을 줄이더라도 조세의 감소를 선호

▣ **사회정책**

1. 섹슈얼리티(sexuality)와 안락사 등과 같은 주제에 관하여 개방된 정책을 선호

20. 섹슈얼리티(sexuality)와 안락사 등과 같은 주제에 관하여 개방된 정책에 반대

▣ **세계화**(globalization)

1. '세계화'의 모든 결과에 대해 부정적인 입장

20. '세계화'의 결과에 대해 긍정적인 입장

14) http://www.nyu.edu/gsas/dept/politics/faculty/laver/FranceEJPR.pdf 참조.

▣ **유럽공동체**

1. 더욱 크고 더욱 강한 유럽공동체에 반대

20. 더욱 크고 더욱 강한 유럽공동체를 선호

▣ **환경정책**

1. 경제성장률을 저하시키는 결과를 가져오더라도 환경보호를 선호

20. 환경악화의 결과를 가져오더라도 경제성장을 선호

▣ **이민정책**

1. 이민자들이 프랑스 사회에 융화될 수 있도록 도와주는 정책 선호

20. 이민자들이 자국으로 돌아가도록 하는 정책 선호

▣ **분권정책**

1. 거의 모든 정책결정의 분권화 선호

20. 정책결정의 모든 분권에 반대

표 4-7. 프랑스 정당의 정책입장에 관한 전문가 조사결과(2002)

평균, 표준편차, N=51

	프랑스 공산당 (PCF)	녹색당 (V)	프랑스 사회당 (PS)	프랑스 민주연합 (UDF)	프랑스공화연합 (RPR), 대중운동 연합(UMP)	국민전선 (FN)
조세 · 공공지출	2.4 0.17	4.6 0.23	7.1 0.39	14.0 0.38	14.3 0.31	16.7 0.42
사회	7.9 0.57	2.5 0.17	5.1 0.32	12.0 0.5	14.4 0.34	18.9 0.17
이민	5.8 0.42	2.4 0.21	6.3 0.32	10.5 0.34	12.4 0.43	19.3 0.17
세계화	3.4 0.26	5.5 0.61	10.7 0.48	14.7 0.36	12.6 0.41	3.1 0.29
EU	5.7 0.38	14.6 0.48	15.7 0.32	17.5 0.28	12.4 0.54	1.9 0.15
환경	12.8 0.62	2.2 0.19	8.4 0.44	12.0 0.43	13.6 0.42	14.8 0.44
분권화	13.3 0.56	4.8 0.5	7.4 0.48	4.5 0.51	10.0 0.6	15.6 0.44

이러한 기준에 따라 평가한 결과는 표 4-7, 표 4-8과 같다.

표 4-8. 프랑스 정당의 정책중요성에 관한 전문가 조사결과(2002)

(평균, 표준편차, N=51)

	가중된 중요성	프랑스 공산당 (PCF)	녹색당 (V)	프랑스 사회당 (PS)	프랑스 민주연합 (UDF)	프랑스공화연합(RPR), 대중운동연합 (UMP)	국민전선 (FN)
EU	14.3 1.8	12.3 0.52	14.3 0.45	14.3 0.45	18.2 0.24	13 0.49	16.9 0.53
이민	13.7 2.5	12.9 0.53	15.6 0.53	12.9 0.42	11.1 0.45	12.7 0.45	19.2 0.4
조세	13.4 1.3	16.5 0.69	12.7 0.76	13.4 0.48	13.9 0.47	13.9 0.53	11.2 0.79
세계화	13.4 2.1	16.8 0.37	16.7 0.38	13.3 0.38	11.6 0.49	11.7 0.46	18.4 0.56
사회	12.6 2.5	10.8 0.7	17.4 0.35	14.4 0.46	11.7 0.55	10.2 0.62	14.9 0.72
분권화	12.2 2.7	8.8 0.52	14.7 0.56	13.3 0.43	16.8 0.32	12.8 0.54	7 0.59
분권화	10.9 3.3	10.2 0.65	19.4 0.14	13.1 0.44	10.5 0.48	10 0.52	5.9 0.62

4. 매니페스토 평가기준 비교

이상에서 다양한 나라의 매니페스토 평가 사례를 살펴보았다. 평가주체에 따라 다양한 평가방법을 보여주고 있다. 매니페스토를 도입하는 우리의 입장에서는 일본의 예를 통해 시사점을 찾을 수 있을 것으로 본다. 일본의 매니페스토 평가의 기준과 사례에서 우선적으로 지적할 수 있는 점은 기본적으로 평가기관의 주관적 가치를 배제하려는 노력을 기울이고 있다는 점이다. 그리고 각 주체별로 나름대로 명확한 비교가 가능하도록 계량화하려는 노력을 기울이고 있다는 점을 알 수 있다. 평가방법은 주로 이전 선거에서 제시한 매니페스토의 달성도를 평가하는 실적평가와 새로운 매니페스토를 평가하는 타당성과 형식평가로 나누어지고 있다는 점이 공통적이다(표 4-9 참조).

새로운 매니페스토에 대한 평가에서는 개별정책 평가와 함께 정책분야별 또는 전체 정책을 종합적으로 평가하려고 시도하고 있다는 점에 주목할 필요가 있다. 그리고 이념이나 목표, 측정 가능성, 시책체계, 로드맵 등 매니페스토의 형식요건에 대한 엄격한 평가를 행하고 있음을 알 수 있다. 또한 정책의 실현 가능성이나 타당성을 평가하고 목표달성을 위한 시책의 정합성을 평가

표 4-9. 매니페스토 평가기준 비교

평가기관	신매니페스토 평가	매니페스토 달성도 평가
PHP 종합 연구소	개별정책 평가: what, why, when, how, appeal 정책분야 평가: 정합성, 포괄성 비전 및 구성 평가	개별정책 평가: 진척도×난이도 정책분야 평가: 개별정책 달성도 평균
경제 동우회	전체평가: 표기의 충실성, 정책의 실현 가능성 개별정책 평가: 표기의 충실성 *선택적 평가	공약 달성도 종합평가: 실적(60), 실행과정(20), 설명책임(20) 공약 달성도 개별평가: 단계별 기준 제시
언론 NPO	형식요건(40): 목표, 측정 가능성, 시책, 기한 등 타당성(60): 시책의 정합성, 목표의 적합성, 실행성	실적(40): 이념, 목표와 성과 실행과정(40): 시책에의 반영, 로드맵 설명책임(20): 진척보고

하는 등, 정책공약을 충분히 준비하지 않고서는 높은 평가를 받을 수 없을 것이라는 것을 알 수 있다.

달성도 평가 또한 개별정책 평가와 아울러 정책분야별 평가 또는 종합평가를 동시에 실시하고 있어 나무와 숲을 동시에 볼 수 있다. 개별정책의 경우에는 단순한 진척도뿐만 아니라 난이도를 감안하여 정권 전체적인 공과를 평가할 수 있도록 하고 있다. 아울러 매니페스토 달성도는 단순한 실적뿐만 아니라 시책에의 반영 상황이나 타당성, 로드맵 등을 고려한 실행과정에 대한 평가와 국민에 대한 진척과정 보고 등 설명책임도 동시에 평가하고 있는 점도 주목된다.

이 장에서는 정책선거 도입을 위한 전제로서, 그리고 한국의 선거경쟁에서 새로운 틀을 마련하고 정치의 질을 바꾸기 위한 도구로서 매니페스토의 도입을 주장하고 그 평가방법을 제시하였다. 주지하다시피 매니페스토 시스템은 매니페스토는 꼭 지키겠다는 선거공약이다. 지금까지의 추상적인 선거공약과의 차이는 정책이 수치로 뒷받침되어 있기 때문에 사후검증이 가능하게 되었다는 점이다. 즉, 매니페스토는 만들었다는 것만으로는 의미가 없다. 검증하여 현장에 피드백한다는 PDS(Plan-Do-See) 사이클로 맞물려 돌아갈 때 비로소 기능하게 되는 것이다. 따라서 지금까지의 공약이 구체적이지 못하여 평가와는 동떨어져 있었다면, 매니페스토는 작성단계에서부터 평가를 전제로 만들어지지 않으면 안 된다. 이러한 측면에서 매니페스토를 어떻게 평가할 것인지 평가의 틀을 개발하는 것은 중요한 과제가 아닐 수 없다.

우리의 경우에도 선거과정에서는 학계, 시민 · 사회단체나 민간 싱크탱크 그리고 언론기관 등이 연대하여 매니페스토를 검증하고 평가하는 작업이 이루어져야 할 것이다. 이러한 평가의 공정성과 전문성이 담보될 때 평가와 검증이 후보와 정당에 의해 수용될 것이라는 점을 유념할 필요가 있다. 이러한 평가를 위해서는 매니페스토 평가를 위한 지표의 개발 등 이론적 뒷받침 또한 충실히 이루어져야 할 것이다.

2

지방선거와 매니페스토

5장

로컬 매니페스토: 지방선거 계약

지방선거를 앞두고 주민과의 선거계약으로서의 매니페스토 도입은 지방정치의 경쟁구조와 체질을 바꿀 것으로 기대를 모으고 있다. 주민 중심의 행정운영이 실효성 있게 추진될 수 있다는 점에서 로컬 매니페스토는 지방의 정치·행정을 뿌리에서부터 바꾸는 큰 영향력을 가질 수 있다. 또한 주민에 의해 선출된 단체장이 강한 리더십을 발휘해 주민과의 계약을 확실히 실행하고, '긴장'과 '책임' 있는 민주주의가 실현될 수 있다는 데 의미가 있다.

여기에서 중요한 것은 주민과 단체장이 '계약'이라는 구속력이 강한 관계로 연결된다는 것이다. 단체장은 주민으로부터 위임받았다는 것을 근거로 하여 계약한 정책을 강력하게 추진하게 되고, 따라서 계약의 내용이 확실히 이행되고 정책의 실효성이 현저히 높아지게 된다는 것이다. 단체장과 지방의원은 4년의 임기가 보장되기 때문에 선거에서의 선택의 중요성은 높아진다.

아울러 선출된 단체장이 계약(로컬 매니페스토)을 작성하고 이행하여야 하는 책임도 중요하게 요구되기 때문에 긴장감 있는 파트너십 관계가 구축될 수 있을 것이다.

아울러 로컬 매니페스토의 도입으로 단체장 주도의 정책운영과 지방의회의 견제와 균형 노력이 활성화되고, 따라서 정책을 중심으로 지방정치의 활성화와 건전화가 진행될 것으로 기대된다. 그리고 지방분권의 진전에 의해 지방의 재량이 확대되면 지방의 정책운영에 대한 주목도가 높아지고, 로컬 매니페스토의 세련화와 유권자의 자립, 지방정치의 활성화가 보다 더 진척될 것으로 기대된다.

또한 로컬 매니페스토의 도입으로 우선 지역의 지방정치 시스템을 정상화시킴으로써 정치에 대한 신뢰성을 회복시키고, 정책중심의 지방정치를 발전시키기 위한 정지작업을 한다는 의미에서 중요한 의미를 갖게 된다고 할 것이다. 나아가 국정 레벨에서도 정책을 둘러싸고 정치적 대립이 이루어지는 건전한 정당정치의 실현과 연결될 때 "지방으로부터 나라를 바꿀 수 있다."는 기대가 생길 수 있을 것이다.

1. 로컬 매니페스토의 요건과 특성

1) 로컬 매니페스토의 요건

정당 매니페스토와 같이 "계약에 의한 책임과 긴장"을 지방정치에 옮겨오는 데 필요한 로컬 매니페스토의 요건은 다음과 같은 네 가지 측면으로 요약할 수 있을 것이다.

- 목표: 정책에 의해 어떤 결과를 추구하는가?(성과지표에 의한 수치목표)
- 기한: 위의 목표를 언제까지 달성할 것인가?
- 재원: 정책을 실시하기 위한 재원은 얼마나 요구되며, 그것을 어떻게 조달할 것인가?
- 공정 · 프로세스: 정책을 어떠한 프로세스로 실천에 옮길 것인가?(시책)

국정선거에서와 같이 이러한 네 가지의 기본요소 중 하나라도 결함이 있으면 로컬 매니페스토로서의 계약 내용이 애매모호해지고, 따라서 그 의의가 크게 감소하게 된다. 수치에 의한 목표값이 설정되어 있지 않으면 성과를 객관적으로 점검할 수 없다. 또한 행정의 입장에서 무엇을 할까라는 측면보다는 주민의 입장에서 어느 정도까지 실현될 것인가, 즉 주민의 입장에서 목표를 제시하는 것이 중요하다.

기한이 명확하지 않는 경우에는 주민이 어느 시점에서 최종적인 달성도를 평가하면 좋을지 알 수 없으며, 중간단계의 진척도를 평가하는 것도 불가능하다. 재원이 나타나 있지 않다면 정책실현을 위한 재정적 근거가 담보되지 못하게 되며, 아울러 정책 우선순위가 애매하게 되고, 결국 로컬 매니페스토가 실현성이 낮은 상태로 전락하고 말게 된다. 공정 · 프로세스가 나타나 있지 않다면 어떻게 정책을 실현하려고 하는지, 목적에 대한 수단이 적절한지 여부를 주민들이 판단할 수 없게 되며, 따라서 주민이 정책의 실현 가능성을 파악하는 데 어려움을 겪게 된다. 이러한 측면에서 로컬 매니페스토 역시 국정선거의 정당 매니페스토처럼 형식요건이 무엇보다 중요하다고 할 것이다.

2) 국정 매니페스토와 로컬 매니페스토의 차이

앞에서 살펴본 바와 같이 집권 후에 어떠한 정책을 실현할 것인지를 나타낸 구체적 공약집으로서의 매니페스토의 기본적인 개념은 국정 레벨이나 지방 레벨의 차이가 없다. 양자 공히 그 내용은 기본적 정책과 그 정책을 실현하기 위한 체계적이며 구체적인 실현방안이며, 비전 · 목표 · 일정 · 기한 · 재원(예산)을 명확히 한 전략 프로그램이다.

양자 간의 차이는 매니페스토를 작성하여 제시하는 주체의 차이에 있다. 즉 국정 레벨에서 정당이 주체가 되어 국민에게 매니페스토를 제시하고, 제시된 정책에 대한 집행책임자가 집권 여당의 대표(대통령 또는 당대표)가 되는 경우 이를 정당 매니페스토(party manifesto)라고 부른다. 이와 달리 지방선거에서 단체장 후보나 의원들이 내거는 매니페스토를 로컬 매니페스토라고 부르며, 이 경우 당선된 단체장이나 정당이 정책집행의 책임자가 된다. 그러나 지방정치 차원에서 정당정치가 활발하지 않아 아직 지방정당 차원으로 발전하고 있지 못한 상황이다. 영국의 경우에는 정당 매니페스토가 지방 차원에서도 전개되지만, 일본의 경우에는 무당파 후보가 주로 당선되거나 공동추천이 행해지는 등 정당

정치가 활발하지 않기 때문에 단체장과 의원 개인 차원에서 머물고 있다고 할 수 있다.

많은 유권자에게 지방선거는 국정선거보다 후보자의 얼굴을 쉽게 익힐 수 있고, 정책의 내용을 보다 가깝게 이해할 수 있는 강점이 있다고 할 수 있다. 또한 국정 레벨에서는 유권자가 매니페스토 수립과정에 참여하는 것이 어렵지만, 지방 레벨에서는 정책수립에 주민참여가 보다 쉽다. 이러한 참여는 NGO 활동이나 주민참여의 여러 틀 속에서 가능할 것이다.

2. 외국의 로컬 매니페스토

1) 영국의 로컬 매니페스토

다음으로 영국의 지방선거에서의 매니페스토, 즉 로컬 매니페스토(local manifesto)에 대해 알아보자. 영국의 경우 예전에는 지방선거에도 매니페스토가 활용된 경우가 있었지만, 최근에는 도입실적이 보이지 않는다. 그 이유의 하나로 영국 지방자치단체의 권한이 매우 한정적이라는 점을 들 수 있다. 한국과 일본의 경우에는 지방자치체의 권한은 법률상 예시 열거되어 있고 지방자치체에 어느 정도 포괄적인 권한이 부여되어 있다. 그러나 영국의 경우에는 '개별열거'의 형태로 수권되기 때문에 법률에 열거되지 않은 업무를 행하는 것은 권한이탈행위, 즉 위법으로 간주된다. 결과적으로 실시할 수 있는 업무가 한정적일 수밖에 없으며,

이러한 상황에서는 정당이 독자성을 발휘한 정책을 제시하기 어렵게 된다.

아울러 영국에서는 지방자치단체 세출의 약 80%가 도로의 유지 · 보수나 쓰레기 수집 등의 경상투자여서, 정당 간의 정책의 차이를 드러내기 어렵다는 점도 지방선거에서 매니페스토 도입을 어렵게 하는 하나의 요인이 될 수 있다. 이처럼 영국의 지방선거에는 정당마다의 특색을 드러내기 어렵고, 매니페스토를 활용한 정책경쟁을 벌이기 어려운 상황이라는 점을 이해할 필요가 있다.

또한 영국 지방의회가 '위원회 방식'이라는 것도 매니페스토가 지방선거에 도입되기 어려운 이유 중의 하나가 될 수 있다. 한국과 일본의 경우에는 의결기관인 지방의회와 집행기관인 단체장으로 이원화된 체계를 갖추고 있다. 그러나 영국의 경우에는 한국의 집행기관의 장에 해당하는 단체장을 두지 않고, 지방의회가 의결기관과 집행기관 양자의 역할을 수행해 왔다. 영국은 최고의결기관으로서 본회의를 두고 그 아래에 정책분야별로 위원회를 두고 운영되는 위원회 방식을 취하여 왔다.

실질적인 심의는 위원회가 행하고 있으나 위원회 내에는 복수의 정당 의원이 시책을 검토하기 때문에 특정 정당의 의지가 반영되기 어려운 점이 있다. 이와 같이 영국의 지방의회에서는 오래전부터 위원회 방식이 도입되어 왔다. 그렇지만 위원회 내외의 정책결정자의 애매함 등이 지적되어 노동당은 1997년에 위원회 방식을 폐지하기로 방침을 세웠고, 나아가 2000년에 '개정지방자치법'(Local Government Act 2000)이 성립되기에 이르렀다. 이

표 5-1. 2000년 지방자치법에서 정한 새로운 집행기관의 형태

형 태	특 징	자치단체수
리더와 의원내각형	의원 가운데 선임된 리더가 내각을 조직. 각료는 의원 중에서 리더 또는 의회에 의해 선출	317
직선 단체장과 의원내각형	행정권을 가진 단체장을 주민이 직접선거로 선출. 단체장은 의원 중에서 각료를 임명하고, 내각을 조직. 단체장 직선제를 희망하는 자치단체는 사전에 주민투표에서 주민의 찬반을 물을 필요가 있음	11
직선 단체장과 council manager형	단체장이 주민의 직선으로 선출되고, 정치적 리더십을 발휘. 정책결정이나 일상의 업무는 의회가 선임하는 council manager에게 위탁	1
그 외(수정 위원회형)	일부의 소규모 자치단체에게만 인정	59

* 자치단체 수는 2002년 12월 현재 기준.

* 예외사항으로서 인구 85,000인 미만(1999년 6월 30일 현재)인 자치단체와 주민투표에서 단체장 직선제가 부결된 자치단체에는 현행 위원회제도를 개선하여 존속가능토록 함.

법에서는 표 5-1에 나타난 바와 같이 모든 자치단체에 대해서 2002년 5월까지 위원회 방식 대신에 새로운 집행기관의 선택을 의무화하고 있다.

2002년 12월 현재 각 자체단체 집행기관 유형은 표 5-1과 같다. 한국과 같은 단체장 직선제도(표 5-1의 2번째 또는 3번째 열)는 지방의회의 권한이 축소될 것을 우려한 지방의회의 반발로 도입이 진척되지 못하였다. 그러나 다음에서 언급할 대런던 시 사례를 근거로 생각해 보면 2000년 지방자치단체법의 개정에 의해 영국 전역에 걸쳐 지방선거에서 매니페스토가 보급될 가능성이 점점 높아가고 있다고 볼 수 있다.

인구 700만을 수용하는 영국 수도 런던은 과거에는 대런던청에 의해 관리되어 오다가 1986년 대처 정권에 의해 해체되고, 업무는 33개의 구청과 일부 사업조합, 국가가 설치한 런던사무소(GLA) 등에 이관되었다. 하지만 그 후 런던의 만성적인 도로교통정체 등과 같이 구청 등에서는 대응할 수 없는 광역적인 문제를 다룰 기관의 설치를 모색하자는 목소리가 높았다. 이에 노동당은 1997년 매니페스토에서 대런던 시 창설을 제시하고, 정권획득 후인 1997년 7월에 정부 구상 "런던의 신리더십"을 발표하였다. 2000년 5월에는 시장선거와 의회선거가 실시되어 대런던 시가 창설되었다.

대런던 시의 지방자치제도 상의 특징은 영국 최초로 직선 단체장 제도가 도입되었다는 점이다. 대런던 시장 선거에서는 후보자가 매니페스토를 발표하여 활발한 정책논쟁을 벌였으나, 매니페스토가 종래의 국정선거와 같이 정당의 정책강령으로서가 아니라 후보자 개인의 결의를 표명하는 도구로서 활용되었다는 점에 주목할 필요가 있다. 이러한 배경에는 2000년 개정 자치법에 의해 종래의 의결권과 집행권을 병행해서 가진 지방의회의 제도개혁이 있었다는 점이 큰 이유가 될 것이다.

시장 선거에서 최대의 쟁점이었던 교통문제는 매니페스토에 따라 공공교통기관의 운임이 4년간 변동되지 않았다. 향후 각 지역의 지방선거에서도 대런던 시와 같이 후보자 개인의 결의표명 수단으로서 로컬 매니페스토가 활용될 가능성이 높다고 할 수 있다.

2) 일본의 로컬 매니페스토

일본의 지방선거의 경우에는 2003년 통일지방선거에서 혁신파 지사인 현직 후보를 시작으로 많은 후보자들이 로컬 매니페스토를 들고 나왔다. 지사선거에서는 11개 도도현(都道縣)에서 선거가 실시되었고, 그 중 7개 도현(道縣) 11명의 후보자가 로컬 매니페스토를 제시하였다. 그 후 도쿠시마(德島) 현과 아오모리(靑森) 현에서 지사선거가 열려 도쿠시마에서 2명, 아오모리에서 1명의 후보자가 로컬 매니페스토를 제시하기에 이르렀다(표 5-2, 5-3 참조).

표 5-2. 2003년 통일지방선거의 지사선거

당락	도도부현	후 보 자 명	현직·신인	당 파
○	홋카이도(北海道)	타카하시 하루미(高橋はるみ)	신인	무소속
×	홋카이도(北海道)	이토 히데코(伊藤秀子)	신인	무소속
○	이와테(岩手)	마스다 히로야(增田寬也)	현직	무소속
×	이와테(岩手)	스기하라 리카츠(菅原則勝)	신인	공산
○	가나가와(神奈川)	마츠자와 시게후미(松澤成文)	신인	무소속
×	가나가와(神奈川)	아스카타 이치로(飛鳥田一朗)	신인	무소속
×	가나가와(神奈川)	요시무라 세이코(吉村成子)	신인	무소속
○	후쿠이(福井)	니시가와 잇세(西川一誠)	신인	무소속
×	미에(三重)	무라오 노부타카(村尾信尙)	신인	무소속
×	미에(三重)	미즈타니 토시오(水谷俊郞)	신인	무소속
○	돗토리(鳥取)	가타야마 요시히로(片山善博)	현직(무투표)	무소속
○	후쿠오카(福岡)	아소 와타루(麻生渡)	현직	무소속
×	후쿠오카(福岡)	이마사토 시게루(今里滋)	신인	무소속
○	사가(佐賀)	후루가와 야스시(古川康)	신인	무소속

* 자료: 曾根泰教. 2006. "日本の地方選擧におけるマニフェスト導入と政治變化." (사)내나라연구소 · 한국정당학회 주최 '지방선거와 정치발전에 관한 한·일 비교' 국제세미나 발표 논문.

표 5-3. 통일지방선거 이후 선거에서의 매니페스토 도입 사례

선거일시	당락	도도부현	후 보 자 명	현직·신인	당파
2003. 5. 18	○	도쿠시마(德島)	이이즈미 카몬(飯泉嘉門)	신인	무소속
2003. 7. 6	○	군마(群馬)	고데라 히로유키(小寺弘之)	현직	무소속
2003. 7. 27	○	미야자키(宮崎)	안도 타다히로(安藤忠恕)	신인	무소속
2003. 8. 31	○	사이타마(埼玉)	우에다 키요시(上田淸司)	신인	무소속
2004. 7. 11	○	가고시마(鹿兒島)	이토 유이치로(伊藤祐一郎)	신인	무소속
	×	가고시마(鹿兒島)	미조구치 코우지(溝口宏二)	신인	무소속
	×	가고시마(鹿兒島)	타마리미즈 요시히사(溜水義久)	신인	무소속
	×	가고시마(鹿兒島)	아리무라 칸지(有村寬治)	신인	공산
2004. 10. 17	○	도야마(富山)	이시이 타카카즈(石井隆一)	신인	무소속
2004. 11. 28	○	고치(高知)	하시모토 다이지로(橋本大二郞)	현직	무소속
	○	도치기(栃木)	후쿠다 토미카즈(福田富一)	신인	무소속
	×	도치기(栃木)	후쿠다 아키오(福田昭夫)	현직	무소속
2005. 3. 13	○	치바(千葉)	도우모토 아키코(堂本曉子)	신인	무소속

*자료: 曾根泰教. 2006. "日本の地方選擧におけるマニフェスト導入と政治變化." (사)내나라연구소 · 한국정당학회 주최 '지방선거와 정치발전에 관한 한 · 일 비교' 국제세미나 발표 논문.

일본의 경우 후보자는 무소속 입후보가 많아 정당 이탈의 경향이 농후하게 나타나고 있다. 로컬 매니페스토가 선거결과를 좌우하는 결정적 요인인지 여부를 단정하기는 어려우나 이번 선거에 미친 효과는 컸다는 것이 일반적인 평이며, 사회적 관심 또한 높았던 것으로 평가되었다.

로컬 매니페스토의 활용 상황을 알아보면, 먼저 선거시의 반포와 공개에 관해서는 현재의 공직선거법 상 지방선거에서는 반포 등에 제한이 있기 때문에 통일지방선거 시에는 홈페이지에 공개하는 사례가 보였다. 다른 한편으로 공직선거법 상의 제약에 따라 홍보활동이 제한될 수밖에 없다고 판단한 후보들은 1장짜리의 법정홍보물에 옮겨 실어 배포하기도 있었다.

당선된 단체장이 스스로 제시한 로컬 매니페스토를 실현하기 위해 진용을 갖추기 시작하였으며, 로컬 매니페스토에 게재한 정책을 다음 연도의 예산안에 반영하거나 정책과제별 책임자를 두는 조직개혁을 단행하는 등의 시도가 나타났다. 선거가 없었던 도도부현에서도 협약 또는 협정의 형태로 행정이 정책을 추진하

표 5-4. 기초단체장 선거의 매니페스토 사례

아베 산쥬로(阿部三十郎): 야마가타(山形) 현 요네자와(米澤) 시장
오카무라 코우시로(岡村幸四郎): 사이타마(埼玉) 현 가와구치(川口) 시장
사이토 히로시(齋藤博): 사이타마(埼玉) 현 도코로자와(所澤) 시장
야마다 히로시(山田宏): 도쿄(東京) 도 스기나미(杉並) 구장
고바야시 마사노리(小林正則): 도쿄(東京) 도 고다이라(小平) 시장
츠치야 키미야스(土屋侯保): 가나가와(神奈川) 현 야마토(大和) 시장
오자와 요시아키(小澤良明): 가나가와(神奈川) 현 오다와라(小田原) 시장
니시테라 마사야(西寺雅也): 기후(岐阜) 현 타지미(多治見) 시장
나카츠카 히로시(中司宏): 오사카(大阪) 부 히라카타(枚方) 시장
카기타 츄우베(鍵田忠兵衛): 나라(奈良) 현 나라(奈良) 시장
후루이치 겐죠(古市健三): 오카야마(岡山) 현 쿠라시키(倉敷) 시장
요시오카 히로코지(吉岡廣小路): 히로시마(廣島) 현 미요(三次) 시장
후지타 타다오(藤田忠夫): 야마구치(山口) 현 우베(宇部) 시장
이시다 호조(石田宝藏): 후쿠오카(福岡) 현 야나가와(柳川) 시장
노다 쿠니요시(野田國義): 후쿠오카(福岡) 현 야메(八女) 시장

*자료: 曾根泰教. 2006. “日本の地方選擧におけるマニフェスト導入と政治變化.” (사)내나라연구소 · 한국정당학회 주최 ‘지방선거와 정치발전에 관한 한 · 일 비교’ 국제세미나 발표 논문.

기 위한 계약을 단체장과 체결하여 매니페스토 체제를 갖추는 사례가 많이 나타났다.

이러한 경향은 기초자치단체로까지 지속적으로 확산되고 있다(표 5-4 참조). 통일지방선거 이후에 실시된 주요 기초단체장 선거에서 매니페스토를 도입하여 선거를 승리로 이끈 후보가 지속적으로 나타났다. 그리고 지역의 청년회의소 등이 주최가 되어 기초단체장 선거에서 매니페스토형 정책토론회를 개최하여 선거에 대한 관심을 높이고 투표 참여율을 끌어 올리는 등 긍정적인 역할을 하고 있는 것으로 나타났다(神吉信之 2005).

3. 로컬 매니페스토 도입의 쟁점

1) 지방자치단체 재원의 불확실성

로컬 매니페스토 도입에 비관적인 의견으로 지방공공단체에는 재원이 명확하지 않다는 점이 지적되고 있다. 지방자치단체의 재정 자립도 약화를 이유로 재원 장악을 통해 권력을 유지하려는 재정경제부, 지방교부세 교부금에 의해 지방을 관리 하에 두려는 행정자치부, 보조금에 의해 사업을 좌우하려는 사업관청 사이에 의견조정이 되지 않아 지방분권이 획기적으로 진척되지 못하고 있는 실정이다. 그 때문에 지방에서는 재원을 명확히 하여 수행할 수 있는 정책은 극히 한정되어 있고, 그러한 의미에서 로컬 매니페스토에 의한 선거를 치르는 의미가 약하다는 의견이 대두되고 있다.

그러나 지금까지도 선거에 출마한 후보자들은 무엇이든 다 할 수 있다는 공약을 제시하며 선거에 임해 왔던 것이 사실이다. 지방자치단체는 재원이 불명확하기 때문에 매니페스토를 책정할 수 없다는 주장은 지금까지의 공약이 재원의 전망도 없고 실현 가능성도 고려하지 않은 채 무책임하게 쏟아져 왔다고 말하는 것에 다름 아닐 것이다. 따라서 이제는 지방의 행정은 지방 유권자의 의사에 의해 결정되는 자치의 본질을 추구하는 의미에서 권한의 이양이 실질적으로 이루어질 수 있도록 진행되어야 할 것이다. 반면 지방선거에서의 매니페스토는 '한정된 재원' 속에서 정책의 선택과 집중을 어떻게 할 것인가를 결정하는 것이기 때문에 후보자도 포퓰리즘(populism)에 기초한 막연한 재정 확대보다는 재정 규제의 관점에서 접근할 필요가 있을 것이다.

2) 지방의회와의 관계

한국의 지방자치제도는 중앙정치제도와 마찬가지로 단체장과 의회의원을 유권자가 직접선거로 선출하는 이원적 대표제에 기초하고 있다. 이러한 이원적 대표제는 단체장과 의회 모두 민의를 대표하며, 양자 간의 긴장관계에 기초하여 견제와 균형이 이루어진다는 논리에 기초하고 있다. 매니페스토의 실행을 담보하는 것은 '예산'이며 정책에 따라서는 '조례'이지만, 정책을 실시하는 데 있어서 빠뜨릴 수 없는 이 두 가지의 요소는 단체장이 제안하여 의회가 의결한 후에야 성립된다. 즉, 단체장과 의회와의 이원대표제를 취하는 지방자치에서는 단체장의 정책을 의회가 체크해 바로잡아 가게 된다. 이러한 기관들 간의 대립으로 인하여 제도 상 매니페스토가 그대로 받아들여지기는 어려운 경우도 있을 수 있다.

다른 한편에서 보면 이와는 반대로 한국의 지방의회는 지역주의적 요인에 따라 단체장과 같은 정당의 의원이 의회를 지배하는 경우가 많아 견제와 균형의 이상과는 동떨어진 경우가 많을 것이다. 이러한 경우에는 단체장과 의원의 매니페스토가 충돌하지는 않을 것이다. 그러나 국회에서처럼 대통령의 소속당과 국회의 다수당이 다른 분점정부가 등장할 경우에, 즉 단체장과 의회의 다수당이 다를 경우에는 단체장이 주민들과 맺은 계약과 의원들이 주민들과 맺은 계약이 다름으로 인해 빚어지는 충돌이 나타날 수 있다는 점도 문제점으로 제기될 수 있을 것이다.

따라서 로컬 매니페스토를 내건 단체장은 당선 후에 매니페스토를 지방자치단체의 방침으로 할 것인지 등을 둘러싸고 의회와의 대립이 예상될 수 있다. 실제로 종합계획의 작성을 둘러싼 논란이 일어난다든지, 의회가 종합계획을 인정하지 않는 경우에는 곤란한 문제가 발생할 수 있다. 따라서 매니페스토와 이원대표제와의 제도적 정합성에 문제를 제기하는 견해도 있다(松澤成文 2006).

현재 의회에서 교섭단체로서 각각의 정파가 명확한 의견을 갖고 매니페스토를 통해 대립체계를 갖추기에는 시간이 걸릴 것으로 보인다. 그러나 이원적 정통성을 갖는 체제에서, 특히 정당 간 기율이 강한 경우에는 정국의 교착을 초래할 우려가 있을 수도 있을 것이다. 그러나 지방선거의 경우에는 매니페스토 선거가 본격화되면 단체장 선거와 의원 선거가 동시에 진행되기 때문에 선거기간중에 토론을 통해 이러한 문제가 해결될 수 있을 것이다. 반면 국회의원 선거와 대통령 선거 주기가 각각 다른 경우에 분점정부가 등장하면 혼란은 쉽게 예상될 수 있다. 이 경우에는 대통령과 의회가 국민의 대표로서 의회에서 정책논쟁을 전개함으로써, 유권자 중심의 정책중심 정치를 활성화하게 되는 결과를 기대할 수도 있을 것이다.

3) 중앙당 개입의 범위와 한계

현실적으로 의원 매니페스토를 의원 한 명의 힘으로 실행하려 한다면 유효성 면에서 문제가 있다고 할 수 있다. 특히 일본의 경우처럼 지방자치단체에서의 정당 개입이 약한 상황에서는 더욱 그러하다고 할 수 있다. 그러나 한국의 경우와 같이 지방정치가 중앙정치의 대리전화한 경우에는 지역의 독자성을 발휘하지 못하고 결과적으로 정책대결이 아닌 정치싸움으로 변질될 우려가 있다.

그러나 지금과 같은 중앙정치의 지방화를 극복하기 위해서라도 매니페스토의 역할이 클 것으로 전망된다. 매니페스토가 도입되면 단체장과 의원 후보자들이 단순한 중앙당의 하청기구로서의 역할보다 스스로 정책의제를 발굴하고 정책의 독자성을 유지하기 위하여 정책중심의 선거로 이끌 새로운 계기가 될 수 있다는 점에 주목할 필요가 있다. 물론 이러한 변화를 유도하기 위해서는 시민사회 단체를 중심으로 한 계도활동이 중요할 것으로 판단된다.

4. 로컬 매니페스토 도입과 지방의 변화

로컬 매니페스토가 도입되면 지방선거의 성격은 달라진다. 과거와 같은 선거풍토에서는 후보자의 선택과 정책 선택이 연결되지 않았었다. 때문에 개개 후보자의 인품 혹은 선거구 활동 등 개별적인 이해가 판단의 근거로 작용해 왔다. 하지만 매니페스토 선거는 후보자의 선택이 정책의 선택으로 직접 연결된다. 유권자 측이 가지는 선택의 '긴장' 이상으로 각 후보자 사이에는 종래의 '공약'과는 다른 일들이 발생한다. 즉 정권을 취하면 무엇을 하는가를 명시하고 있으므로, 그것이 실행되지 않을 때에는 다음 선거에서 유권자로부터의 '제재'를 각오하지 않을 수 없다. 따라서 대의민주주의의 중요한 포인트의 하나인 책임성(accountability)이 확보될 수 있다는 것이다. 그러기 때문에 기존의 투표행태와는 달리 지난 기간의 성과와 새로운 매니페스토를 동시에 검토하여, 한편으론 회고적 투표를 다른 한편으론 전망적 투표를 하게 되는 것이다. 따라서 지역사회의 단순한 연고주의가 아닌 정책을 통해 승부하는 새로운 선거문화를 조성할 수 있다는 점이 주목된다.

다음으로 지적할 수 있는 것은 의회의 역할 변화이다. 일반적으로 의회의 역할을 살펴보면, 감시 · 비판 · 수정대안 제시 기능을 가지고 있다고 할 수 있다. 즉 무엇을 감시하고, 무엇을 비판하는가를 생각해 보면, 의회는 우선 단체장의 매니페스토가 실행되고 있는지를 감시하고 비판하는 입장에 서게 될 것이다. 지방의회에는 단체장의 매니페스토를 평가하고 비판할 것이 요구된다. 이 때 어떠한 입장을 취할 것인지에 대한 긴장감이 없으면 매니페스토 도입의 의미는 없다고 할 수 있다. 일본에서 지방선거에 매니페스토가 도입된 이후 지방의회의 주된 질문이 매니페스토의 진척과 우선순위 등에 관한 질문으로 옮겨가고 있음은 새로운 경향이라고 할 수 있다. 아울러 이와테 현의 경우처럼 현 의회의 교섭단체별로 매니페스토를 제출한 경우에는 질문에 이러한 경향성을 강하게 표출하고 있음을 확인할 수 있었다(제6장 로컬 매니페스토 평가 부분 참조).

다음으로 행정의 변화를 지적할 수 있다. 선거가 끝나면 즉각 실행체제로 옮겨간다는 데 매니페스토의 특성이 있다. 승리한 매니페스토를 실천하기 위한 '실행 체제'의 확립이 없으면 구호로만 끝날 가능성이 있다. 물론 실천하는 집행체제로 관료기구가 존재하며 이를 잘 다루기 위해서는 행정방식뿐만이 아니라 정치적인 체제도 필요하다. 일반적으로 정책을 실현하기 위해서는 두 가지의 방향이 존재한다. 즉 종래의 관료기구에 정책을 맞추거나 아니면 정책에 맞게 실행체제(관료기구)를 바꾸는 것이다. 물론 민주주의 하에서 선거에 따른 리더십의 확립을 전제로 하는 입장에서 보면, 선거에서 약속한 매니페스토의 실행체제를 어떻게 수립할지가 요구된다. 관료기구를 어떻게 다루고, 약속한 바를 어떻게 실행하는가라는 문제이다.

일본의 경우를 보면 몇몇의 특징적인 변화가 이미 일어나고 있다. 마스다 지사의 이와테 현에서는 재정과를 예산조정과로 바꾸어 인원과 권한을 축소하고 있다. 미에 현의 기타가와(北川) 지사가 예산편성 과정을 포괄 배분형으로 대폭 변경했던 것과 같은 발상이다. 그리고 자기평가와는 별도로 가나가와 현의 '마츠자와 매니페스토 진척 평가위원회' 등 외부평가 조직도 설치되기 시작했다.

다음으로 유권자의 변화를 지적할 수 있다. 일본의 최근 경향을 보면 유권자의 지방정치에 대한 관심도가 높아졌고, 매니페스토 작성과 평가에 대한 참여가 늘어나고 있다. 또한 동북 6현 유권자들을 대상으로 "투표 시 후보나 정당을 선택할 때 매니페스토를 중시하는가?"라는 설문조사 결과 61%가 페니페스토를 중시한다고 답변한 것으로 나타났다(河北新聞 2005. 9. 3). 중시한다고 대답한 유권자에게 그 이유를 물은 결과, 많았던 순서대로 보면 "정당이나 정치가가 정치에 책임성을 가지게 되기 때문"이 31.9%, "종래의 공약보다 구체적이기 때문에"(23.5%), "다른 판단기준이 없으므로"(19.0%) 등으로 나타났다. 한편 중시하지 않는 이유로는 "정당이나 인품 등 다른 요소로 판단하기 때문에"가 29.5%로 가장 높게 나타났고, "매니페스토를 잘 모르기 때문에"가 28.1%로 그 뒤를 이었다. 군(郡) 단위에서 중시되지 않는 이유로는 "종래의 공약과 다르지 않기 때문에"(27.5%), "투표하는 후보자나 정당이 이미 정해져 있기 때문에"(21.8%) 등이 제시되기도 하였다. 또한 매니페스토를 알게 된 매체로는 "신문 · 텔레비전"(81.5%)이 압도적으로 많았고, "정당이나 후보자의 팸플릿", "인터넷의 홈페이지" 등도 지적되었다.

5. 지방선거에의 매니페스토 도입전략

한국의 선거에서도 매니페스토 도입의 여건은 조성되었다고 판단된다. 특히 뒤의 제8장과 제9장에서 구체적으로 고찰하겠지만, 국정선거와 지방선거에서도 나름의 정책적 지향점의 차별화가 나타나고 있으며 이는 매니페스토가 쉽게 자리 잡을 수 있을 것이라는 전망을 밝게 해 주고 있다. 아울러 2002년 대통령 선거에서는 과거의 대통령 선거에서와 같이 후보 간 정책의 차이가 구심적으로 나타나지 않고 원심적으로 더욱 두드러지게 나타나고 있다는 점도 새로운 경향이라고 할 수 있다. 따라서 이제 매니페스토는 당사자인 정당과 후보의 선택의 문제가 되었다고 할 수 있다.

일본의 경우에서 볼 수 있는 바와 같이 기존 정당, 특히 여당의 당내 저항과 반발이 예상될 수 있다(武部 勤 2005). 그러나 이제 정책선거는 더 이상 미룰 수 없는 과제가 되었다. 각 정당도 이러한 변화된 환경과 높아진 여론의 관심에 적극적으로 반응을 보이고 있다. 이러한 상황에서 어떻게 매니페스토 도입을 제도적으로 착근시킬 수 있을지에 대한 방안을 모색할 필요가 있다.

일차적으로 당사자인 정당들 간의 정책선거 협약을 체결하도록 유도하는 것이 바람직할 것이다. 정당들이 정당 간의 협약 또는 정책선거 서약에 서명하게 된다면 이제는 선거에 참여하는 후보자들의 참여를 유도하는 방향으로 발전할 수 있을 것이다. 이러한 합의에 기초하여 선거관리위원회는 제도적 미비점을 보완하는 후속조치를 취할 수 있을 것이다.

다음으로 매니페스토 추진과 지원에 관련된 문제이다. 국정선거의 경우에는 각 정당이 정책연구소를 갖추고 있어 자체적으로 매니페스토 개발이 가능할 것으로 판단된다. 그러나 지방선거에 출마하는 후보자의 경우와 시 · 도당 단위의 정당조직에서는 실제 정책개발을 구체화할 능력을 갖추고 있지 못한 경우가 많을 것이다. 따라서 지역단위의 시민사회 단체 등 매니페스토 도입 또는 정책선거에 관심이 있는 단체들이 나서서 계도와 지원에 앞장설 필요가 있다.

다음으로 선거과정에서는 학계, 시민사회 단체나 민간 싱크탱크 그리고 언론기관 등이 연대하여 매니페스토를 검증하고 평가하는 작업이 이루어져야 할 것이다. 이러한 평가를 위해서는 매니페스토 평가를 위한 지표의 개발 등 이론적 뒷받침 또한 충실히 이루어져야 할 것이다. 아울러 각계에서 지속적인 관심을 가지고 지원을 아끼지 말아야 할 것이다. 유권자의 의식변화에는 시간이 걸릴 것으로 보이지만 언론과 선거관리위원회는 유권자 계도활동에도 적극적인 관심을 기울일 필요가 있다.

로컬 매니페스토는 단체장과 주민 사이의 정책실시에 관한 '계약'이므로 양자가 '책임'과 '긴장감'을 갖게 되고, 나아가 정치를 활성화시키는 효과를 갖게 된다. 로컬 매니페스토는 지방의 정치 · 행정을 변혁시킬 뿐만 아니라 나라의 정치 · 행정을 개혁하는 계기를 부여할 것으로 전망되고 있다. 이를 실현하기 위해서는 먼저, 로컬 매니페스토의 의의를 정확히 포착하고, 국민적 인식의 공유가 필요하다고 본다. 로컬 매니페스토를 효과적으로 정착시키기 위해서는 단체장(후보자), 주민, 의회, 행정(행정부)의 각 주체에게 요구되는 역할과 기능을 명확히 하고, 그것을 지원하기 위한 기능·기반을 정비할 것이 요구된다.

결국 로컬 매니페스토가 유효하게 기능하도록 하는 중요한 포인트는 주민과 로컬 매니페스토를 어떻게 연결시킬 수 있을까라는 점에 있다고 할 수 있다. 따라서 로컬 매니페스토가 정착될 수 있도록 매니페스토 작성을 선도하고 또한 매니페스토 평가에 시민과 시민단체, 그리고 민간 싱크탱크 등 전문가들이 참여하는 방안을 만들어 지방선거에서 하루빨리 뿌리내리도록 지원하는 방안의 모색도 중요할 것으로 판단된다.

끝으로 매니페스토 선거의 성패는 정당과 후보자에게 달려 있다는 점을 강조하고자 한다. 앞으로 선거에는 목표와 기간, 공정, 재원, 나아가 우선순위를 구체적으로 담은 국민과의 계약, 즉 매니페스토를 제시하고 이를 중심으로 정당 간 경쟁이 이루어지고 또 그 실천을 검증하여 정권을 맡기는 체제가 되어야 한다. 일본의 예에서 보듯이 매니페스토는 지방선거의 지사 후보들에 의해 선구적으로 제창된 바 있다. 2006년 지방선거에서 정당과 후보자들의 발상의 전환이 필요할 것이다.

6장
로컬 매니페스토, 어떻게 평가할 것인가?
— 평가 체제와 기준 —

매니페스토는 꼭 지키겠다는 선거공약이다. 지금까지의 추상적인 선거공약과의 차이는 정책이 수치로 뒷받침되어 있기 때문에 사후검증이 가능하게 되었다는 점이다. 즉, 매니페스토는 만들었다는 것만으로는 의미가 없다. 검증하여 현장에 피드백한다는 PDS(Plan-Do-See) 사이클로 맞물려 돌아갈 때 비로소 기능하게 되는 것이다(北川正恭 2004). 따라서 지금까지의 공약이 구체적이지 못하여 평가와는 동떨어져 있었다면, 매니페스토는 작성단계에서부터 평가를 전제로 만들어지지 않으면 안 된다. 이러한 측면에서 매니페스토를 어떻게 평가할 것인지 평가의 틀을 개발하는 것은 중요한 과제가 아닐 수 없다.

매니페스토 사이클이라고 불리는 이러한 정치의 자율적인 실행과 개선의 사이클을 주민에 의한 선택과 견제를 축으로 구축하는 것, 즉 정치에 대한 주민의 참여를 심화하고 주민주도·주민책임의 정치로 전환할 수 있게 되는 것이 매니페스토 도입의 최대 성과라고 할 것이다. 국정에서의 매니페스토 정치는 영국 등 다른 나라에서 어느 정도 축적된 경험이 있지만, 지방에서의 매니페스토 정치는 거의 선례가 없다고 할 것이다. 이러한 인식 하에 도입의 역사는 짧지만 나름대로 매니페스토 사이클을 잘 도입하고 있다고 평가할 수 있는 일본 지방정치에서의 매니페스토 평가를 중심으로 매니페스토 평가의 체제와 기준을 검토해 보고자 한다.

1. 로컬 매니페스토 평가 사이클과 체제

1) 매니페스토 사이클과 평가

먼저 평가의 전제에 관한 유의점으로서 로컬 매니페스토의 평가 그 자체 또는 매니페스토 사이클의 전반적인 체제를 이해할 필요가 있다. 제1장에서 매니페스토 사이클에 대한 설명이 있었지만 평가의 측면에서 매니페스토 사이클을 좀더 구체화시키면 **그림 6-1**과 같이 이해할 수 있을 것이다.

그림 6-1에서 보는 바와 같이, 매니페스토 평가를 크게 정리하면 우선 1단계로 선거 시에 각 후보자의 로컬 매니페스토의 내용을 비교 · 검토하여 투표 시 판단근거로 삼도록 하기 위한 '사전평가'와, 당선 후에 정권 담당자의 매니페스토 진척상황을 점검하고, 수정 · 개선에 연결시키기 위한 '중간평가'로 나눌 수 있을

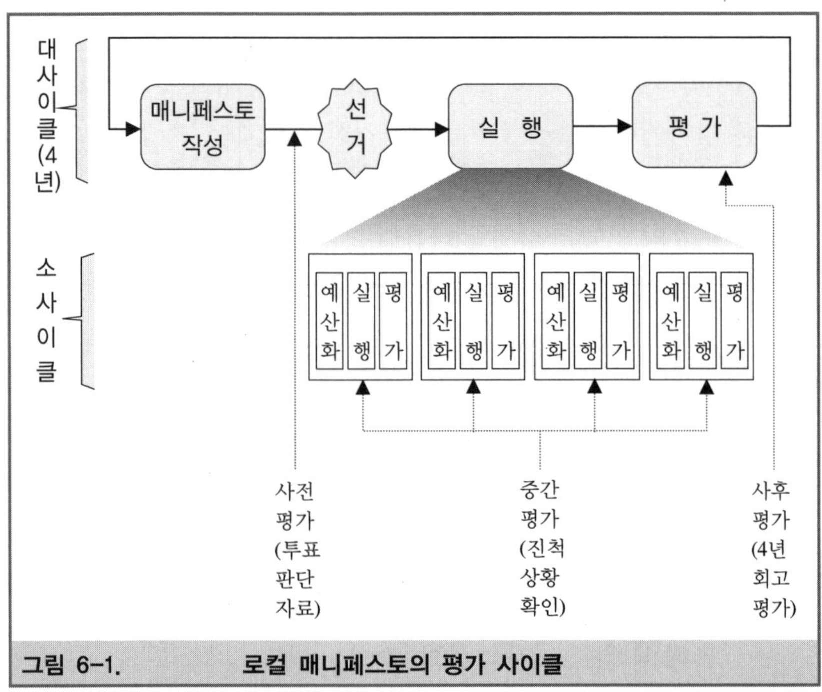

그림 6-1. 로컬 매니페스토의 평가 사이클

* 자료: 西尾眞治. 2004. "地方におけるマニフェスト・サイクルの確立に向けて."『地方財政』 제605호(2004. 11). p. 9 참조.

것이다. 전자는 주로 복수 후보자의 로컬 매니페스토의 타당성 등을 점검하는 것인 반면 후자는 주로 당선자의 로컬 매니페스토에서 약속한 정책의 진척과 성과 등을 점검하는 것으로, 양자는 평가 대상과 기준 모두가 다르다는 점에 유의할 필요가 있다. 따라서 매니페스토 평가를 논할 때는 이 두 가지를 나누어 논할 필요가 있다.

또한 평가 사이클에 관해서는 "작성(선거) → 실행 → 평가 → 차기의 작성(선거)"이라는 선거를 축으로 한 4년 단위의 대(大)사이클과 4년간의 실행단계의 각 연도별 "예산화 → 실행 → 평가 →

다음 연도의 예산화"라는 예산회계연도를 축으로 하는 1년 단위의 소(小)사이클의 두 가지로 나누어 생각할 수 있다. 따라서 각 회계연도별로 매니페스토가 어떻게 진척되고 있는지에 대한 평가는 타당성 평가와는 구분되어야 하며, 이는 4년의 임기가 끝나는 시점에 이루어지는 종합적인 사후평가의 구성부분이 될 것이다. 따라서 새로운 선거 시에는 현직인 경우에는 구 매니페스토에 대한 사후평가 결과를 두고 회고적(retrospective)으로 책임을 묻는 한편, 향후 전개할 새로운 비전을 명시한 신 매니페스토를 통하여 전망적(prospective) 평가를 동시에 함으로써 투표 판단의 자료로 활용할 수 있다(이현출 2006).

2) 로컬 매니페스토의 평가주체

그렇다면 매니페스토의 평가주체는 누가 되어야 하는가? 일차적으로 선거 시 최초의 매니페스토는 제3자에 의한 평가가 원칙일 것이다. 국정선거의 경우에서와 마찬가지로 민간 싱크탱크나 언론기관 그리고 시민사회 단체 등이 그 주체가 될 것이다. 일본의 경우 지방선거의 매니페스토 평가에는 지방자치단체 내의 시민단체로 구성된 로컬 매니페스토 추진 네트워크나 'NPO 법인 자치창조 컨소시엄' 등에서 주된 역할을 하고 있다.

또한 매니페스토 진척상황을 평가하는 경우에는 자치단체, 단체장 또는 의원 스스로가 평가하는 "자기평가"(부록 1 참조)와 자치단체 외의 주체가 평가하는 "제3자 평가(외부평가)"(부록 2 참조)라는 평가주체에 따라 분류할 수 있다. 제3자 평가의 경우에는 자치단체 주민을 포함하여 자치단체 행정의 당사자가 행하는 경우와 자치단체 외부의 단체행정과는 직접 관계가 없는 제3자가 진행하는 경우가 있을 수 있다. 이 경우에는 각각 기대되는 역할이 다르다는 점에 유념할 필요가 있다.

일본의 경우 로컬 매니페스토 진척상황 평가 사례를 보면, 먼저 지사나 단체장 스스로에 의한 자기평가와 외부의 학자들에 의한 제3자 평가를 병행하여 실시하고 있는 것을 볼 수 있다.[15] 외부에 의한 제3자 평가의 경우에는 지역 실정에 맞는 평가가 어려운 반면, 객관적이고 상대적인 관점에서 평가를 할 수 있다는 장점이 있다. 자기평가와 제3자 평가의 결과의 대비, 즉 주관적 평가와 객관적 평가의 차이를 부각시킬 수 있게 됨으로써 알기 쉽게 평가 결과를 제시할 수 있게 된다. 아울러 평가의 문제점과 논점을 명확히 할 수 있다는 점도 긍정적으로 평가할 수 있을 것이다.

또한 일본의 전국적인 규모의 로컬 매니페스토 검증대회를 보면 나름대로 공통의 평가기준이 제시되어, 그것에 기초하여 수평적으로 다른 지역의 단체장 매니페스토를 비교 평가할 수 있다는 점에서 의미가 크다고 할 것이다. 그러나 평가자가 다르기 때문에 평가의 관점에 차이가 나타난다는 점도 유의할 필요가 있다. 평가자들이 점수를 매길 때 자신의 판단이나 재량이 개입할 여지가 있기 때문에 평가의 객관성을 해칠 우려가 있다는 점을 고려할 필요가 있다.

15) 제1회 로컬 매니페스토 검증대회(2004년 9월 8일)와 제2회 로컬 매니페스토 검증대회(2005년 11월 19일)가 열린 바 있다.

지역 단위로 시각을 좁혀보자. 'NPO 법인 자치창조 컨소시엄'에서는, 자치단체장들의 로컬 매니페스토를 평가하는 사업(로컬 매니페스토 평가연구위원회)을 실시하고 있다. 매니페스토 자체에 대한 평가와 함께 진척상황도 함께 평가한다. 이러한 매니페스토 사이클을 움직여 가면서 4년에 한 번씩 대(大)사이클로서 평가를 받도록 하는 것이 이들의 목적이다.

가나가와 현의 경우를 보면 약 2년 반 전에(2003년 4월)에 실시된 선거에서, 마츠자와 가나가와 현 지사의 매니페스토를 평가대상으로 하여 2004년과 2005년에 각각 평가를 실시한 바 있다. 마츠자와 지사도 자신의 매니페스토를 평가하는 동시에, 제3의 기관의 위원에게 위탁해서 매니페스토를 평가하고 있다. 하지만 자치창조 컨소시엄의 평가는 이와 같은 여러 가지 평가를 참조하면서 시민의 관점에서 독자적인 평가를 진행하고 있다.

구체적으로 설명하자면, 개별정책을 포함하여 매니페스토에 관한 시민참가의 위상이 어떻게 되고 있는가, 매니페스토에 관한 정보 공개가 제대로 진행되고 있는가 등이 중요한 포인트라고 할 수 있다. 평가를 실시함에 있어서 평가를 위탁한 전문가(3명) 이외에, 공모를 통해서 평가연구 참가자를 모집하고, 참가비를 받으면서 평가연구위원회에 참가시키고 있다. 2004년도 13명, 2005년도에는 6명의 공모위원이 참가했고, 현청에서의 청문회와 서면질의를 받는 형식으로 평가를 진행하고 있다.

2. 로컬 매니페스토의 평가기준

1) 사전평가: 형식요건과 타당성 그리고 주민참여

사전평가에 관해서는 선거 시에 매니페스토의 내용을 묻는 것이며, 크게 '타당성'과 '형식요건'의 측면에서 평가가 진행될 수 있다(西尾眞治 2004; 이현출 2005d). 여기에 더하여 'NPO 법인 자치창조 컨소시엄'의 평가 사례를 살펴보면, 로컬 매니페스토의 "매니페스토 자체평가" 기준으로 다음의 표 6-1에서 볼 수 있는 바와 같이 '구체성', '비전 · 기본방침', '정책의 일관성과 체계성', '매니페스토 작성에의 시민참여', '매니페스토의 공개제공 방법' 등 5가지의 항목을 제시하고 있다. 이 기준은 위에서 제시한 타당성과 형식요건의 기준에 시민참가의 위상을 평가하고 있다는 점에서 주목을 끈다.

일반적으로 타당성에 관해서는 지역의 과제를 어떻게 적절히 포착하여 비전과 정책으로 제시하고 있는가, 실현 가능성이나 목표설정 수준이 타당한가 등에 관한 평가를 행하는 것을 말한다. 이러한 타당성을 평가할 때에는 지역의 실정에 비추어 평가할 필요가 있으며, 평가자의 가치판단이 관여되기 때문에 일률적으로 기준을 제시하기 어려운 점이 있다. 그러나 이는 후보자의 정치철학이나 정치신조의 근간을 나타내는 것이며 평가항목으로서 중요시할 필요가 있을 것이다.

한편 형식요건은 당선 후 중간평가나 사후평가에서 아주 중요한 의미를 가지는 검증 가능성과 연계되어 있다고 할 수 있다.

표 6-1. 매니페스토 자체평가의 기준과 실례('NPO 법인 자치창조 컨소시엄' 사례)

평가의 기본항목	설 명	배점	득점	평 가 이 유
① 매니페스토 자체에 대한 평가				
구체성	목표, 기한, 일정, 재원 등 형식보다는 유권자에 알기 쉽게 구체적인 정책 이미지가 적혀 있는가?	4	3	목표·기한·수단이 분명히 기술되어 있고, 또 부분적으로 재원을 명기하고 있는 점이 평가됨. 단지, 재원이 포괄적으로 적혀 있기 때문에, 개별정책에 들어가는 비용 규모에 대해서는 알기 어렵다. 또 목표에 대해서는 정성적인 것이 많고 성과목표가 적혀 있지 않는 시책이 많기 때문에, 구체적인 이미지를 그리기 힘들다. 목표달성방법도 명확하지 않고, 실시 공정에 있어서는 각 공정마다 판단하기 힘든 점이 과제라고 하겠다.
비전, 기본방침	장래의 지역과 사회의 위상 등의 비전이 제시되어 있는가?(목표 설정의 타당성)	4	2	기본이념 항목으로 3가지를 들고 있지만, 총화적인 시점이 명확하지 않기 때문에 이념을 전달하는 부분이 분명치 않다. 전체를 한마디로 알기 쉽게 표현하는 케치프레즈 같은 것과, 향후 시정의 위상을 알 수 있는 표현이 필요하다. 기본이념과 개별정책 항목 간의 관계가 반드시 명쾌하게 파악되지 않는다. 예를 들면, 정책분야마다 목표로 하고 있는 것은 제시하는 유권자 입장에서 보면 자신들의 생활이 어떻게 변하는가; 또 이에 대한 정책이 적당한가 등을 판단하기 쉽지 않다.
정책의 일관성, 체계성	매니페스토 내용 중에 비전, 기본방침, 정책이 체계화되어 있는가? 상호 모순되는 내용이 포함되어 있지 않는가?(무모순성, 체계성)	4	2	41항목의 9개 분야에 나눠져 있지만, 정책의 일관성을 찾기 어렵다. 즉 기본이념이 어느 정도 각 목표에 녹아 있는가를 알기 어렵다. 시민참가 확대라는 일관성 있는 발상이 보이고 있지만, 정책으로서 체계성은 부족한 편이다. 설정되어 있는 정책 분야에서 중점성보다는 망라성과 밸런스를 중요시한 점이 느껴진다.
매니페스토 작성에 대한 시민참가	정책 과정에서 시민의 정책 제안을 받아들이는 프로세서를 가지고 있는가?(프로세서 투명성)	4	3	선거준비 기간과 병행되어 있지만, HP와 인쇄물에서 시민에게 초안을 공개하고 의견을 구한 것은 평가할 수 있다. 현실적으로 관계자의 의견을 청취하는 것과 정책협정 상의 협의가 중심이 되어 있기는 하지만, 시민참가 자세를 평가하고 싶다. 향후, 토론을 통한 개선 등 한층 실질적인 시민참가가 기대된다. 시의회 중심으로 작성을 진행하고 있는 프로세서는 매니페스토의 작성과정으로서 평가 가능하다
매니페스토 공개, 제공방법	선거 때까지 시민에게 매니페스토 배포, 주지에 대한 노력	4	3	제도적인 제약이 있지만, 공직선거법 위반이 되지 않는 선거사무소에서의 배포, HP의 공개, 선거공보 및 법정 인쇄물의 게재에 머물렀지만, 현 시점에서는 이런 방법이 최대한의 방법일 것이다. 이런 의미에서 가능한 한 대응을 한 것으로 평가할 수 있다.
평가 득점 합계		20	13	

*위 평가 사례는 자치창조 컨소시엄에서 실시한 기초단체인 사카구치 고우지(坂口こうじ) 니시도쿄(西東京) 시장 매니페스토 평가 사례임.

*자료: http://www.jichi.org

정책의 달성도를 객관적으로 평가할 목표치가 설정되어 있지 않다면 중간평가와 사후평가는 불가능해지며, 정책실시의 책임을 애매모호하게 만든다. 따라서 정책별 목표, 기한, 재원, 공정(프로세스) 등이 명확히 기재되어 있는지에 대한 평가항목은 대체로 배점을 높게 하는 경우가 많다. 특히 재원과 공정은 로컬 매니페스토 실현 가능성을 측정하는 데에 중요한 포인트가 되기 때문에 평가항목으로서 중시할 필요가 있다.

사전평가를 할 경우에 향후 고려하여야 할 사항 몇 가지를 검토해 보자. 먼저, 로컬 매니페스토에 제시한 정책의 범위에 관한 문제를 들 수 있다. 즉, 자치단체 전체를 견인할 중요정책에 선택과 집중을 보인 경우와 자치단체 행정을 모두 커버하는 망라형의 양자를 어떻게 평가할 것이냐의 문제가 제기될 것이다. 따라서 어느 특정 형태의 매니페스토가 각각 등장할 경우에, 어느 매니페스토에 포인트를 두어 평가할 것인지의 문제로 향후 검토가 이루어져야 할 것이다.

다음으로 로컬 매니페스토에서 제시된 정책의 실현 가능성에 관한 문제이다. 로컬 매니페스토는 원칙적으로 반드시 실시할 것을 약속하는 것이 기본이라고 생각하지만, 이 경우에는 단기적인 진척에 경도될 가능성이 높아지게 된다. 적어도 중장기적인 관점에서 자치단체 행정의 미래상을 전망하고 있는지에 관해서도 체크할 필요가 있을 것이다(西尾眞治 2004).

2) 중간평가

중간평가에 관한 제3자 평가기준은 2004년 9월 실시된 제1회 로컬 매니페스토 검증대회 시 제시된 비영리활동 법인인 '언론 NPO'가 작성한 평가 설문에 기초한 평가기준이 처음으로 제시된 바 있다. 다음의 **표 6-2**에 제시된 기준에 따라 제3자 평가자가 각각 담당하는 광역자치단체인 현의 매니페스토 진척상황을 지사에게 직접 면담을 하면서 평가하고 채점하는 방식을 취했다.

표 6-2. 제1차 로컬 매니페스토 검증대회 평가기준

평가대상	평 가 설 문 (개 요)	배점
형식 요건	▪이념과 비전, 목표가 표시되어 있는가? ▪목표설정은 구체적이며, 알기 쉽고, 검증 가능한가? ▪목표실현을 위한 정책체계가 기술되어 있는가? 등	30점
실행 과정	▪매니페스토 행동계획과 시책체계의 틀이 갖추어졌는가? ▪매니페스토 행동계획과 종합계획의 일치, 불일치점을 확인하고 있는가? ▪각 시책실시를 위한 체제는 정비되어 있는가? ▪시책실시를 위한 공정관리는 행해지고 있는가? 등	30점
진척 · 성과	▪단기에 행할 시책에 관해, 공정에 나타난 목표는 달성되었는가? ▪중기에 행할 시책에 관해, 공정에 나타난 목표달성은 가능한가? ▪달성이나 진척이 훌륭하지 않은 것이나 문제가 있는 것을 수정 · 개선하였는가? 등	20점
평가자 판단	▪매니페스토형 정치에의 의욕과 이를 위한 지사의 리더십 ▪매니페스토형 정치를 위해 청사 내부의 이해와 그를 위한 체제 구축 ▪주민이나 의회에 대한 설명 노력 등	20점
합 계		100점

구체적으로 형식요건(30점), 실행과정(30점), 진척 · 성과(20점)의 3가지 항목에 평가자의 주관에 의한 가점(20점)을 더해 100점 만점으로 평가하고 있다. 제1차 검증대회에서는 지방의 매니페스토 도입이 초기단계였기 때문에 이의 추진과 보급을 목적으로 하였다. 그리고 형식요건과 실행 프로세스의 배점이 높게 되어 있다는 점이 특징이다.

한편 제2회 로컬 매니페스토 검증대회의 평가기준은 이전의 경우보다는 평가기준이 간단하다. 2005년 실시된 제2회 검증대회의 평가기준은 실행상황에 관한 정보제공의 적절성과 정보내용의 적절성이다(塚本壽雄 2005). 매니페스토 사이클의 중간단계에 해당한다는 점을 감안하여 첫째, 각 지사별로 유권자에게 검증가능한 약속이라고 정의된 매니페스토의 실행상황을 주민들에게 분명히 전달하고, 다음 선거에서의 검증과 건전한 정책논쟁이 전개되도록 정보제공 노력이 적절히 행해지고 있다고 생각되는지 여부, 즉 검증을 위한 정보제공의 적절성을 평가하였다.

둘째, 실행상황에 관한 정보가 주민이 검증을 하는 경우에 필요 충분한지 여부, 즉 검증을 위한 정보내용의 적절성을 평가하였다. 구체적으로 정보가 어느 정도 알기 쉽게 전달되고 있는지, 자기평가 등의 경우에 판단기준이 명확한지의 두 가지 점이 포인트가 되고 있다. 따라서 제1회 검증대회와 같은 구체적인 점수화 기준은 제시하지 않았다. 그러나 각 지사들은 그 어느 때보다 자기평가를 구체적으로 제시하고 있음을 볼 때, 나름대로 매니페스토 사이클이 지역정치에도 정착되어 가고 있음을 확인할 수 있었다.

앞의 제1 · 2차 평가를 기초로 살펴보면 중간평가는 실행체제의 정비나 시책과정 등 실행과정에 대한 평가와 진척 및 성과에 대한 평가가 중심을 이루고 있다. 이러한 기존의 평가에 대한 문제점을 고려하여 '자치창조 컨소시엄'에서는 다음의 표 6-3과

표 6-3. 자치창조 컨소시엄의 매니페스토 평가 기준 및 실례

	평가의 기본 항목	설 명	배점	평가결과 (2004)	평가결과 (2003)
① 매니페스토 자체에 대한 평가			20	15	15
1	구체성	목표, 기한, 실현방법(공정),재원 등 형식보다는 유권자가 알기 쉽게 구체적인 정책이미지가 작성되어 있는가?	4	4	4
2	비전, 기본방침	장래의 지역과 사회의 위상 등의 비전이 제시되어 있는가?(목표 설정의 타당성)	4	4	4
3	정책의 일관성, 체계성	매니페스토 내용 중에 비전, 기본방침, 정책이 체계화되어 있는가? 상호 모순되는 내용이 포함되어 있지 않는가?(무모순성, 체계성)	4	2	2
4	매니페스토 작성에 시민참가	작성과정에서 시민의 정책제안을 받아들이는 프로세서를 가지고 있는가?(프로세서 투명성)	4	1	1
5	매니페스토 공개 제공 방법	선거 때까지 시민에 대한 매니페스토 배포, 주지에 대한 방법	4	4	4
② 매니페스토에 제시한 정책의 추진평가			60	40	36
1	정책의 목표 달성도(객관평가)	목표치에 대한 실현도, 정성적인 것에 대해서는 달성 정도, 결과(효과)를 중시하지만, 당장은 아웃풋(output)을 측정(※평균치)	15	7	5
2	정책의 시행단계(객관평가)	연구, 실시 검토, 계획 책정, 시책화, 예산화, 실시 등의 각 단계를 측정(※평균치)	10	6	5
3	정책의 정보 공개도(객관평가)	정책형성 과정, 심의과정 등의 정보 공개의 정도를 측정(※평균치)	5	3	3
4	정책의 시민참가, 협동도(객관평가)	심의회의 시민위원, 공모위원의 참가, 시민참가(public involvement) 상황 등의 정도를 측정(※평균치)	5	2	2

	평가의 기본 항목	설　　　명	배 점	평가결과 (2004)	평가결과 (2003)
(이하는 매니페스토 전체에 대한 평가로서 실시)					
5	매니페스토 실행체제 만들기	매니페스토 정책을 행정계획에 반영하고 있는가? 매니페스토에 따라서 행정계획을 수정・변경하고 있는가?	5	4	4
6	매니페스토 실행체제	매니페스토 실행을 담보하기 위한 새로운 조직, 포스트, 회의 등을 신설하거나 종래의 조직과 회의 등을 개혁했는가?	5	4	4
7	정책실현을 위한 적응력	상황 변화에 대해서, 적확한 판단을 기초로 정책실현을 위해서 절차를 포함해서 유연한 적응력을 가지고 진행하고 있는가? 그럴 경우, 정보제공 및 설명책임을 다하고 있는가?	5	5	5
8	단체장으로서 의욕, 노력, 리더십의 정도(주관평가)	의욕, 노력, 리더십에 대해서 대 직원, 대 시정촌, 대 의회, 대 사회 등과의 관계에 있어서 그 정도를 측정	10	9	8
③ 매니페스토 사이클 평가			20	18	17
1	매니페스토 평가에 대한 대처	자기평가, 제3자 평가 등의 실시상황	5	5	5
2	평가정보의 공개, 제공	평가를 위한 기초가 되는 정보, 평가 결과 정보의 공개, 제공 상황	5	5	5
3	평가활동에 시민참가, 협동	평가활동 자체에 대한 시민참가 기회	5	4	4
4	평가 결과에 기초한 개선 (PDCA의 실시)	평가 결과를 다음 정책형성과 정책실시에 살리고 있는가?	5	4	3
평가결과 (합계)			100	73	68

* 위 자료는 자치창조 컨소시엄에서 실시한 가나가와 현의 마츠자와 지사에 대한 평가 결과임.
* 자료: http://www.jichi.org

같은 평가기준을 개발하였다. 여기에 제시된 기준도 먼저 매니페스토 자체에 대한 평가로서 형식요건과 매니페스토에서 제시한 정책의 추진평가, 그리고 매니페스토 사이클을 평가하고 있다. 이 중에서 매니페스토에서 제시한 정책의 추진평가에는 앞의 제1차 검증대회에서 제시된 기준과 같이 매니페스토 실행체제와 진척·성과도를 동시에 평가하고 있다는 점을 고려한다면 기존에 제시된 다양한 기준을 종합하고 있음을 알 수 있다.

배점 기준도 제1차 검증대회보다 합리적이라고 평가할 수 있다. 매니페스토 자체에 대한 평가와 매니페스토 사이클에 대한 평가는 각각 20점씩을 배점하고 있는 반면에, 매니페스토에서 제시한 정책의 추진평가는 60점을 배점하고 있다. 이 중에서도 목표달성도를 15점, 시행단계 10점, 끝으로 단체장의 의욕에 10점을 배점하는 등 매니페스토 자체뿐만 아니라 추진에 많은 비중을 두고 있음을 알 수 있다.

다음으로 진척도에 관해서는 단체장의 자기평가가 기본이 되며, 대부분의 자치단체가 내부적으로 열심히 평가작업을 하고 있다. 다만 주민에 대한 평가결과를 공개하는 방법에서는 문제가 제기될 수 있다. 홈페이지 등을 통하여 자기평가 결과가 공개되고 있는 경우가 많으며, 일반 주민의 입장에서 이해하기 어려운 경우가 많다. 따라서 정책별 목표 달성도를 주민들에게 일목요연하게 전달하여 주민들이 이해하기 쉽도록 양식을 개발하는 것도 과제가 될 것이다. 이러한 측면에서 제2회 대회의 평가기준으로 제시된 주민에의 정보제공 상황과 매니페스토 평가에의 주민참가는 향후 과제가 될 것이다.

3. 사례 연구: 이와테 현 로컬 매니페스토의 추진과 검증

이와테(岩手) 현에서는 로컬 매니페스토의 추진보다 평가에 대한 움직임이 선행되었다. 즉, 2003년 4월 통일지방선거에서 일본 최초로 로컬 매니페스토를 제시한 마스다 히로야(增田寬也) 이와테 현 지사가 당선 직후부터 제3자에 의한 매니페스토 평가 가능성을 모색하기 시작한 것이 시초가 되었다. 마스다 지사의 의도는 매년 매니페스토 진척상황을 주민들에게 명확히 하여 스스로의 정책추진 책임을 명확히 함과 동시에 매니페스토에 기초한 현 행정의 투명성을 높이고자 하는 것이었다.

제3자에 의한 매니페스토 평가의 움직임은 마스다 지사가 참가하는 '지방분권연구회'에 의한 "정책평가를 지원하는 전국적인 지원 시스템 검토" 프로젝트가 시작되면서 잠잠해졌지만, 2004년 5월 "주민에 의한 정책평가 지원 시스템 기본구상"이 발표되면서 로컬 매니페스토 평가에는 각각의 현이 각각 팀을 구성하도록 하여 다시 움직임이 일기 시작하였다. 이와테 현에서는 2005년 4월 이후 현민참가형 외부평가 시스템을 구축하여 추진하고 있다. 향후 로컬 매니페스토 추진활동과 현민참가형 외부평가 활동이 연동하여 추진될 것으로 보인다. 여기에서는 "로컬 매니페스토 추진 네트워크 이와테"의 보고(岩渕公二 2005)에 기초하여 이와테 현 지사와 의회의 매니페스토 평가 결과와 향후 과제를 살펴보도록 한다.

1) 추진과 검증의 경과

이와테 현의 로컬 매니페스토 추진 경과를 알아보자. 2005년 5월 18일 '로컬 매니페스토 이와테'가 발족되었다. 이와테 현내의 학자, (사)일본청년회의소 동북지구 이와테 블록 협의회 및 정책 제언 NPO 등의 구성원이 참여하여 발족하였다.

2005년 6월 22일에는 미야코(宮古) 시장 선거 공개토론회를 개최하였다. 선거 후에 제3섹터 운영문제가 표면화되어 매니페스토형 선거에서 후보자의 매니페스토에 게재되지 않은 지역의 과제나 유권자의 관심을 다룰 방법에 관한 과제를 남겼다.

2005년 9월에는 하치만타이(八幡平) 시장선거 공개토론회를 개최하였다. 지역주민들은 이러한 후보자 공개토론회에 높은 관심을 보여주었다. 로컬 매니페스토 추진 네트워크 이와테 설립과 함께 이와테 현립대학 종합정책학부에서는 로컬 매니페스토 연구회를 만들어 추진과 검증에 관한 연구활동을 해 오고 있다.

현재는 추진을 위한 보급 및 계몽활동에 주력하고 있으며, 향후 구체적 검증방법 개발에 착수할 계획이다. 현민참가형 외부평가 시스템 구축 프로그램을 가동중이며, 2005년에는 청년회의소와 상공회의 청년부연합회, 그리고 NPO 등에 의해 구성된 '외부평가 플랫폼'이 담당하였다. 각 시책의 이해관계자에 대한 전문적 조사는 '정책 21'이 담당하고 있다.

2) 마스다 지사 및 의회 회파(會派: 교섭단체) 매니페스토 평가

로컬 매니페스토 추진 네트워크는 마스다 지사의 매니페스토 "자랑스러운 이와테 40대 정책"의 실적을 평가한 리포트로 정리하여 공표하였다. 다양한 정보와 보도기사, '현민참가형 외부평가'의 활동을 통해서 입수한 정보를 기초로 마스다 지사의 매니페스토 평가를 시도하였다.

실행과정은 종합계획과의 정합성을 도모하면서 "자랑스러운 이와테 40대 정책"으로서 행동계획에 구체화한 것은 정책의 실효성을 높임과 동시에 진행과정을 쉽게 함으로써 매니페스토 실현의 가능성이 높아지고 있다고 말할 수 있다. 한편 2003년도와 비교할 때 사회정세나 재정상황 등 외부조건의 일부가 악화된 상황도 있기 때문에 향후 중점화하여 다룰 필요가 있음을 알 수 있다.

진척도를 살펴보자. 이와테 현의 평가 리포트에는 2003년도와 비교할 때 2004년도의 실적은 저하되어 있지만, 주민이 실감할 정도의 영향은 감지되지 않는다. 수치보다 정책대상의 질적 변화에 주목하면, 고용대책에서는 중고령자층으로부터 청년층으로 지원대상이 바뀌는 등 변화에 따른 유연한 대응이 주목을 끌고 있다. 그러한 점에서 매니페스토의 전제가 된 상황의 변화에 관해서도 매년 수정하여 공표할 필요가 있을 것으로 사료된다.

3) 이와테 현 의회 회파 매니페스토의 평가

2003년 4월 통일지방선거에서 이와테 현 의회의 각 회파가 매니페스토를 발표하였지만, 매니페스토 실현을 위한 추진상황이나 진척상황에 관하여는 지금까지 공표되지 않았다. 그 사이 3번에 걸친 국정선거나 정당통합에 의한 체제의 변화 등도 영향을 미치고 있다고 생각되지만 현 시점의 상황을 조감하면 다음과 같다.

첫째, 제1회파인 자유당 이와테 현 총지부연합회(현 민주당 이와테 현 연합)의 경우를 살펴보자. 자유당 매니페스토는 "우리 향토 이와테"라는 비전 하에 7개의 방향으로 구성되어 있다. 의회개혁, 기반정비, 산업진흥, 보건복지, 교육개혁 등 폭넓은 내용으로 되어 있지만 구체적인 실현 프로세스와 기한과 목표는 명기되어 있지 않았다. 의원들의 행동을 보면 매니페스토의 내용이 정책 전반에 미친다는 점, 국정에서의 정당활동과 관련되어 있다는 점으로 인해 각각의 구체적인 행동은 눈에 드러나지 않는다. 그러나 현의회의 의원 질문에는 그 방향성이 반영되고 있음을 확인할 수 있었다.

둘째, 제2회파인 자유민주당 이와테 현 지부연합회의 경우를 살펴보자. 자유민주당의 매니페스토는 3가지의 기본자세, 3가지의 긴급과제, 5가지의 중점정책, 3가지의 추진체제로 구성되어 있다. 3가지의 긴급과제에는 "이와테 현과 아오모리 현 경계의 산업폐기물 처리", "고용대책", "안전하고 안심할 수 있는 먹거리 확립"을 내걸고 있다. 그러나 구체적인 실현 프로세스와 기한 그리고 목표는 제시하고 있지 않다. 내용이 정책 전반에 미치기 때문에 각각의 구체적인 행동은 눈에 보일 정도로는 나타나지 않지만, 현의회에서의 의원 질문에는 그 방향성이 반영되어 있는 것을 알 수 있다. 긴급정책 3가지는 마스다 지사의 긴급중점시책을 추진한다는 의미에서 일정한 성과를 거두었으나 5가지 중점정책은 충분한 성과를 나타내지 못하였다.

셋째, 제3회파인 정화회(政和會)의 경우를 알아보자. 정화회의 매니페스토는 기본정책과 5가지 긴급과제로 구성되었다. 긴급과제에는 "고용대책", "안전하고 안심할 수 있는 먹거리 확립", "이와테와 아오모리 경계의 산업폐기물 처리", "의료, 육아, 장애자 자립", "인재 육성" 등이 제시되었지만, 구체적인 실천 프로세스와 기한 그리고 목표는 명기되어 있지 않았다. 정화회의 경우에도 현의회에서의 의원 질문에는 일정한 방향성을 확인할 수 있었다.

4) 추진과 검증의 과제

이와테 현의 경험을 통해 도출된 과제는 다음과 같이 정리할 수 있다. 첫째, 광역자치단체(현)와 기초자치단체(시정촌)의 권한관계를 지적할 수 있다. 국가와 자치단체의 관계뿐만 아니라 광역과 기초단체의 관계에서도 권한의 문제가 존재하며, 각각의 단체장과 행정기관이 미칠 수 있는 영향은 다르다. '현민참가형 외부평가'를 실시하고 있는 '개호(介護)예방시책'을 예로 들면 구체적인 서비스는 기초단체가 실시하고, 역으로 지사가 '개호예방'을 매니페스토에 게재하였다고 해도 그 효과는 기초단체의 시책에 의존하지 않을 수 없다는 점을 향후 매니페스토 검증에 고려하여야 할 것이다.

둘째, 의회의 권한과 행정 재량의 관계이다. 의회는 주로 조례 제정에 의한 제도 구축과 예산 체크에 의해 매니페스토의 실현을 도모한다고 하지만, 구체적인 정책수단의 선택과 집행은 단체장의 권한과 행정 재량에 맡겨져 있다. 때문에 교섭단체의 행동에 의한 영향을 어디까지 포착할 수 있는지도 매니페스토 검증의 과제가 될 수 있다.

셋째, 책임성(accountability)에의 응답과 유권자의 관심이다. 로컬 매니페스토의 설명 책임에 있어 책임을 묻는 쪽은 유권자이며, 응답의 책임은 행정기관이 아닌 단체장에게 있다. 따라서 전문성을 추구하는 행정평가만이 아니라 유권자가 알기 쉬운 정책평가가 요구되며 그 구조를 만드는 것이 필요하다는 점이다.

지금까지 일본의 경우를 중심으로 로컬 매니페스토의 검증과 평가에 대해서 알아보았다. 핵심적인 내용은 로컬 매니페스토 사이클에 기초한 각 단계의 평가와 기준을 고찰하는 것이었다. 매니페스토를 도입한다는 것은 향후 검증을 전제로 한 것이기 때문에 평가 체제와 기준을 마련하는 것은 매니페스토의 확산과 정착을 위해 중요한 과제가 될 것이다.

먼저 사전평가 단계에서 형식요건과 타당성을 검증하여 유권자로 하여금 투표의 자료로 활용하도록 하는 것은 매니페스토 사이클의 시작으로서 중요한 의미를 갖는다. 이 과정에서 매니페스토형 공개토론회를 개최하는 것도 유권자에게는 선거 관심도를 높이고 유능한 지도자를 선출할 수 있도록 하는 데 주요한 역할을 할 것이다. 조사 결과 매니페스토에 기초한 공개토론회는 투표율을 높임과 아울러 선거관심도를 크게 높이는 것으로 나타났으며, 아울러 선거 결과에도 영향을 미치는 것으로 보고되고 있다(神吉信之 2005).

중간평가의 경우에는 실행체제와 진척도를 평가하는 것이 중심이 될 것이다. 그러나 초기 단계에는 실행체제를 갖추는 문제에 좀더 비중을 두는 것도 의미를 가질 것으로 본다. 자치단체의 종합계획과 매니페스토를 접목시키는 문제, 매니페스토의 예산화·정책화·실행체제 정비 등이 제대로 갖추어지고 있는지에 대한 평가가 매니페스토의 정착에 중요한 의미를 가질 것이다. 다음으로 평가과정에 주민들의 참여를 조장하는 문제는 지방자치의 중요한 덕목이 될 것이다.

마츠자와 매니페스토 제2회 자기평가

— 지사 취임 2년의 성과와 과제 —

[매니페스토 자기평가 배경]

○ 저는 지사 취임 1년째는 매니페스토를 토대로 한 종합계획 "가나가와의 힘 구상 · 프로젝트 51"의 책정을 통해 취임 2년째가 되는 2004년을 '개혁실행 원년'으로 설정하여 구체적인 정책의 실현과 개혁 추진에 박차를 가해 왔습니다.

○ 이번 연도는 지사 취임 3년째의 전환점이 됩니다만 작년에 이어 매니페스토의 진척상황에 대한 평가를 실시하였습니다.

○ 매니페스토 평가는 작년과 마찬가지로 중립적인 입장에서 객관적인 평가를 의뢰한 '마츠자와 매니페스토 진척 평가위원회'(학자 및 현민위원으로 구성)에 의한 "제3자 평가"와 저 자신에 의한 "자기평가"의 2종류가 있습니다.

○ 평가위원회에 의한 제3자 평가는, 이미 6월 6일에 발표되었습니다만, 저 자신의 자기평가는 제3자 평가의 내용을 바탕으로 매니페스토를 제시한 정치가로서의 입장에서 2년째의 성과와 과제를 스스로 점검해, 현민 여러분께 보고드리고자 하는 것입니다.

[자기평가의 기준]

○ 매니페스토의 목표 달성을 향해, 1기 4년 임기 중 제2차 연도에 필요한 노력을 다해 왔는지의 관점에서 스스로 역점을 둔 것을 포함해 종합적으로 평가했습니다.

○ 또한 평가위원회에 의한 제3자 평가는 최종목표와 실제 달성 현황과의

대비에 의한 절대평가를 실시하고 있는 점 등, 저의 자기평가와는 기준이 다르다는 점에 유의해 주시기 바랍니다.

[전체평가 결과]

○ 매니페스토로 제시한 37개 정책 중에서 28개의 정책에 대해서는 매니페스토 목표달성을 향한 일정 이상의 성과가 보이거나 대체로 순조롭게 사업이 실시되고 있다고 평가합니다(작년은 25정책). 한편, 목표달성을 향한 과제가 남아 있거나 구체적인 노력이 늦어지고 있는 정책은 9가지가 있다고 평가합니다(작년은 12정책). 또한 작년보다도 노력과 성과가 진전된 것은 8가지가 있으며, 한편으로 작년에 비해 노력이 늦어진다고 생각되는 것은 4가지 있습니다. 합쳐서 2년째의 성과로서는 75%가 이루어졌다고 평가하고 있습니다.

○ 앞으로 외부로부터의 평가도 겸허하게 받아들여 3년째에 해당하는 2005년도에는 '개혁진전의 해'로 자리매김해 한층 노력을 심화해 나가겠습니다.

○ 또한 매니페스토에 의한 정책중심, 유권자 본위의 선거 · 정치를 실현하기 위한 국민운동이 확대되었습니다. 2월 4일에는 저도 참가하고 있는 '로컬 매니페스토 추진 단체장 연맹'이 결성되었고, 6월 2일에는 '가나가와 로컬 매니페스토 추진 네트워크'가 결성됩니다.

평가	노 력 현 황
A	필요한 노력을 착실하게 실행해 목표달성을 향한 구체적인 성과가 나타나 있는 것
B	필요한 노력을 대체로 순조롭게 실행해, 일정의 성과가 나타나 있는 것
C	목표달성을 향해 노력하고 있으나 과제가 남아 있는 것
D	구체적인 노력이 충분하지 못한 것

[정책별 평가의 개요]

※ ( ) 내의 수치는 전년도

평 가	건 수	구 성 비
A(구체적 성과)	7(5)	18.9%(13.5%)
B(대체로 순조로움)	21(20)	56.8%(54.1%)
C(과제 있음)	7(11)	18.9%(29.7%)
D(불충분)	2(1)	5.4%(2.7%)
계	37	100.0%

매니페스토 37항목 정책별 평가(제2회)

정 책	평 가 (전년도)	노력 현황과 과제
Ⅰ. **지역주권**		
1 세재원 이양	B(B)	지사회로서 통일요구, 정부·여당 합의로 2006년도까지 3조 엔 이양으로 추진, 법 제정도 요구
2 수도권 연합	B(B)	수도권연합협의회(공동사무국) 설치. 구체적인 연계시책으로서 동경만 bay tourism 검토 개시
3 道州제	↑B(C)	가나가와 현의 제안에 근거해 지사회 회장 직속 연구회에서 검토 시작. 현에도 연구회 설치
Ⅱ. **현정개혁**		
4 정보공개	↑B(C)	지사교제비의 정보 공개. 정보 공개도 전국 5위로. 타운미팅과 이동지사실의 전개
5 자치 기본조례	↓D(C)	실현을 위한 선진 지자체 조사, 학자의견 청취, 중요 조례이며 앞으로 충분한 논의 필요
6 NPO 지원	B(B)	인구비 법인수는 두 배 증가 달성. 노력 강화로 전국순위 높이기. 2005년도는 협동추진실 설치
7 NPO 협동	↑A(B)	협동지침을 책정, 정책제안은 협동사업 11가지. NPO에 의한 사업평가도 시행. 나아가 확충 지향
8 챌린지 시정촌	C(C)	시청촌과의 협의회가 중간 보고서를 발표. 나아가 시정촌과 협의를 거듭해 조정을 진행할 필요 있음
9 민영화 등	↑B(C)	출장 및 외출 기관을 10% 감소. 제3섹터 자립화 촉진. 지정관리자제도에 의한 민영화 추진
10 인건비 해소 등	A(A)	2005년도 당초까지 인건비 572억 엔 억제(2003년도 당초 비용). 능력급 도입, 수당 등의 검토에 착수

정　　책	평 가 (전년도)	노력 현황과 과제
11 현청 워크 쉐어	A(A)	비상근직원 등 총 219명 고용 실현. 2005년도는 행정보조원으로 더욱 확장
12 현청 벤처	A(A)	2003년도의 9사업에 이어, 4사업 직원 제안 채택. 1건당 사업비도 증가(상한 2천 엔으로)
13 입찰 개혁	C(C)	새로운 입찰제도 '가나가와 방식' 도입을 향해 검토중. 2006도 실시를 위해 조정 필요
14 민간인 등용	B(B)	산업기술연구 · 관광 · 현산목재 · 병원 등의 분야에서 민간인에서 과장급 이상 5명 등용
Ⅲ. **경제재생**		
15 교우하마 임해부	↓B(A)	가나가와 구상협의회를 통해 나리타 공항 재확장을 향한 대응을 협의중. 종사자 수 의존이 어려움
16 신산업 육성	↑A(B)	산업집적촉진방책 인베스트 가나가와에 의한 10기업이 촉진 · 투자에 참가. 앞으로 지역으로 효과 파급
17 시민 기업	↑B(C)	신규 구인수가 목표 27만 명을 넘음. 커뮤니티 비즈니스 창출의 구체화로
18 tourism	B(B)	관광친선대사의 임명과 캠페인 전개. 해외로부터의 관광객 유치에 top sales도 전개
Ⅳ. **교육재생**		
19 학교 개혁	C(C)	자원봉사활동 체험의 기회 확충. 한편, 등교거부 아동 · 학생 증가 멈춰지지 않음. 노력 필요
20 현립고교 개혁	B(B)	학교구를 철폐. 단위제 등 새로운 타입의 고교 확충. 민간인 학교 공모를 실시, 앞으로 확장
21 커뮤니티 college	D(D)	내부 검토에서 2006년도에는 유직자에 의한 개설검토위원회 설치키로. 한층 노력이 필요
22 영어학습	B(B)	현립고교에서 국제 · 영어 거점교, 소학교에서 모델교의 지정. 네이티브 스피커를 현립고교에 배치
Ⅴ. **환경을 지킨다**		
23 수원의 삼림	↓C(B)	수원림 확보 추진원에 의한 노력. 소중학교에서의 산림활동 촉진. 목표달성에 더 나은 노력 필요
24 도시의 자원	B(B)	도시공원 정비는 39.7평방킬로미터에서 대체로 순조. 다자연형 하천 정비와 사람과 가까운 삼림 만들기 모델사업도 추진
25 삼림 환경세	↓C(B)	수원환경보전 · 재생기본계획을 검토. 신세를 2월 의회에서 제안했으나, 재제안을 전제로 취하
26 리사이클	B(B)	NPO와 연계한 불법폐기 방지대책 실시. 리사이클율의 개선, 처리의 광역화는 조정이 과제

정　　책	평 가 (전년도)	노력 현황과 과제
VI 생활을 지킨다		
27 보육소 정비	↑B(C)	차세대육성 지원플랜 책정. 시설정비 지원으로 정원 증가를 도모하고 대기자 수 개선은 노력 필요
28 아동학대	C(C)	아동상담소의 체제정비와 학대방지 네트워크 촉진. 사회환경은 여전히 미숙하고 한층 노력 필요
29 고령자 개호	B(B)	노인요양원의 정비 촉진, 재가방문 개호 등의 거택서비스 확충. 대기자수 개선에 더욱 노력
30 의료인재	B(B)	현립 간호전문학교의 재편. 현립 보건복지대학의 의료·복지 등의 인재 양성을 촉진
31 긴급의료	B(B)	긴급 구명사에 의한 구명처치 등 prehospital care의 충실을 도모. 긴급의료체제를 정비
32 남녀공동참여	B(B)	NPO와의 협동 등에 의해 DV피해자 지원 추진. 남녀 공동참여 플랜의 실시현황도 공표
33 주거근간(바탕)망	B(B)	정보 보안강화를 위한 시정촌 직원 연수. 긴급시 대응훈련, 외부감독 등의 대책 실시
34 지진재해방지	B(B)	광역 재해방지활동 비축 거점의 정비. 시정촌 재해방지대책 지원 계속. 니가타 지진으로의 광역지원 실시
35 범죄대책	↑A(B)	안전·안심 마을 만들기 조례 제정, 2005년 4월 시행. 범인 검거율도 19.2%에서 25.4%로 개선
36 폭주족 조례	A(A)	폭주족 등의 추방 촉진에 관한 조례 2004년 4월 시행. 중점구역과 모델 지구를 지정하고 대책 본격화
37 기지 축소	C(C)	외무대신, 미 국방성과 기지 축소 등으로 직접 회담. 재편 사전보고를 대신이 각변. 정세 예측 허락하지 않음

*출처: "松澤成文マニフェスト第2回自己評価"를 전문 번역한 것임.

부록 2

제3자 평가 사례

표 1. **목표달성 현황**

평　　가	건 수(비율)	전 년 도
A	5(13.5%)	3건(8.1%)
B	9(24.3%)	2건(5.4%)
C	10(27.0%)	11건(29.7%)
D	12(32.4%)	12건(32.4%)
NA	1(2.7%)	9건(24.3%)
계	37건(100.0%)	

[참고] **목표달성 현황 기준**

목표달성 구분	달　성　정　도
A	목표달성 또는 거의 달성(대체로 80% 이상)
B	목표 어느 정도의 비율 달성(대체로 50~80% 미만)
C	목표 일부 달성(대체로 20~50% 미만)
D	거의 성과가 보이지 않음(대체로 20% 미만)
NA	평가가 불가능 또는 곤란한 경우(데이터 미수집 등)

표 2. **행정대응 현황**

구　분	건수(비율)	전 년 도
제1단계	1건(2.7%)	2건(5.4%)
제2단계	4건(10.8%)	12건(32.4%)
제3단계	9건(24.3%)	12건(32.4%)
제4단계	21건(56.8%)	10건(27.0%)
제5단계	2건(5.4%)	1건(2.7%)
계	37건(100.0%)	

[참고] **행정대응 현황 기준**

행정대응 구분	신규 착수의 경우	기존 사업 확충의 경우
제1단계(미착수 · 미개선)	미착수	기존에 계속(미확충)
제2단계(방침결정 · 검토)	방침결정, 제도 · 사업의 검토	확충 검토
제3단계(준비 · 사업화)	제도화 · 사업화의 작업	확충 준비(예산화 등)
제4단계(실시중)	제도결정, 사업실시	확충 후의 사업실시
제5단계(완료)	조례실행, 사업 완료	사업 완료

표 3.

정책별 점검평가 결과(일람)

Ⅰ 지역주권			Ⅱ 현정개혁			Ⅲ 경제재생			Ⅳ 교육재생			Ⅴ 환경을 지킨다			Ⅵ 생활을 지킨다		
1 세재원 이양	C	3	4 정보 공개	B	4	15 교우하마임해부	C	3	19 학교개혁	D	3	23 수원 삼림	C	3	27 자녀양육 지원	D	4
2 수도권 연합	C	2	5 자치 기본조례	D	3	16 신산업육성	C	4	21 현립고교 개혁	C	4	24 도시의 자연	B	4	28 아동학대	NA	4
3 도주제	C	2	6 NPO 지원	B	4	17 중소기업 등	A	4	22 community college	D	1	25 삼림환경세	D	3	29 고령자 개호	D	4
			7 파트너십	B	4	18 tourism	D	4	23 영어학습	D	4	26 리사이클	D	2	30 의료인재	B	2
			8 챌린지 시정촌	D	3										31 긴급체제	D	3
			9 직원 · 출장, 외출	B	4										32 남녀공동		4
			10 인건비 감소 등	B	4										33 주거바탕망	B	4
			11 현청 워크쉐어	C	4										34 지진재해방지	A	4
			12 현청 벤처	A	4										35 범죄대책	C	4
			13 입찰 개혁	D	3										36 폭주족 조례	A	5
			14 민간인 등용	A	5										37 기지축소	C	4
A0, B0, C3, D0, NA0			A2. B5, C1, D3, NA0			A1, B0, C2, D1, NA0			A0, B0, C1, D3, NA0			A0, B1, C1, D2, NA0			A2, B3, C2, D3, NA1		
①0, ②2, ③1, ④0, ⑤0			①0, ②0, ③3, ④7, ⑤1			①0, ②0, ③1, ④, ⑤0			①1, ②0, ③1, ④2, ⑤0			①0, ②1, ③2, ④1, ⑤0			①0, ②1, ③1, ④8, ⑤1		

표 4. **마츠자와 매니페스토의 분야별 점검 평가표**(PART 1 일본을 바꾼다)

<table>
<tr><th colspan="3">1. 정책별 점수 평가의 결과</th><th>2. 목표달성 현황</th><th>3. 행정대응 현황</th></tr>
<tr><td>정책</td><td>목표달성현황</td><td>행정대응 현황</td><td rowspan="4">목표달성구분
A 0건
B 0건
C 3건(세원이양, 수도권연합, 도주제)
D 0건
NA 0건

[평가]
• 삼위일체 개혁의 세원이양에 마츠자와 지사가 타 지사와 연계해 노력하고 2005년도 당초 예산에 있어 826억 엔의 세원 증가가 보인 것은 평가할 수 있다.
• 수도권연합도 부분적이긴 하나 구체적인 구상단계에 들어갔다.
• 도주제에 대해 본격적인 검토에 착수한 것도 평가할 수 있다.</td><td rowspan="4">행정대응 구분
제5단계 0건
제4단계 0건
제3단계 1건(세원이양)
제2단계 2건(수도권연합, 도주제)
제1단계 0건
[평가]
• 세원이양에 대해서는 전국지사회에 '삼위일체 개혁법안을 제출하는 등의 적극적인 노력, 전국지사회'에 '(가칭)삼위일체개혁추진법 요강시안'을 제출한 것을 평가.
• 수도권연합 구상의 구체화에 대해서는 가나가와현이 적극적인 구상을 제시하고 관계 자치체의 이해와 협력을 얻을 필요가 있다.
• 도주제에 대해서는 국가의 지방제도조사회에서도 심의가 본격화되고 있으며, 가나가와 현도, 도주제에 대한 명확한 자세를 내놓아야 한다.</td></tr>
<tr><td>정책1 국가에서 도도부현으로 5.5조 엔의 세재원의 이양을 취득해 현 세수의 1,400억 엔 증수를 도모한다.</td><td>C
[작년도 : C]</td><td>제3단계
[작년도 : 제2단계]</td></tr>
<tr><td>정책2 '수도권연합'의 설치를 제안하고, 수도권 전역을 대상으로 하는 광역정책을 추진한다.</td><td>C
[작년도 : C]</td><td>제2단계
[작년도 : 제2단계]</td></tr>
<tr><td>정책3 현행의 '도도부현제'에서 '도주제'로의 전환을 제안하고, 분권형의 지역주권국가의 실현을 도모한다.</td><td>C
[작년도 : NA]</td><td>제2단계
[작년도 : 제1단계]</td></tr>
<tr><td rowspan="2"></td><td rowspan="2"></td><td rowspan="2"></td><td colspan="2">4. 종합적 소견</td></tr>
<tr><td colspan="2">세원이양과 현 세수입의 증수실현을 위해서는 전국지사회에서 가나가와 현이 더 강한 리더십을 발휘하는 것이 바람직하다. 수도권연합에 대해서도 구체적인 제안을 지시하고, 구체적인 행동으로 연결되는 것이 요구된다. 도주제에 대해서도 현은 자세를 명확히 할 필요가 있다.</td></tr>
</table>

표 5. **마츠자와 매니페스토의 정책별 점검 평가표**(1-1)

1. 매니페스토의 내용(개요)	2. 현의 방침과 목표 등의 변동	3. 목표달성과 대응 현황	4. 점검 · 평가 결과
[정책] 국가에서 도도부현으로 5.5조 엔의 세재원의 이양을 취해, 현세수의 1,400억 엔 증수를 도모한다. [목표] • 현행 6 : 4에서 배분된 국세 : 지방세의 비율이, 5 : 5가 되도록, 국세 가운데 5.5조 엔 정도의 세원(소득세에서 3.0조 엔, 소비세에서 2.5조 엔)을 지방으로 이양하는 등, 세제개혁을 위해 노력한다. • 그렇게 하여, 가나가와 현의 세수는 약 1,400억의 증가가 된다(5.5조 엔을 1999년의 전 지방세 수입 3.5조 엔에 점하는 현세수의 비율로 나눔). [방법] • 수장유지에서 연계함과 동시에, 정당에 활동하여 현민 · 국민의 이해를 요구하여 국가에 세제개혁을 요구한다.	(1) 현의 방침 • (지역주권 실현을 위한 중기 방침 상의 규정) Ⅳ-6 세재원의 이양실현을 향한 노력 • 현민생활에서 본 바람직한 지방세 재정제도 방식에 대해 논의하고, 세원배분 검토의 필요성에 대한 현민의 이해를 높이고, 타 자치체와도 연계하면서 다양한 장을 통해 국가에 대한 강한 활동을 실시해 가겠다. (2) 목표 등의 변동 • 변경 없음 • (오기입 등) 본문: 국가에서 도도부현→국가에서 지방 본문: 현세수→현세수(시정촌교부금을 포함) 목표: 가나가와 현의 세수→가나가와 현의 세수(시정촌교부금을 포함) 목표: 전 지방세 수입 3.5조 엔→.5조 엔 그림 1-2: 지방교부세 등 115,549백만 엔→155,549백만 엔 (3) 담당부서 총무부 세무과	(1) 목표달성 현황 • 2004년 8월 전체 지사회에서 정부에 제출한 삼위일체 개혁안 중에서, 8조 엔 정도의 제원이양을 요구. 8도현시 수뇌회에 공동 어필을 제출. 정부는 2006년도까지 대체로 3조 엔 규모를 목표로 소득세에서 개인주민세에 세원이양을 실시하는 것으로 여당과 합의(H16.11) • 삼위일체 개혁(2005년도 당초까지의 개혁)에 의해, 가나가와 현에서는 세원이양 예정 특례교부금 379억 엔 및 소득 증여세 447억 엔의 합계 826억 엔의 세원 증가(일반재원화)가 되었음 (2) 대응 현황 [타 단체와 협조한 노력] • 8도현시에서 '삼위일체 개혁을 통한 지방재정 기반강화에 관한 어필'(H15.12), '삼위일체개혁에 관한 긴급의견'(H15.12) 발표. • 지방육단체가 8조엔 정도의 제원이양을 요구하는 '국고보조부담금 등에 관한 개혁안' 제출(H16.8) • 8도현시에서 법정수탁사무를 포함해, 중대한 각오를 가지고 대응하는 '삼위일체 개혁'에 관한 의견 표명(H16.11) [현 독자적 노력] • 세원이양을 포함한 삼위일체 개혁의 조기 실현에 대해 국가에 요망(H15.7, H16.7) • 가나가와 현 지방세제 등 연구회의 하부조직으로서 '세와 생활을 생각하는 전문부회' 설치(H15.9). 이 검토를 거쳐 가나가와 현 지방세제 등 연구회가 '지방세 재정제도방식에 관한 보고서'를 지사에게 제출(H16.11). 나아가 남은 과제를 검토하기 위한 제2기 전문부회를 설치 • 청 내에 실무 레벨의 프로젝트 팀을 설치하고 '삼위일체개혁추진법안' 작성(H16.12). 전문지사회에 '(가칭)삼위일체개혁추진법요강시안'을 제출하여, 전국지사회의 검토가 개시(H17.1).	(1) 정책 타입과 목표 명확화 • 제5타입(제도개혁 B형) • 기존의 노력 확충 · 발전 • 방침 변경이 아닌 틀린 점 정정 (2) 목표달성현황 평가 • 달성도 C[작년도 C] 삼위일체 개혁의 세원이양에 마츠자와 지사가 전국지사회에서 적극적으로 노력, 일정 성과를 얻은 것은 평가할 수 있다. (3) 대응현황 평가 • 제3단계[작년도 제2단계] • 세원이양에 대해서는 전국지사회에 '삼위일체 개혁법안'을 제출하는 등 적극적으로 노력한다. 그 결과, 2005년도 당초예산에 대해 826억 엔의 세원 증가가 되었다. (4) 종합적인 소견 세원이양에 의한 현 세수 증가목표 달성에는 전국지사회 등에 가나가와 현이 나아가 강한 리더십을 발휘하는 것이 요망된다.

* 출처: **부록** 2는 松澤マニフェスト進捗評価委員會, "松澤マニフェスト進捗評価結果報告書(2003 · 2004년)"(2005. 6. 6)을 발췌한 것임.

7장
매니페스토, 어떻게 작성하나
-매니페스토 작성 매뉴얼-

1. 매니페스토 어떻게 작성할 것인가?

일반적으로 매니페스토는 수치, 목표, 기한, 재원, 공정표가 포함된 선거계약을 말한다. 임기중 실행에 옮길 정책의 내용에 수치가 포함·설명되고 있기 때문에 달성 여부를 점검할 수 있고 사후 검증이 가능하다는 점에서 종래의 선거공약과는 크게 차이가 있다. 또한 매니페스토에는 국정선거에서의 매니페스토와 지방선거에서의 매니페스토가 있다. 이 책에서 로컬 매니페스토라고 칭하고 있는 지방선거 계약은 광역·기초자치단체장 선거와 광역·기초의회 의원선거에 후보자가 내놓을 공약을 포함하고 있다.

국정선거에서의 매니페스토는 각 정당이 국고보조를 받아 운영하고 있는 정책연구소와 당 내의 정책위원회 등에서 지속적으로 정책을 연구·개발하고 있기 때문에 문제되지 않을 것이다. 그러나 지방선거에서의 매니페스토 작성은 소규모의 시·도 당이나 후보자 차원에서 쉽게 만들기는 어려운 과제일 것이다. 또한 매니페스토에는 정책을 구체적으로 나타내야 하며 임기 동안 실천에 옮길 모든 정책을 수치화하여야 하기 때문에 쉬운 일은 아니다. 특히 행정 정보를 전혀 갖지 않은 신인은 작성에 더욱 큰 어려움이 따를 것이다.

따라서 매니페스토 작성에 필요한 최소한의 포인트가 무엇인지 살펴보는 것은 매니페스토 선거의 조기 정착을 위하여 의미 있는 일일 것이다. 이를 위하여 여기에서는 단체장 선거와 의원선거를 구분하고 광역과 기초 단위의 각 사례 연구를 통해 기재항목과 형식요건 등을 분석할 것이다. 이를 통해 매니페스토가 가진 본질에 접근해 보고자 한다.

2. 단체장 매니페스토: 지방경영의 처방전

1) 광역단체장 사례 분석: 가나가와 현 마츠자와 지사

일본 동경 근처의 가나가와 현 지사가 작성한 "마츠자와(松澤成文) 시게후미 · 가나가와 선언 매니페스토: 가나가와의 힘으로 일본을 움직이자"[16]를 대상으로 광역 단위의 단체장 매니페스토의 대강을 살펴보자. 마츠자와 매니페스토는 서두에 "현민 여러분께"라는 인사가 있고, 본문에는 "3개의 기본 방향", "5개의

16) 매니페스토 자료는 http://www.matsuzawa.com/kanagawa(검색일: 2006. 1. 5) 참조.

'일본 제일(日本一)' 목표", "정책선언"이 이어지고 있다. "현민 여러분께"에서는 "가나가와의 힘으로 일본을 움직이자는 점", "가나가와의 위기를 타파하고, 재생시키자는 점"을 호소하며 지사 선거에 임하는 의지를 피력하고, 아울러 매니페스토 작성의 의미를 제시하고 있다. 다음으로 "생활자 본위의 현정(縣政)", "지역주권의 현정", "21세기를 개척하는 현정"이라는 현정개혁을 향한 3가지의 기본방향을 기술하고, 'NPO 일본제일", "벤처 일본

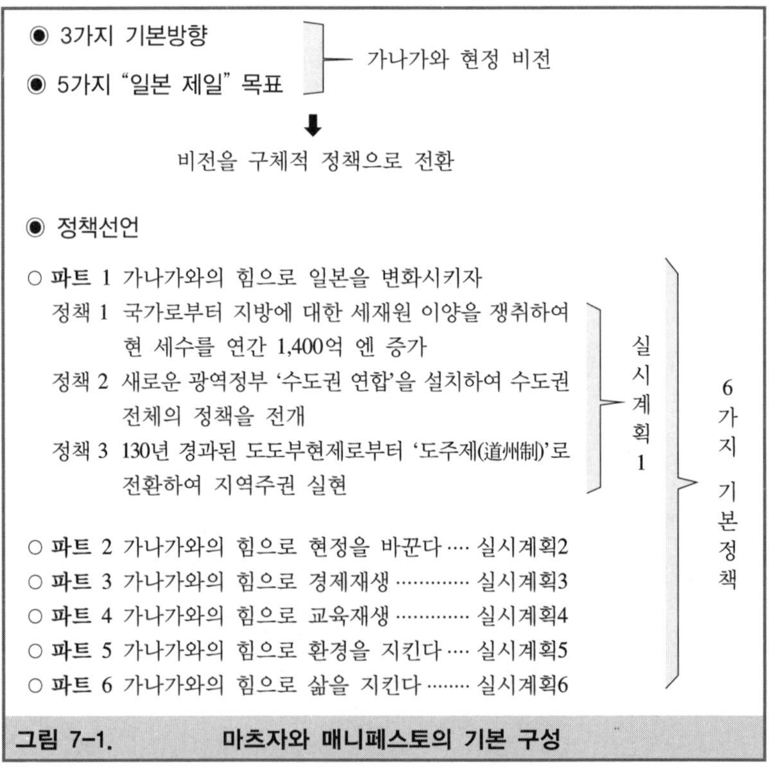

그림 7-1. **마츠자와 매니페스토의 기본 구성**

* 출처: http://www.matsuzawa.com/kanagawa에 제시된 공약을 요약한 것임.

제일” 등 5개의 ‘일본 제일’을 목표로 각종 정책을 실시하겠다는 것을 표명하고 있다.

당선 후에 실시할 시책을 기술한 ‘정책선언’이지만, 파트 1에서 파트 6까지로 분류하여 그 아래 전체 37개의 실시계획이 제시되어 있다(그림 7-1 참조).

각 계획의 항목에는 계획의 설명에 이어 매니페스토에 필요로 하는 수치목표, 기한, 재원, 공정이 구체적으로 기입되어 있다. ‘목표’에는 제시된 정책이 추구하는 목표를 가능한 한 수치목표를 포함하여 제시하고 있으며, ‘공정(방법)’에는 정책목표를 실현하기 위한 구체적 실현방법을 기술하고, 계획에 따라서는 연도별 추진계획을 제시하고 있는 것도 있다. ‘기한’은 지사 임기인 4년을 원칙으로 하고, ‘2005년까지 조례안을 제시’, ‘2006년까지 실현’ 등 4년중에 수행할 기한을 매우 구체적으로 설정하고 있다.

마지막으로 ‘재원’ 부분에서는 기존의 예산 규모로 계속할 수 있다는 것을 상정하고, 첫째, 같은 분야의 기존 사업비의 용도변경, 둘째, 인건비 등 다른 예산삭감에 의한 재원 확보, 셋째, 산림환경세 등 새로운 재원의 설정과 같은 세 가지의 재원 확보 방법을 명기하고 있다.

정책 부분에서는 각각 도표나 그림을 배치하여 정책의 요지를 강조하고 있는 등 시각효과를 가미하고 있다. 이처럼 마츠자와 지사의 매니페스토는 매니페스토의 구성요건들을 명확히 하고 유권자가 알기 쉽게 작성하여 완성도 높은 매니페스토로 제시되었다.

2) 기초자치단체장 매니페스토 사례 분석: 고바야시 마사노리 고다이라 시장

다음은 기초단체장 매니페스토 사례 분석으로 고바야시 마사노리(小林正則) 고다이라(小平) 시장의 매니페스토인 "고다이라 재건(최고 !) 48가지 약속 — '지키는 시정'으로부터 '대화의 시정'으로 —"17)를 다루어 보고자 한다.

순서는 처음에 "들어가면서" 란이 있고, 본문으로서 "기본이념", "기본정책", "재원의 확보에 관해서", "실행 스케줄", "48가지 약속(각론)"으로 이어지고 있다.

"들어가면서"에서는 '지금 하지 않으면 어떻게 할 것인가'라는 제하에 "시의 현안에 대해서 시민과의 '대화의 시정'"을 호소하고, 이어서 '기본이념'에서는 "정보공개"와 "시민참가"로 "활기 넘치고 도전하는 도시, 고다이라 시를 바라며"라고 표시하고 있으며, 기본정책으로서 5가지 정책이 명시되어 있다.

'재원의 확보'에서는 재정적 뒷받침 방안을 결여한 공약은 실현 가능성을 낮추고 있다는 인식을 표출하며 개개의 정책에 필요한 비용을 산정하여 공표하고 있다. 새로운 재원에 관해서는 사무사업의 수정, 공공사업의 수정, 시장 퇴직연금 등의 삭감, 미이용 · 저리용지의 유효한 활용 등과 같은 보조금의 수정에 의한 염출 등을 제시하고 있다.

그리고 실행 스케줄의 설명을 거쳐 드디어 '48가지 약속'에

17) 고바야시 시장의 매니페스토는 http://www.kobayashi-masanori.jp/ma.html 참조.

관한 각 정책의 구체적 내용을 제시하고 있다.

고바야시 시장 매니페스토의 특징으로는 5가지의 정책에 48개의 약속을 나누어 각각 '현상', '설명', '기한', '비용의 산정'을 명기하고 있다는 것이다. 비용의 산정은 모든 약속에 아주 구체적인 수치를 산출하고 있다. 또한 48개 약속의 필두에 '자치기본조례'의 제정을 열거하고 있다.

3. 비전, 기본정책, 실시계획의 설정

로컬 매니페스토는 선거 후에 실현할 정책을 구체적으로 표시한 공약이다. 단체장 선거에 내걸 매니페스토는 당선 직후 실행에 옮길 계획을 망라하여 발표하는 것이다. 앞에서 살펴본 사례나 기타 매니페스토를 살펴보면 용어나 표현방법은 각기 다르지만 기본적인 개념은 **그림 7-2**와 같이 '비전', '기본정책', '실시계획'

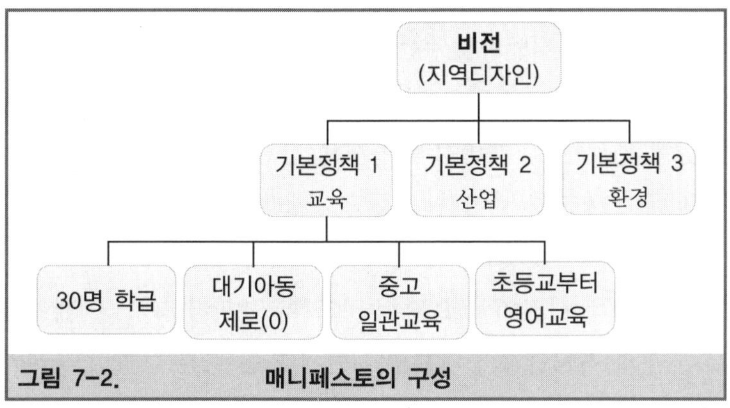

그림 7-2. 매니페스토의 구성

* 자료: 와세다 대학 매니페스토 연구소 참조 필자 작성.

이 필요한 요소가 된다. 기본정책은 비전을 달성하기 위한 방법이며, 실시계획은 기본정책을 보다 구체적인 실시계획으로 부연한 것이다.

다음에서는 매니페스토 작성단계의 논점을 정리해 두고자 한다.

1) 비전의 설정

로컬 매니페스토 작성의 제1단계로 가장 중요한 것은 비전의 작성이다. 비전에는 정치가의 철학이 부각되지만 그것만으로는 부족하다. 해당 지역의 100년 후의 미래상, 50년 후의 미래상, 10년 후의 미래상을 그려보고, 장기적 관점 속에서 앞으로 4년 동안 이 지역을 어떻게 변화시킬 것인가를 명확히 한 것이 비전이다. 매니페스토에서 처음부터 구체적인 수치목표나 방법을 검토하는 것은 불가능하다. 먼저 그 자치단체를 어떤 자치단체로 이끌어 나갈 것인가, 또는 어떤 미래를 열 것인가를 고민하여 적절한 단어로 개념화해 두는 것이 필요하다. 이러한 기본이념이나 컨셉이 매니페스토의 기본으로 자리잡으면 처음으로 정책 작성이 가능하며, 개별정책이 서로 연결되게 된다. 또한 정책 간의 우선순위를 부여하는 것도 가능하게 된다.

이처럼 매니페스토의 첫단계가 중요하며, 실제 매니페스토 작성에 많은 시간이 소요되는 것도 이 단계이다. 이 단계에는 우선 우리 자치단체가 다른 자치단체 또는 다른 나라의 사례와 비교해 볼 때 무엇이 부족하고 어떠한 개혁을 해 나갈 수 있을지에 대해 많은 고민이 필요하다고 할 것이다. 또한 현직의 경우에는 지난 4년간 좋았던 점은 무엇이며, 나빴던 점은 무엇인가를 검토해 볼 필요가 있다. 아울러 지금 우리 고장이 추진하지 않으면 안 될 가장 중요한 과제는 무엇인가에 대해 숙고할 필요가 있다. 예를 들면 카레를 만드는 경우, 비프 카레를 만들 것인지, 포크 카레를 만들 것인지, 치킨 카레를 만들 것인지, 야채 카레를 만들 것인지를 결정하여야 한다. 따라서 이 단계에 전문가들로 팀을 구성하여 브레인스토밍(brainstorming)을 거치는 것도 방안이 될 것이다. 비전이 완성되면 자연히 그 비전을 달성하기 위한 기본정책이 나오게 되고, 기본정책 중에 있는 실시계획에서 필요한 수치도 점차 보이게 될 것이다.

비전 자체가 구시대 공약과 같이 "환경이 좋고, 육아가 편리하고, 노인들의 삶이 쾌적하고, 치안이 좋은 사회건설" 식의 이것저것 나열하는 것으로 전락해서는 안 된다. 비전은 위와 같은 추상적인 것이어서는 안 되며, 그 지역에 뿌리 내린 구체적인 것이어야 한다. 지금까지의 많은 매니페스토는 현실적인 실행계획은 상세히 기술하고 있는 데 반하여 비전이 애매하게 제시된 경우가 많았다. 이처럼 비전이 애매한 경우 지역이 추구하는 방향이나 과제가 선명하게 부각되지 못하고, 따라서 선택과 집중에 의해 제시될 기본정책의 선택기준이 타당한지 여부를 알 수 없는 경우가 많게 된다.

물론 비전을 수립하는 데 있어서 단체장이 포착하고 있는 큰 시대적 흐름이나, 그러한 시대적 흐름 속에서 지역사회가 어떻게 나아가야 할 것인가와 같은 기본적인 인식도 제시될 필요가 있다.

그러한 인식에 기초하여 현재 지역이 안고 있는 구조적 문제를 분석하여 선택과 집중에의 정책적 기초를 제시하여야 한다. 현직이라면 정책목표의 성과나 달성도 등의 실적을 전제하고 생각하겠지만, 신인으로 도전자인 경우에는 현직(정권)의 한계와 새로운 관점을 부각하는 것이 포인트가 될 것이다.

2) 기본정책의 작성: 지역이 안고 있는 문제를 발견하여 그 해결책을 제시

기본정책은 비전을 달성하기 위한 방법을 나타낸 것을 말한다. 위의 예에서 비전으로 포크 카레를 만들기로 했다면 이를 달성하기 위한 구체적인 방법으로 그림 7-3에서 보는 바와 같이 카레라이스와 야채, 그리고 과일을 준비하는 것으로 기본정책을 설정할 수 있다. 여기에서 주의를 요하는 것은 종래의 공약과 같이 이것

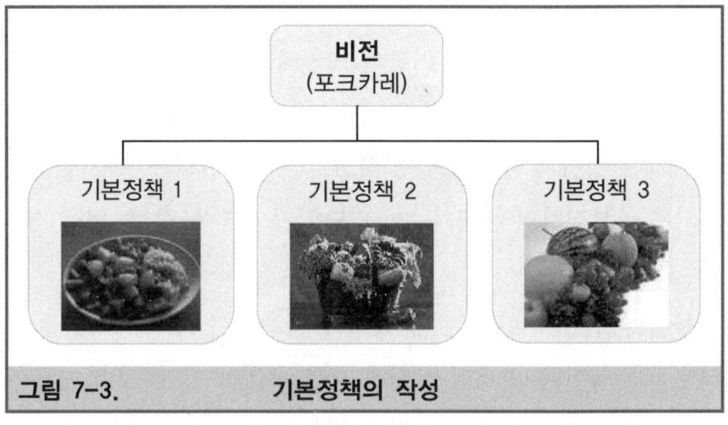

그림 7-3. 기본정책의 작성

* 자료: 와세다 대학교 매니페스토 연구소 홈페이지 참조. 필자 재작성.

저것을 집대성해 놓은 것이 아니라 비전달성이라는 기준에서 기본정책에 관한 선택과 집중을 하지 않으면 안 된다는 것이다. 그렇지 않으면 단순한 정책의 나열에 거치고 말 것이기 때문이다. 매니페스토는 유권자와의 선거계약인 이상 유권자가 보았을 때, 선출되면 무엇을 하고자 하려는지 분명하게 인식할 수 없으면 전혀 의미가 없는 것이 되고 만다.

다음으로 비전을 달성하기 위한 방법을 구체적으로 살펴보자. 먼저 기본정책이 지역이 안고 있는 문제를 해결하기 위한 방법으로 구성되지 않으면 안 된다는 것이다. 예를 들어 "교육선진도시 건설"이라는 비전을 제시했다면 이러한 비전을 구체화하기 위한 방법은 지역의 교육문제를 풀기 위한 가장 중요한 문제해결 방법이 되지 않으면 안 된다. '부족한 교육시설의 해소'나 '과밀학급의 해소' 또는 '영어교육 수요 충족을 위한 영어마을 만들기'라든지 지역주민들이 가장 가려워하는 방향으로 문제해결 방법이 제시되어야 할 것이다. 백화점식의 나열이 아니라 선택과 집중으로 현안을 정확하게 제시하는 것이 필요하다.

3) 실시계획의 수립: 기본계획의 구체적 방법

실시계획은 기본정책을 구체적으로 달성하기 위한 방안을 수치를 포함하여 구체화하는 것이다. 위의 예에서 포크카레라는 비전을 구체화하기 위한 정책으로 카레라이스와 야채 그리고 과일을 제시하였다. 이 경우 실시계획에서는 포크카레를 만들기 위해서는 무엇이 필요한가를 고민하는 것이다. **그림 7-4**에서

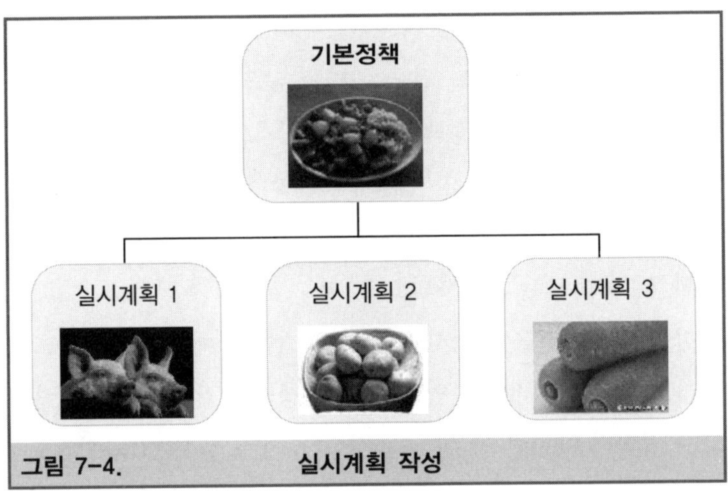

그림 7-4. 실시계획 작성

보는 바와 같이 돼지고기, 감자, 당근 등을 통해 포크카레를 구체화할 수 있다는 것을 말한다. 실시계획에는 구체적인 수치목표, 기한, 재원, 일정표를 제시할 필요가 있다.

보다 구체적으로 설명하면 앞의 **그림** 7-2에서 제시한 바와 같이 자녀교육에 꿈을 가질 수 있는 교육정책을 구체화하기 위한 실시계획을 알아보자. 여기에서는 학급정원을 30명으로 하겠다는 계획, 그리고 학교시설을 확충하여 대기아동이 없도록 하겠다는 계획, 그리고 중・고등학교 간에 일관된 교육을 실시할 것, 초등학교부터 영어교육을 실시할 것 등을 제시하고 있다. 이러한 구체적 계획을 각기 언제부터 언제까지 실시할 것이며, 재원은 어떻게 충당할 것인지를 명시하여 완성하게 된다. 그러나 여기서 주의할 것은 모든 정책이 수치와 잘 어울리지 않는 경우도 있다는 점이다. 예를 들어 문화와 같은 경우에는 단순한 수치로는 표시하기 어려운 경우도 있을 수 있다는 점이다. 이러한 경우에는 정량적이기보다는 보다 정성적으로 설명할 필요가 있을 것이다.

목표로 하는 수치는 투입할 예산인 투입(input) 지표만으로는 불충분하다. 예산을 투입한 것에 의해 가져올 성과인 산출(output) 지표와 그 성과가 시민생활에 가져올 성과인 아웃컴(outcome) 지표도 나타낼 필요가 있다. 기한에 관해서는 기본적으로 임기 4년 내에 달성 가능한 것에 한정되어야 하겠지만 4년 내에 달성이 어려운 테마를 내거는 경우도 있다. 이러한 경우에는 목표로 하는 연도를 표시하고 4년간에 도달 가능한 목표를 분명히 해둘 필요가 있다.

재원에 관해서는 현재의 국가와 지방의 관계로부터 보면 실제 이것을 상세히 기술하는 것은 곤란한 경우가 많지만, 적어도 우선순위를 표기하고 투입할 예산만이 아니라 주민에게 고통을 수반하는 '쓴 약'도 명확히 해야 한다. 현재에도 계속사업을 중지하거나, 새로운 세원을 제시하는 등 고민을 한 경우가 나타난다. 마지막으로 일정표에 관해 알아보자. 보통 이 부분이 불충분한 매니페스토가 많다. 선거 전에 가능한 한 이를 명시하고, 불가능할 시에는 선거 후 종합계획 수립시 이를 속히 제시하여야 할 것이다.

4) 매니페스토 작성 일정

지방 정치인은 정당의 공천을 받는다고 하더라도 시·도당 단위에서 충분하게 정책 패키지를 만드는 것을 도와 줄 정도로 여유가 있는 상황이 아닐 것이다. 지역의 미래상을 작성하는 데에는 많은 시간이 소요될 것이다. 그리고 스스로의 힘만으로 가능한 단순한 일도 아니기 때문에 출마 희망자는 출마를 고려할 때 지금까지 먼저 살펴보던 지역 기반이나 지명도, 자금력만이 아니라 먼저 지역에 대한 비전과 이를 구체화할 정책생산 능력이 있는지 고민해야 할 것이다.

이처럼 매니페스토가 이제는 선거전에서의 장식품이 아니라 실질적으로 후보자를 비교하는 도구가 된다는 점을 명심하고 준비에 만전을 기해야 할 것이다. 매니페스토 작성단계를 구분해 보면 다음 **그림 7-5**와 같이 나누어 생각해 볼 수 있다. 가장 중요하고 시간이 많이 걸리는 것은 역시 제1단계의 비전설정 단계이다. 지역발전을 위한 그랜드 디자인(grand design)이 마련되면 이를 구체화할 기본정책과 실시계획의 개요를 작성하는 작업에 돌입하게 된다. 유권자들에게 배포되는 개요판에는 대체적으로 이러한 단계까지의 내용이 포함될 수 있을 것이다. 끝으로 제3단계에서는 실시계획을 구체화하는 작업이 이루어지게 된다.

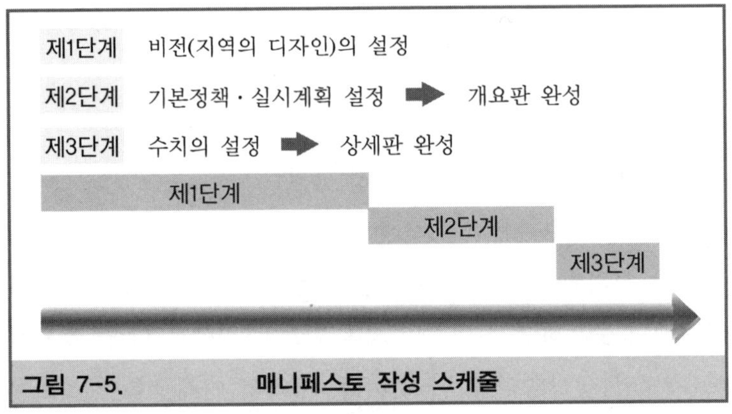

그림 7-5. 매니페스토 작성 스케줄

여기에는 목표, 기한, 재원, 일정표 등에 수치를 포함하게 된다. 언론이나 민간 매니페스토 평가기관에는 이 단계에서 완성된 상세판 매니페스토가 보급되게 될 것이다. 아울러 매니페스토는 유권자들이 쉽게 이해할 수 있도록 도식화하거나 시계열화하는 등 시각적 효과에도 주의를 기울일 필요가 있다.

이러한 매니페스토의 작성에는 먼저 정치인이 스스로의 정치이념에 기초한 지역의 비전을 그리는 것이 중요하다. 그러나 이러한 이념을 구체화하기 위해서는 지역에 기초한 정책으로 정치화(精緻化)되지 않으면 안 된다. 이를 위해서는 우선 매니페스토 작성에 필요한 자료를 충분히 준비해 두어야 한다. 매니페스토 작성에 필요한 자료를 알아보면 다음과 같은 것을 들 수 있다.

- 과거 4년간의 공약 및 달성 상황
- 자치단체 종합계획
- 행정 · 재정 기본계획
- 결산서
- 감사 보고서
- 의회 의사록
- 각종 통계자료(전국 비교 가능 자료)
- 매스미디어 보도 스크랩

위에서 열거한 자료는 매니페스토 작성을 위해 꼭 필요한 자료가 될 것이다. 후보자가 현직인 경우에는 문제가 되지 않을 것이나 신인인 경우에는 이러한 자료를 확보하는 데 어려움을 겪게 될 것이다. 이러한 어려움을 덜기 위해 행정정보 공개제도를 활용할 수 있으나, 이것도 미리 준비해 두지 않으면 어려움을 겪을 수도 있을 것이다.

5) 매니페스토 작성과 시민참여

끝으로 매니페스토 작성에는 전문가뿐만 아니라 시민의 참여도 권장할 만하다. 또한 이들의 조력을 받으면서 득표 기반을 확대하는 효과도 거양할 수 있을 것이다. 먼저 왜 시민의 참여가 필요한지 알아보자.

첫째, 21세기의 지역경영은 행정과 시민이 함께 꾸려가는 로컬 거버넌스(local governance)가 필요하다는 점이다. 로컬 거버넌스는 다원적 참여정치를 말하며 협치라고도 한다. 이는 기존의 통치, 지배 혹은 지배구조라는 개념과는 구분된다고 할 것이다. 오늘날은 지방자치에도 거버넌스 개념이 도입되어 공공서비스 공급에 있어 지방자치단체뿐만 아니라 민간부문(private sector), 자원봉사영역(voluntary sector), NGO · NPO 등 다양한 사회부문이 공동으로 참여하는 서비스체제로 바뀌어 가고 있다는 것이다(강용기 1999). 따라서 매니페스토의 입안 단계부터 시민의 참여를 조장하는 것은 당선 후의 실천에서도 민간부문의 지원을 확보할 수 있다는 점에서 긍정적으로 작용할 것이다.

다음으로 단체장이나 행정의 관점만으로는 문제를 정확하게 파악하기 어려운 경우가 있을 수 있다는 점을 지적할 수 있다. 풀뿌리 정치에는 주민들이 문제를 가장 잘 파악하고 있기 때문에 그들이 느끼는 문제점과 우선순위가 반영되는 것이 중요하다.

행정의 관점이 아니라 주민의 관점에서 문제가 발굴되고, 의제가 설정된다는 점에 매니페스토가 주는 이점이 있다. 정치인의 입장에서도 시민사회가 설정한 의제를 정책에 반영함으로써 그들의 표를 얻을 수 있는 장점이 있다는 점에서 긍정적이다.

끝으로 매니페스토는 단체장과 시민 간의 계약서이므로 계약서 작성에 시민이 참여할수록 계약의 효력이 더욱 강하게 발휘될 수 있을 것이다. 이러한 측면에서 시민의 책임도 매니페스토 실행에 중요한 비중을 차지하고 있다고 할 수 있다.

매니페스토 작성에 시민의 목소리를 반영하려는 운동 또한 활발하게 전개되고 있다. 과거와 같이 정책 입안이 국가 기능으로 치부되고, 지자체는 그 실시기관에 지나지 않았다는 인식은 사라졌다. 하지만 지역에 관련된 과제에서 시민들 스스로 필요하다고 생각하는 정책을 제안하고, 이를 입후보 예정자에게 받아들이도록 하여 당선 후 지방자치단체의 정책으로 실현시키겠다는 차원에서 로컬 매니페스토 운동이 일어나고 있는 것이다.

이와 관련된 사례를 일본 로컬 매니페스토에서 찾는다면 2004년 9월 5일 실시된 나라(奈良) 시장 선거를 들 수 있다. 2004년 4월부터 나라 매니페스토 운동 실행위원회는 '시민이 만드는 나라 매니페스토 2004: 나라 비전21 운동'을 전개하여 이들이 만든 나라 매니페스토 제안을 입후보 예정자에게 제안했다. 또한 2005년 의회 해산 및 시장 사임 이후에도 '나라 매니페스토 2005' 운동을 전개하여 후보자들로 하여금 그들이 제안한 매니페스토를 수용하도록 촉구하는 운동을 전개한 바 있다.

4. 지방의원 매니페스토

지방의회의 지위는 일반적으로 주민의 대표기관, 의결기관, 입법기관, 집행부의 감시견제기관으로서의 지위로 구분하고 있다(강용기 1999). 아울러 지방의회의 권한은 한국의 경우 열거주의(列擧主義)를 채택하고 있으며, 그 권한은 의회 내부의 고유권한, 집행기관의 감시·견제기관으로서의 권한, 그리고 그 밖의 권한으로 나뉘고 있다. 여기에서는 의회 내부의 고유권한을 중심으로 살펴보자. 지방자치법 제35조는 의결권으로 조례의 제정 및 개폐, 예산의 심의 및 확정, 결산의 승인, 법령에 규정된 것을 제외한 사용료, 수수료, 분담금, 지방세, 또는 가입금의 부과와 징수, 기금의 설치와 운영 등 10개 항으로 나누어 열거하고 있다.

따라서 지방의회의 권한 범위 내에서 가능한 정책공약을 제시할 수 있을 것이다. 예산의 편성권이나 집행권을 갖지 않은 지방의회 의원이 수치목표, 기한, 재원, 일정표를 명기한 매니페스토를 작성하는 것이 가능한지에 관해서는 논란이 있다. 그러나 한국의 선거 풍토에서 지방의원도 나름의 선거공약을 발표해 온 현실을 감안할 때, 지금까지 제시해 온 공약을 매니페스토의 요건을 갖추어 좀더 구체적으로 제시할 필요가 있다고 본다. 다시 말해 지방의원 매니페스토는 다음의 두 가지 점에 관심을 가질 필요가 있다. 첫째, 실현 가능한 것이 기술되어 있는지 여부이며, 둘째, 사후 검증이 가능한지 여부의 두 가지 요건이 중요하다고 할 것이다.

특히 2006년부터 기초의원까지 정당공천이 행해진다는 점을 감안할 때, 광역단위와 기초단위에 이르기까지 정당단위의 매니페스토를 제시할 수 있을지는 의문이다. 광역의원이라고 할지라도 지역 대표성이 강하기 때문에, 광역단위의 공약을 개발하고 추진하려는 의지를 보일지 그리고 이들의 공약과 단체장 공약이 어떠한 관련이 있을지는 아직 미지수이다. 특히 지역단위에서 여야 간에 공약의 차이를 드러낼지도 관심의 대상이다.

여기서는 일반적으로 의원이 개인 차원에서 제시할 수 있는 매니페스토의 내용을 상정해 보도록 한다. 먼저 자신의 지역에 대한 비전과 주민의 의견을 취합한 것에다 문제에 대한 대책 또는 정책을 제시한다. 이러한 정책의견 취합은 인터넷, 시민단체 등과의 의견교환이나 의회 등의 일반질문, 주민 의식조사 앙케이트 등을 기초로 임기중에 피드백이 가능한 체제로 구성하게 된다. 또한 지역단위의 매니페스토 추진을 위한 시민운동단체나 각종 이익단체나 시민단체 등으로부터 좋은 공약을 추천받아 수렴하는 것도 방안이 될 수 있다.

정책을 만드는 것은 흥미로운 일이긴 하지만 익숙하지 않으면 상당히 어려운 과제이기도 하다. 특히 현직이 아닌 신인들의 입장에서는 정보 부족으로 인해 더욱 어려움을 겪을 수도 있다. 더욱이 우리의 상황에서는 이제 도입하자는 단계이기 때문에 선행 사례도 없는 상황에서 더더욱 어리둥절할 수밖에 없다. 이러한 측면에서 이 장에서는 매니페스토 작성을 위한 매뉴얼을 제시하였다.

매니페스토 작성에는 앞에서 고찰한 바와 같이 비전과 이를 구체화할 기본정책, 그리고 기본정책을 구체화하는 실시계획이 알차게 구성되는 것이 필수적이다. 이를 위해서 출마 희망자에게는 지역현안에 대한 철저한 연구가 선행되어야 한다는 점은 아무리 강조해도 지나치다고 할 수 없다. 정치인이 스스로 아무리 훌륭한 비전을 가지고 있다 하더라도 이것이 지역 실정에 부합하는 구체적인 정책으로 전개되지 않으면 의미가 없다.

아직 시민들에게는 매니페스토에 대한 이해가 부족한 것이 현실이며, 명칭 또한 서투르기 이를 데 없다. 따라서 우선 내용(contents)을 알차게 하는 것도 중요하지만, 시민들이 알기 쉽고 읽기 쉽게 전개하는 것도 중요한 과제일 것이다. **부록**에서 제시하는 바와 같이 알기 쉽고 충실한 매니페스토도 얼마든지 만들 수 있기 때문이다.

한국에서 로컬 매니페스토에 대한 확립된 모델은 없다. 무엇보다 로컬 매니페스토는 지역 상황에 맞게 다양한 형태가 있다는 전제에서, 지역 상황에 맞는 다양하고 구체적인 정책에 도전해 보는 것이 필요하다고 생각된다.

Manifesto 2005

マニフェスト

「子どものしあわせが広がるまち」

発行 新しいリーダーとともに歩む会

事務所 恵庭市恵み野西2丁目2-14 恵み野フジプラザ2階(つぼ八隣り)

電話 0123-36-5568(代表) FAX 0123-36-5590

WEB http://n-kousei.cool.ne.jp/

ブログ http://nkousei.exblog.jp/

Eメール kousei@abelia.ocn.ne.jp

子どもたちの問題こそ最重要の地域課題

恵庭市の財政危機の本番はこれから。いまの財政危機は今後さらに深刻化するということです。この厳しい状況を私たちはどのようにして突破していったらよいのでしょう。それにはまず、自治体の目的、役割、進むべき方向を明らかにすることです。

人の生きる最も大きな目的・意義は子どもの幸せです。にもかかわらず、生まれて間もない赤ちゃんや子どもに対する虐待事件は後を絶たず、学校に入ったら不登校、引きこもり、いじめ、校内暴力、学級崩壊と、子どもを取りまく環境や子どもたちが直面する問題はとても深刻です。
親子の問題や子どもの問題は、私たちのまちや国の未来にかかわる重要課題です。この問題にこそ、自治体は率先して取り組まなければならないと思います。

新潟の長岡藩は、明治維新で官軍との戦いに敗れ、食べるにも困る苦しい状態にありました。そこへ、見るに見かねた他藩から米百俵が救援米として届けられました。長岡藩大参事小林虎三郎は、藩民の困窮を知りながらこの米百俵を売り払い、将来を担う子どもたちの教育のため、学校を作るのに使ったということです。

危機に対する戦略とは、この様な将来を見すえた理念ある戦略をいうのです。目的、役割、進むべき方向を明らかにすれば、やるべきことも明確に見えてきます。子どもたちの問題を解決するため、市民と自治体が協働して当たるのです。

苦しくても何より先に子どもの幸せを願うには、市民の覚悟も求められます。しかしそこに、私たちに課せられた使命があると考えるのです。

目　次

読書コミュニティ

子どもや親子の問題を防ぐ方法のひとつは「子どものときに本を読むこと」だと、最近よくわかってきたそうです。

赤ちゃんは、ブックスタートで絵本に出会います。
まちの人びとによる読み聞かせがさかんに行われ、まちぐるみで若い親たちの育児を支えます。おにいさんやおじさん、中学生・高校生が赤ちゃんに読み聞かせるのもすてきです。そういう環境で絵本になじんだ子どもたちは、大きくなって学校図書館をたくさん利用するようになります。

そんなふうに本を読む習慣を身につけた学校では、子どもたちがキレたり暴力をふるったりすることがないのだそうです。これはとても重要な事実です。だって、こころが健康な子どもたちが、こころも健康なおとなになっていくのですものね。

学校図書館で本を借りて、小学生ひとりが1年で100冊読むのを目標に、市民と協力し、まちの読書環境を整えられるよう工夫します。

●子どもの問題と予防対策

子どもの問題の対策の多くは、虐待や引きこもりの子どもたちを救おうとするもので、問題の発生そのものを予防するものになっていません。予防施策が必要です。子どもの問題を予防するカギとなるのは読書。校内暴力やいじめ、キレルということと、活字離れ・読書離れの問題は同じ根を持つものです。読書によってよく脳を働かせると、能力とともに想像力や人間らしい感性も豊かに育つといわれています。

ブックスタートで、赤ちゃんが絵本に出会うことができる。読み聞かせが広く行われ、育児を支える温かい環境もあり、学校にも豊かな読書環境がある。そうした地域(＝読書コミュニティ)づくりを目指します。

恵庭市はブックスタートを全国で最初に実施し、北海道ではじめて学校図書館に専任の司書を配置しました。しかし、学校図書館の本はあまりにも少なく古すぎます。学校区の市民・町内会の協力を得て、図書のための寄付があれば同額を予算措置する制度を研究したい。また寄付した人の名前を本に入れるなど、寄付を誘引・顕彰する仕組みも考えたい。そして沖縄のように、小学校図書館からの生徒1人当たり年間貸出冊数は100冊を目指したいのです。

4

3

한국의 선거공약

8장 광역자치단체장 선거공약 분석

1. 정치과정, 선거 그리고 선거공약

선거공약은 선거에서 후보자가 유권자에게 정책적 주장을 제시하는 것이며, 이는 선거를 규정짓는 중요한 요소의 하나가 될 수 있다. 간접민주주의 체제에서 선거공약은 유권자의 의사를 정치 엘리트에게 전달하는 매개가 되며, 선출된 공직자에게는 선거 후의 정책활동에 정통성을 부여하는 기능을 수행한다. 선거공약은 반드시 후보자의 정책적 선호를 직접적으로 표시하는 것이 아닐 뿐만 아니라, 규범적이거나 구체성이 낮은 모호함, 그리고 백과사전식 구성과 공약의 잦은 변질 등의 특성(송근원 2002) 때문에 선거공약을 보고 후보자의 정치적 신념을 전체적으로 정확히 이해하는 것은 불가능하다.

그러나 적어도 후보자 자신이 유권자에게 제시하여 마이너스 효과가 발생된다고 생각하는 내용은 제시하지 않는다. 선거공약에 언급되는 내용은 후보자가 지지를 확대하고 싶고 유권자에게 어필해야 한다고 생각하는 정책이 표출된다고 볼 수 있다. 따라서 후보자에 의한 유권자 측의 정책적인 수요인식, 또는 수요환기가 될 수 있으며, 더욱이 득표를 위한 목표를 제시한 것이라고 이해할 수 있다.

그러나 한국의 선거풍토에서 선거공약이 후보자와 유권자 간 신뢰의 상징으로서 자리매김하는 데에는 회의적인 입장이 팽배하다. 한국에서의 선거공약은 공약(空約)에 불과하다는 말이 유행할 정도로 큰 관심을 받지 못하고, 그렇다고 다른 후보들이 내세우는 데 나만 내세우지 않을 수 없는 장식품 정도에 불과하다는 평이 많다(월간중앙 1999. 8. 제285호; 주간조선 2000. 2. 17. 제1590호). 따라서 선거공약에 관한 선행연구는 다양하고 심도 있게 진행되지 못하고, 규범적 측면에서 정책선거를 유도하기 위한 방안을 모색하는 정도에 머무르고 있다. 그것은 내용 면에서의 신빙성이나 유의성, 또는 데이터 작성 절차 상의 신뢰성 등의 이유로 여러 가지 의문이나 비판이 선거공약 연구에 존재해 온 것이 사실이라는 것을 암시하고 있다.

그러나 선거공약은 몇 가지 점에서 중요한 의미를 지니고 있음을 부인할 수 없다. 첫째, 선거공약은 정치인이 필요가 있다고 간주된 정책과제이며, 공언할 필요성을 정치인이 느꼈다는 점에서 정치과정에서 중요한 의미를 지닌다고 할 수 있다. 단순히 정치인이 '~하고 싶다'고 하는 희망이 아니라 '~하지 않으면 안 된다'고 인식하고 있는 것이 이 연구에서의 분석대상이다. 바꾸어 말하면 선거공약은 선거 이전 상황에서의 정치적 수요와 함께 정치인이 인식하는 현안 목록이며, 선거 후의 정치 프로그램인 셈이다. 이러한 맥락에서 이 연구에서는 행정가이면서도 정치인인 광역자치단체장이 지방자치 실시 초기의 정치과정 속에서 어떤 정책공약을 정책과제로 생각해 오고, 또 그 특징은 무엇인지 고찰해 보고자 하는 것이다.

둘째, 정치과정에서 선거공약의 위치에 의미를 부여할 수 있다. 선거에서 정치인은 스스로의 생각과 유권자의 선호를 저울질하면서 공약을 표명하고, 유권자는 투표에 의해 하나의 정책대안을 선택하게 되고, 선거결과는 향후 정책 면의 기본방향과 그 정통성을 부여해 주게 되는 것이다. 즉, 유권자의 선호를 정치엘리트 간의 세력관계로 전환하는 결절점이 선거이며, 공약은 그러한 전환을 정책 면에서 담보하는 역할을 수행한다.

그러나 정치과정의 실증적 분석에서 축적되어 온 것은 주로 투표행태 연구와 엘리트 연구이며, 따라서 그 전환부분에 관한 규명은 크게 관심을 끌지 못해 왔다. 덧붙이면 종래의 투표행태에 관한 양대 조류인 사회심리학 모델(미시간 모델)과 합리적 선택 모델은 정책과정에서 유권자와 엘리트의 일방이 상대에 종속한다는 이론적 전제를 취하고 있어 양쪽 모두 이러한 전환의 과정을 무시해 왔다. 합리적 선택 모델에서 정치인은 유권자의 선호에 적응해 가는 마케팅 전문가이며, 미시간 모델에서는 심리적으로 연결된 유권자를 이끌어서 정책을 실현해 갈 지도자이다. 그러나 어느 모델도 극단적인 이상형인 한, 선거공약을 접점으로 현실을 소상히 분석해 나갈 필요가 있다고 하겠다.

셋째, 정치인의 자유로운 언설이라고 할 수 있는 선거공약을 정형화하여 실증 가능한 데이터화함으로써 공약연구에 대한 실증적 근거를 제공한다. 유권자가 그것을 어떻게 인식했는가 하는 '수용자의 효과' 문제를 별도로 한다면 이 연구의 데이터는 '송신자의 세계'를 직접적인 관찰대상으로 하고 있다. 이러한 점에서 한국의 지방자치단체장의 선거공약이 객관적 분석대상으로서 매력적인 대상이라고 할 수 있다.

이러한 맥락에서 이 장은 선거공약이 가지는 특징과 한계를 고려하면서 지방선거에서 공약이 갖는 정치적 의미와, 공약이 정치과정에서 수행하는 기능을 분석하는 데 목적이 있다. 구체적으로 한국의 선거에서 선거공약은 어떤 특성을 보이고 있으며, 선거공약은 정치과정에서 어떤 의미를 갖는가? 그리고 이러한 공약은 선거결과에 어떻게 영향을 미치는가? 등의 물음에 답하고자 한다.

연구의 대상은 2002년 실시된 광역자치단체장 선거공약을 분석대상으로 한다. 광역단체장 선거를 통하여 공약을 어떻게 인식하고, 그 특성은 어떠한가에 관한 분석은 지방자치제의 착근뿐만 아니라 중앙정치와 지방정치의 정치행태를 이해하는 데에도 중요한 시사점을 제공할 것으로 본다.

그리고 기존의 정당 차원의 분석수준을 후보자 차원으로 한층 더 심화함으로써, 그리고 후보자들의 공약을 과학적 분석을 위해 데이터화함으로써 선거공약 연구를 보다 심화할 수 있을 것으로 기대된다.

2. 선거공약 연구와 향후 과제

1) 선행 선거공약 연구의 검토

선거공약에 대한 선행연구들을 고찰해 보면, 정책공약이 의원 선거에서 역할을 하고 있다는 견해와 유권자에게 의미가 없다는 견해로 대립되고 있다. 전자의 견해는 의원 후보에 반대하는 것은 실질적인 정책대안을 제시하는 것이며(Backstrom 1977; Erikson and Wright 1985; Wright and Berkman 1986), 누가 승리하느냐는 제시된 공약의 차이에서 기인한다는 연구(Brady and Sinclair 1984; Wright 1986)에 의해 대표되고 있다. 최근에는 후보자, 정당, 이슈 변수 중 상대적으로 영향력이 적긴 하지만 이슈가 투표결정에 상당히 영향을 미친다는 연구가 나오고 있다(Aldrich *et al.* 1989; Page and Shapiro 1992). 그리고 집합적인 시계열 분석을 통해 경제상황과 대통령 업적평가를 통한 회고적 투표를 통해 한 선거에서 다음 선거로의 투표의 변화를 설명하는 연구가 있다(Hibbing and Alford 1982; Fiorina 1981; Erikson 1990; 이현우 1998). 후자의 견해는 유권자 강조점의 차이를 통해 설명하는 연구로 유권자가 가지는 후보자에 대한 관심은 경력, 업적, 접촉, 홍보활동 등에 주안점을 두고 정책문제는 부차적이라는 주장이다(Mann and Wolfinger 1980; Abramowitz 1980).

정당정책 연구에 있어 다운즈(Downs 1957)는 정당의 공약에 대한 기대효용치에 따라 유권자가 투표한다는 수리 모델을 제시한 이후 이에 대한 검증을 시도하였다. 한편 로버트슨(Robertson 1976)

은 '정당은 득표 최대화를 위하여 정책을 변경한다.'는 다운즈의 가설을 입증하고 있다. 또한 모든 민주주의 국가에서 정당공약의 내용을 분석하여 정당에 의한 공약 변경을 비교한 연구도 있다 (Budge, Hoffbert and Hearl 1987). 그리고 유권자가 선거를 통하여 정당과 후보자에게 위탁한 민의가 어떠한 형태로 유권자에게 다시 피드백(feedback)되고 있는가를 분석하기 위해 정당공약과 정부지출을 실증적으로 분석한 연구가 있다(小林 1997; Budge and Hofferber 1990). 아울러 일본에서는 선거제도 변화가 정치과정에 가져오는 변화를 정당의 공약을 통해 밝히려는 연구(品田 2000)가 나와 선거공약 분석의 과학화에 새로운 시각을 던져 주었다.

한국에서의 선거공약에 관한 연구는 정책선거로의 유도를 위해 중앙선거관리위원회의 지원을 받아 한국정책학회가 1997년 대통령 선거에서부터 매 선거 유권자의 선택을 돕고자 하는 취지에서 각 정당의 공약을 비교하여 제시해 왔다. 그리고 2002년 대통령 선거를 앞두고 시민단체들의 연대조직인 '대선유권자연대'가 3당의 후보자 공약을 분석하고 평가한 바가 있다. 아울러 제17대 총선을 앞두고 KBS와 경제정의실천연합이 독일의 정당정책 비교 프로그램인 공약평가 시스템(Wahl-O-Mat)[18]을 도입하여 유권자 공약평가 프로그램을 개발하여 제시한 바 있다. 그러나 한국정책학회의 공약평가는 정치적 중립성과 자료수집의 제약 등으로 각 정당이

18) 공약평가 시스템(Wahl-O-Mat)은 인터넷을 바탕으로 유권자가 선거기간 동안 정치 · 경제 · 사회 · 교육 등 사회적 이슈들에 대하여 자신의 견해와 정당의 정책 간의 차이를 비교하여 유권자의 선택에 도움을 주기 위한 목적으로 독일연방정치교육청에서 개발한 프로그램이다(신두철 2004, 85-87).

제시한 공약의 비교를 통하여 정당 간 차별성을 찾는 데 지나지 않고 있다. 아울러 시민단체의 공약평가는 먼저 시민단체가 한국 사회에 꼭 필요한 정책과제로 3대 청산과제와 10대 정책과제를 발표하고, 이것을 공약화할 것을 촉구하는 성격이 강하여 공약에 대한 객관적 분석이라고는 할 수 없는 한계가 있다.

이러한 공약평가의 연장선 상에서 공약분석을 위한 개념 틀과 기준 및 척도에 관한 연구(송근원 2002; 허범 1997), 공약토론에의 유권자 참여방안(허범 2002), 정책선거 실시방안을 다룬 연구(윤용희 2000)가 이루어졌다. 그리고 지방자치단체 차원에서 선거공약의 이행에 관한 평가를 예산지출과 연계하여 분석을 시도한 연구(박광국 외 2000; 김병식 2002)가 있으며, 각 선거에서의 선거 아젠다(agenda)를 분석한 연구(송근원 1990; 1994)가 이루어졌다.

따라서 기존의 연구는 정책선거를 위한 공약평가방법과 당위성을 강조하는 연구, 그리고 일부 지방을 분석대상으로 한 자치단체장의 공약이행을 평가하기 위한 공약과 예산지출 간의 관계를 분석한 연구, 그리고 선거에서의 정당 간 의제(agenda)를 다룬 연구에 한정되어 왔다. 좀더 넓은 범위에서는 투표행태 연구에서, 쟁점투표 차원에서 일부 선거쟁점이 후보 지지에 미친 영향을 연구한 논문들이 있을 뿐이다.

이처럼 기존 연구를 분석해 보면 한국에서의 선거공약에 관한 연구는 실로 미답의 영역이라는 것을 알 수 있다. 오늘날 대의제 민주주의에서 주인인 유권자는 정당과 후보자가 제시한 공약을 통해 자신의 선호를 표출하게 되고, 또 당선된 정치가와 정당이 제시한 공약과 산출된 정책을 비교함으로써 책임성을 부여해 주는 것이다. 즉 선거공약은 후보자의 당선을 위해서뿐만 아니라 유권자의 선택을 위한 하나의 중요한 판단의 준거, 나아가 당선 전 약속을 잘 지킬 수 있도록 이행 여부를 감시하는 시민통제의 확립 그리고 다음 선거의 선택을 위한 책임성의 확보에 중요한 지표가 될 것임은 부인할 수 없다.

아울러 선행연구 결과를 보면 점차 선거공약을 중시하는 경향이 강해지고 있는 추세에 있음을 밝히고 있다(박광국 외 2000, 92). 그리고 실제 민선단체장이 선거 당시 내세운 공약이 단순한 정치적 상징으로서의 공약(空約)이 아닌 진정한 의미의 공약(公約)이 될 수 있도록, 재정적 한계에도 불구하고 예산확보 등 상당한 노력을 기울이고 있는 것으로 나타났다. 따라서 자치단체장의 공약을 통한 지방자치단체의 정책정향을 고찰하고, 선거 메커니즘 속에서 공약의 의미와 특성을 고찰하는 것은 의미 있는 일일 것이다.

2) 연구과제

선거공약 데이터 분석을 통하여 한국 정치를 어느 정도 규정하는 변수나 변수 간의 관계를 규명할 수 있다고 생각한다. 그러나 선거공약 데이터 분석에 관해서 여러 의문이나 반대가 쉽게 예상된다. 예를 들면 선거공약에는 차별화가 이루어지지 않아 분석의 의미가 없을 뿐만 아니라 시사점도 찾을 수 없다는 것이다. 정치인은 당선되기 위해 사람들의 귀에 거슬리는 주장을 하지 않을 것이고, 많은 사람들에게 호평받을 수 있는 것을 늘어놓는다고 보기 때문이다. 여기에는 두 가지의 의미가 고찰될 수 있다. 하나는 정치가의 공약은 어떤 것이라도 유사하거나 한 가지로 수렴되어 결과적으로 큰 차이가 없다는 것이다. 그러나 이러한 주장이 오히려 필자가 규명하고 싶은 문제이다. 단순한 추론이 아니라 진정으로, 후보자별 차이가 없다고 말할 수 있을까? 유사함이나 수렴현상이 나타나는 경우 "여기에는 어떤 패턴이 있는 것은 아닐까? 관찰로부터 어떤 이론적 함의가 도출될 수 있을까?"라는 점에 필자는 관심을 갖고 있다.

위 언설의 또 하나의 의미는 선거공약에는 많은 것이 응집되어 정치가의 진정한 생각이나 다루고자 하는 정책의 우선순위를 바르게 설정할 수 없다는 것이다. 확실히 정치가 자신의 '진정한 선호순위'를 아는 것은 인터뷰나 앙게이트 조사를 하지 않는 한 어렵다. 이 점에 관해서 필자는 선거공약은 정치가가 언급할 필요가 있다고 간주한 정책과제이며, 그 자체로 데이터화할 의미가 있다고 생각한다. 공언할 필요성을 정치인이 느꼈다는 점에서 공약내용의 하나하나는 동등하게 얼마간의 의미를 가지고 있다.

앞선 제2장 4절의 **그림 2-1**을 통해 설명된 것처럼 공약이 정치과정에서 수행하는 기능은 정당과 정치인의 공약제시, 투표에 의한 시민의 위임, 선거시 선호표출을 통한 책임성 추궁, 시민단체의 공명선거 감시활동, 선출기관의 정책으로 산출 등의 요소가 상호작용하여 대의민주주의를 수행하는 것이다. 따라서 선거공약은 대의민주주의의 시작이자 끝이라 할 수 있으며, 그 본질적 기능을 회복하는 것이 한국의 정치발전을 위한 하나의 과제가 될 것이다.

이러한 인식 위에서 위의 연구목적을 구체화하기 위하여 구체적으로 다음과 같은 내용을 살펴하고자 한다. 첫째, '후보자들은 어떤 공약을 내걸고 있는가?'라는 문제를 규명하기 위해 '선거공보'와 '소형 인쇄물'의 내용분석을 통해 객관적인 분석을 가능하게 하는 데이터를 작성하여 정책내용과 정책대상별 개요를 파악해 보고자 한다. 아울러 선거과정에서 그러한 공약이 의미하는 정치적 함의를 분석한다.

둘째, 그러한 공약은 무엇에 의해 결정되는가? 도시화 등 선거구 특성, 소속정당 등 여러 가지 요인들 속에서 공약은 어떤 요인들에 의해 영향을 받는가? 이러한 의문에 대해서 광역단체장 공약을 분석함으로써 그 일단을 밝혀 보고자 한다.

셋째, 공약은 무엇에 영향을 미치는가? 기존의 논의와 같이 공약이 유권자에게 전혀 영향을 미치지 못하는 장식품인가, 아니면 후보자 간 공약의 차이가 선거 결과를 좌우하는 것일까? 이에 대한 해답을 찾기 위해서는 후보의 당락과 정책내용과의 교차분석을 통해 그 속에 어떤 차이가 있는지 고찰해 보고자 한다.

3. 무엇을 어떻게 분석할 것인가?

선거공약은 후보와 소속정당이 당선을 목적으로 국민에게 제시한 모든 약속을 말하므로, 그것은 매우 다양한 장소와 기회에, 매우 다양한 경로를 통하여, 매우 다양한 형식과 내용으로 표현된다. 여기서 문제는 객관적인 분석을 위해 어떤 자료를 어느 특정의 포맷에 수록해 통일적으로 분석하는 것이 과연 가능한지 여부에 있다.

필자는 선거공약 데이터로서 '선거공보'와 '소형 인쇄물'을 채택하였다. 각 후보자의 공약을 명확히 하는 것으로는 신문기사 등을 생각할 수 있지만, 이것은 다루는 범위나 내용이 일률적이지 않고, 비교 가능한 공통의 포맷도 없고, 각 신문사의 게이트 키핑(gate-keeping) 기능으로 회사의 방침이나 의도가 반영되고 있는 등 분석에 적합하지 않는 한계가 있다. 그러나 선거공보와 소형 인쇄물은 선거관리위원회를 통하여 전 가구에 배포되기 때문에, 후보자 진영에서는 타 후보와 비교될 수 있다는 점에서 전하고자 하는 메시지에 관심을 갖게 된다. 따라서 여기에는 후보자 진영이 제시하는 중요한 선거공약이 빠짐없이 제시되어 있다고 볼 수 있다.

선거공보 속에 필자가 문제로 다루는 것은 정책에 관한 언급이다. 따라서 홍보물 중 후보자 홍보문구나 학・경력 부분을 제외하고, 정책과 구체적 약속 부분을 선거공약으로 데이터화하였다. 구체적으로 각각의 정책에 관한 주장을 그 대상・내용(분야)・방향(찬반)으로 코드화함으로써 다양한 선거공보도 거의 통일된 포맷의 분석 가능한 데이터로 만드는 것이 가능하다. 데이터에 포함되는 변수는 선거구 번호, 선거 실시연도, 후보자 소속정당, 연령 등의 개인정보, 득표 상황, 당락, 신인・현직 구분 등 선거에 관한 정보, 각 선거구의 사회경제적 상황(인구 비율 등)을 포함하여 정책도 그 대상, 분야, 방향으로 나누어 코드화하여 입력하였다.

선거공보에는 특정의 서식은 없고 각 후보자는 자유롭게 그 지면을 활용할 수 있다. 그 속에는 자신의 득표 극대화를 위한 전략이 녹아 있다. 신인은 경력보다는 참신함이라는 이미지를, 업적보다는 비전에 무게를 두게 될 것이고, 현직자는 그 반대의 경우를 상정할 수 있을 것이다. 그러나 일반적으로 어느 정치인이 정책을 주장하여 공약하는 경우에는, '그 정책의 대상은 어떤 사람들일까? 어떤 분야의 정책일까? 그 정책을 어느 방향으로 가져가려 하고 있는가?'라는 3가지 관점에서 성격을 부여하는 것이 가능하다. 정책에는 대상·분야·방향성이 있다는 것이다. 즉 선거공약은 가장 간단한 형태로 생각해 보면 '나는 ○○의 여러분에게 □□을 ◇◇할 것을 약속합니다'의 형태로 정리될 수 있다. 정치인의 공약이기 때문에 주어와 술어는 대체적으로 비슷하다. 문제는 ○○(정책의 대상)·□□(정책의 내용)·◇◇(정책의 방향)의 배치이다. 여기에 각각의 "정책대상번호", "정책분류기호", "정책찬반기호"의 코드를 발행하는 것으로 하였다. 복수의 코드를 조합해 전달하는 정보를 다소라도 입체화하려 했던 시도는 노동자의 발언을 3행의 숫자로 조합해 코드화한 Gamson(1992)에게서 볼 수 있다.

'정책대상'으로는 일반적으로 유권자로 명명되는 매우 넓은 범주에서부터 고령자, 청소년, 농어업종사자 등과 같이 연령, 성, 직업 등으로 범주화된 그룹까지 다양하다. 또한 대기업, 지역(지역공약) 등 인간 이외의 것도 있다. 실제에는 특히 대상을 특정하지 않고 막연하게 호소하는 공약도 많다. '노동자'와 '근로자·샐러리맨' 또는 '국민'과 '시민' 등과 같이 후보자의 이데올로기나 정당의 노선으로 인하여 용어의 쓰임새가 달라지는 것에 관해서는 해당하는 단어가 사용되고 있는 대로 엄밀히 코드를 발행했다.

코드의 각 값에 대응하는 정책대상의 여러 유형은 두 개의 기준에서 준비되었다. 하나는 용어의 쓰임새 등의 연구관심으로부터 장래의 분석에 이용하는 것을 상정한 경우이며, 두 번째는 실제로 빈번히 나오는 단어 · 개념을 포착한 경우이다.

'정책분류기호'는 각각의 정책분야와 내용을 나타낸다. 정치인이 말하는 공약의 범위는 다양한 분야에 이르고 있고, 자치단체장 선거 공약이지만 전국적인 정치문제가 제기되면 지방선거가 전국화되기 일쑤이다. 논문에서는 이런 다양한 정책군을 먼저 큰 분야로 나누고, 다음으로 그 중에 세분화하는 2단계 분류를 행하기로 했다(정책코드 분류는 **부록** 참조).

'정책찬반기호'는 후보자의 정책에 대한 입장(찬성 · 반대, 추진 · 변혁)을 표시하는 기호이다. 소비세에 관해 언급하는 후보자는 많지만, 소비세 폐지와 인하, 그리고 유지에는 큰 차이가 있다. '정책대상번호'와 '정책분류기호'만으로는 양자의 구별이 가능하지 않고, 같은 분류로 될 가능성이 있기 때문에 '정책찬반기호'가 필요하게 된다. 그러나 이 장에서는 정책 찬반이 뚜렷하게 구분되는 항목이 없어 문제 제기만 하고 분석에는 반영하지 않았음을 밝혀 둔다. 특히 홍보물을 통해서는 논쟁적이거나 이해당사자가 분명히 존재하는 정책에 대해서는 선호를 분명히 드러내지 않는 것을 알 수 있었다. 실제의 경우 정치인은 그 정도로 논쟁을 좋아하지 않고, 입장을 분명히 하지 않는 쪽이 많다. 교육정책이 중요하다고 지적하지만, 현재의 제도로 좋다는 것인지 바꾸고 싶다는 것인지 분명히 하지 않는 예는 드물지 않다. 그 외에도 국가보안법 문제와 같이 모두 언급은 하지만 미묘한 표현방법의 차이로 각기 뉘앙스를 달리하는 경우가 많기 때문에 이에 대해서도 향후 후속논의가 필요할 것이다.

4. 무엇이 어떻게 다른가?

1) 분석대상

먼저 조사대상으로 선정된 광역단체장 후보자는 전체 54명이다. 시 · 도별로는 서울 6명, 부산 3명, 대구 2명, 명천 5명, 광주 6명, 대전 4명, 울산 3명, 경기 3명, 강원 2명, 충북 3명, 충남 2명, 전북 3명, 전남 4명, 경북 2명, 경남 3명, 제주 3명의 후보자가 분석대상에 포함되었다. 이들 후보를 선수별로 분류해 보면, 신인이 44명, 초선이 4명, 재선이 6명으로 나타나 신인이 압도적으로 많음을 알 수 있다. 한편 연령별로는 20대 1명(1.85%), 30대 3명(5.56%), 40대 11명(20.37%), 50대 16명(29.63%)으로 나타났으며, 60대가 23명으로 전체의 42.59%를 차지하는 것으로 나타났다.

분석에 포함된 후보를 정당별로 나누어 보면, 한나라당 16명, 새천년민주당 10명, 자민련 3명, 민주국민당 1명, 민주노동당 7명, 사회당 3명, 녹색평화당 2명, 무소속 12명으로 나타났다. 당시의 야당인 한나라당은 전국에 고르게 후보를 낸 반면, 여당인 새천년민주당은 지역에 따라 후보를 내세우지 못한 지역이 많음을 알 수 있다. 이에 반해 민주노동당, 사회당, 녹색평화당 등 진보적인 정당의 후보 공천이 활발했음을 알 수 있다. 이것은 한편으로 지방선거에서의 이념 대결의 단초를 제공했다고도 볼 수 있다.

2) 선거공약 개요

먼저 전체 정책공약의 노출 빈도를 살펴보자(공약의 분류 및 세부 빈도는 **부록 1** 참조). 정책공약을 내용별로 분류해 보면, **표 8-1**에서 보는 바와 같이 경제·산업(13.3), 건설·교통(11.9), 문화·관광(11.2)의 순으로 나타나 지역의 개발과 성장에 비중을 두고 있는 것을 알 수 있다.

다음으로 자치행정(9.3)이나 정치(8.2) 같은 비생활영역의 정책 또한 강조되고 있는 것을 알 수 있다. 그러나 보건·복지(9.1), 농림수산(8.4), 교육(8.4) 등과 같은 복지 및 생활 쟁점들은 개발이

표 8-1. **정책 내용 개요**

구 분	빈 도	퍼 센 트
정치	58	8.2
자치행정	66	9.3
문화·관광	79	11.2
농림수산	59	8.4
건설·교통	84	11.9
경제·산업	94	13.3
교육	59	8.4
보건·복지	64	9.1
노동	37	5.2
환경	51	7.2
여성	55	7.8

나 성장을 강조하는 정책보다 노출 빈도가 낮음을 알 수 있다. 그러나 여성(7.8), 환경(7.2) 등의 탈물질적 가치를 내포하는 정책은 대체로 비중이 낮게 나타나고 있다. 끝으로 노동(5.2)에 대한 언급 빈도가 가장 낮음을 알 수 있다.

다음으로 정책공약의 대상별 노출 빈도를 알아보자(공약대상의

표 8-2. 정책대상별 공약

대 상	빈 도	퍼 센 트
국민	11	1.56
시민	357	50.57
서민	5	0.71
소비자	1	0.14
주민	37	5.24
고령자	19	2.69
여성	48	6.80
어린이 · 청소년(교육)	49	6.94
청소년(직업)	22	3.12
장애인	11	1.56
저소득층	14	1.98
노동자	10	1.42
근로자(샐러리맨, 직업인)	2	0.28
근로여성	8	1.13
중소기업	22	3.12
농어민	62	8.78
대기업	1	0.14
상점가	8	1.13
사회적 약자	11	1.56
벤처기업	3	0.42
기타	5	0.71

분류는 부록 2 참조). 표 8-2에서 보는 바와 같이 정책대상별로 보면, 시민을 대상으로 한 일반적인 공약이 전체의 50.57%를 차지하는 것으로 나타나 가장 높은 것을 알 수 있다. 다음으로 빈도수가 높은 대상집단은 농어민(8.78%), 어린이·청소년(교육)(6.94), 여성(6.8) 집단을 들 수 있다. 그 외에도 광역단체장 후보들은 해당지역 주민을 대상으로 한 공약(5.24), 청소년 직업문제(3.12), 중소기업(3.12), 고령자(2.69)를 대상으로 한 정책에 관심을 가지고 있는 것을 알 수 있다.

그 외에도 소외계층에 대한 특별한 관심을 표명하고 있는 경우가 나타나고 있다. 저소득층(1.98)·장애인(1.56)·교통유가족·소년소녀가장·독거노인 등 사회적 약자(1.56), 노동자(1.42)와 근로여성(1.13) 등에 대한 관심을 표명하고 있는 것을 알 수 있다.

여기까지는 선거공약에서 제시된 개별정책 영역으로부터 그 내용과 대상을 중심으로 개요를 고찰하였다. 다음에서는 2002년 지방선거 공약을 구성하는 잠재적 요소를 추출하기 위해 큰 범주의 공약에 대한 언급 빈도를 이용하여 요인분석(factor analysis)을 통해 고찰해 보고자 한다. 요인분석은 태도나 행태 혹은 현상을 측정하는 다양한 변수들을 몇 개의 요인으로 단순화시켜 주는 통계적 분석기법이다.[19] 즉, 공약을 제시하는 입장에서는 지면이

19) 요인분석은 독립변수와 종속변수가 지정되지 않고 변수들 간의 상호작용을 분석한다는 점에서 다른 다변량 분석방법과 차이를 보인다. 요인분석은 주로 많은 변수들 중에서 신뢰할 수 있고 해석 가능한 잠재적인 요인의 수를 파악하거나, 공통된 특성을 가진 변수들을 잠재적인 요인으로 묶어가는 과정을 통해서 정보를 요약하고 변수들 사이에 내재되어 있는 구조를 발견하기 위해 사용한다.

한정되어 있기 때문에 하나의 정책 이슈를 더 많이 강조하면 다른 공약을 위한 공간은 줄어들 수밖에 없다. 따라서 후보자들이 내세운 정책공약 사이에 강조점 차이를 상관관계를 통해 살펴보면 특정 분야 간에는 높은 상관을 보이는 반면, 특정 분야의 정책 간에는 낮은 상관관계를 보이는 경우가 있다. 따라서 이러한 정책내용에 있는 모든 쟁점이 단일차원으로 강하게 결속되었다고는 말할 수 없다. 따라서 이러한 공약내용 간의 강조점 차이를 통해 정책내용 간의 높은 상관을 가진 묶음들이 하나의 독자적 차원을 형성하는 것은 아닐까에 대해 요인분석을 통해 알아보고자 한다. 분석은 최초에 주성분 분석(principal component analysis)을 통해 요인을 추출한 후 베리멕스 회전(varimax rotation)을 통해서 몇 가지 차원을 추출하고 그 성분 행렬을 검토하였다. 이 연구에서는 고유값(eigen value)이 1.0보다 큰 경우의 요인을 통계적으로 유의미하게 추출되었다고 판단한다. 분석 결과 위 기준을 충족하는 4개의 요인축이 추출되었다(표 8-3 참조).

제1요인으로는 정치·자치행정과 교육·보건복지 정책을 나타내는 축이다. 전자를 정치쟁점이라고 한다면 후자는 생활쟁점이라고 부를 수 있을 것이다. 따라서 이 요인은 '정치·생활 쟁점' 요인이라고 부른다. 그러나 이러한 두 가지 쟁점은 서로 대립하지 않고 양자가 같은 양의 부호(+)를 나타내고 있는 것으로 나타났다. 즉, 2002년 지방선거에서는 김대중 대통령의 친인척 비리와 민주당 대통령 후보 선출 등과 관련하여 지방선거임에도 불구하고 생활쟁점뿐만 아니라 정치쟁점도 크게 부각되었다는 점에서 이해될 수 있다. 특히 2002년 12월 실시될 대통령 선거를 앞둔

표 8-3. 공약내용 요인분석 결과

구 분	제1요인	제2요인	제3요인	제4요인
정 치	.863	−.122	.139	.269
교 육	.859	−2.07E−02	.193	9.364E−02
자치행정	.787	.297	−.439	−.179
보건복지	.598	−.279	.188	−.214
건설교통	−.120	.877	−8.10E−03	−1.74E−03
문화관광	.535	.721	−.159	.110
농림수산	.454	−.650	−.518	−.246
노 동	.483	−.569	.450	.344
경제산업	.130	−.208	.920	3.716E−02
여 성	.152	.227	.674	−.392
환 경	8.221E-02	8.759E−02	−6.82E−02	.916
고 유 값	3.247	2.320	2.086	1.345

* 설명률: 81.79%.

전초전으로서의 성격과 함께 중앙당의 대리전으로서의 정치적 의미를 강조함과 아울러, 생활정치 본연의 지방선거의 의미도 함께 강조하고 있음을 알 수 있다.

제2요인에는 건설교통 · 문화관광 정책과 농림수산 · 노동정책이 대립하고 있는 것으로 나타났다. 전자는 개발과 성장을 압축하는 쟁점이라면, 후자는 경제적 약자인 농어민과 노동자를 대상으로 하는 복지와 분배의 쟁점이라고 할 수 있다. 따라서 이 요인은 '성장 · 분배 쟁점' 요인이라고 부른다. 이 요인에서는 전자가 양(+)의 부호를, 후자가 음(−)의 부호를 띠고 있으며, 이는 성장쟁점과 분배쟁점이 대립하고 있다는 것을 보여주고 있다. 성장과 분배는 전통적인 이념 스펙트럼 상의 보수·진보의 중요한 준거기준이 되고 있음을 감안할 때 지방선거의 공약을 통해서도 나름대로 이념적 대립의 단초가 발견되고 있다는 것을 말해 준다고 볼 수 있다.

제3요인은 경제산업정책과 여성정책을 나타내는 축이다. 경제산업정책이 개발을 상징한다면 여성정책은 참여가치를 상징한다고 볼 수 있으며, 이는 또한 물질적 쟁점과 비물질적 쟁점의 축으로 이해할 수 있다. 따라서 이 요인은 '물질-비물질 쟁점(개발참여)' 요인이라고 부른다. 그러나 이 두 가지 문제는 양자가 양(+)의 부호를 나타내고 있어 광역자치단체장 선거에서는 대립쟁점이 아니라 양자를 모두 강조하고 있으며, 이들 정책 간에 강조에서의 상관이 발견되고 있다는 것을 알 수 있다. 이러한 요인의 추출은 지방화 시대에 걸맞는 지역의 경제산업 발전전략을 추진하여 지역발전 비전을 제시함과 아울러 지역발전에 여성의 참여를 확대하겠다는 뜻으로 해석할 수 있다. 이러한 여성참여를 강조하게 된 배경은 민주화 이후 지속적으로 여성의 정치참여가 확대되고 이들의 정치적 영향력이 확대된 결과, 여성 유권자들을 의식하고 이들의 참여확대 요구를 수렴한 것으로 이해할 수 있다.

제4요인에서는 환경정책이 추출되었다. 환경정책은 후기산업사회의 탈물질주의적 가치를 상징하는 쟁점으로 하나의 독자적 요인축을 이루고 있다. 이제 환경정책은 중앙정부 차원만의 문제가 아니라 지방정부 차원에서도 하나의 독자적 정책영역으로 부상하고 있으며, 이는 다른 정책내용들과는 달리 광역자치단체장 후보들이 강조하는 하나의 독자적 영역을 구축하고 있음을 의미한다.

이처럼 일견 번잡하게 보이는 광역자치단체장의 선거공약에도 그 배경에는 몇 개의 요인축이 발견된다는 것을 알 수 있다. 이러한 발견은 그 동안 공약의 차별성이 없어 분석의 필요성이 없을 것이라는 주장에 대립되는 것이며, 향후 공약의 중요성을 부각하는 새로운 시각을 제공한다는 점에서 주목된다. 그러면 이러한 요인축이 정치적으로 어떠한 의미를 지니고 있는지 알아보자. 이러한 축은 선거공약의 내용에서 언급 빈도의 패턴을 추출한 것이지만, 그 패턴이 어떠한 정치적 차이 또는 대립으로부터 생겨났는지를 고찰하는 것은 각 요인축의 성격을 좀더 잘 이해하는 데 도움을 줄 것이다. 이러한 측면에서 이하에서는 여야 또는 보수·진보의 이념 상의 차이와 정당공약의 내용과의 관계를 보다 구체적으로 검토해 보고자 한다.

3) 선거공약과 정당 및 후보자 요인

그 동안 한국의 선거과정은 정책대결을 이루지 못하고 금권·관권선거나, 지연·혈연·학연에 의존하는 연고주의 선거를 벗어나지 못했다. 이러한 맥락에서 각 정당은 정책적 차별화를 통해 경쟁하기보다는 손쉬운 지역주의 등에 호소하기 일쑤였다. 2002년 지방선거에서 정당 간 정책공약의 차이는 어떻게 나타나고 있는지 고찰해 보자. 먼저 주요 정당인 한나라당, 새천년민주당, 그리고 민주노동당의 공약내용의 차이를 교차분석을 통해

표 8-4. 주요 정당별 정책공약의 차이

구 분	정치	자치행정	문화관광	농림수산	건설교통	경제산업	교육	보건복지	노동	환경	여성	전체
한나라당	14	19	33	23	35	35	18	19	12	19	17	244
민주당	7	11	13	13	13	20	10	10	5	10	9	121
민노당	8	11	4	6	9	7	6	8	8	3	10	80
$\chi^2(p)$	19.637(p=.481)											

알아보았다. 분석 결과(표 8-4 참조) 주요 정당의 정책공약의 차이는 통계적으로 유의미한 차이를 보이지 않고 있음을 확인할 수 있다(p>.05). 이러한 정책적 차별성의 부재는 한나라당과 새천년민주당을 비교하면 더욱 두드러지게 나타난다(χ^2=2.12; p=.995).

실제 요인분석 결과에서도 알 수 있듯이 정치쟁점과 생활쟁점 모두를 강조하고 있으며, 개발쟁점과 참여쟁점, 그리고 탈물질주의적 가치 등에 있어서는 뚜렷한 대립적 요소를 발견할 수 없었다. 그러나 2번째 축으로 추출된 성장과 분배의 쟁점은 뚜렷한 대립양상을 보여주고 있다. 이러한 현상은 IMF 외환위기 이후 한국사회 양극화의 심화로 기존의 정치·안보 영역을 중심으로 전개된 이념대립이 경제·사회 영역으로 확산되었다는 점과 2002년 민주당 대통령 선거 후보자 선정과정에 이념성이 강한 노무현 후보의 등장, 그리고 진보적인 민주노동당의 활약이 빚어낸 결과로 분석할 수 있을 것이다. 실제 2002년 1월 이후 2004년 5월에 이르기까지 한국사회의 이념적 분화현상이 두드러지고 있고, 그 동안의 중도적인 성향의 사람들이 학습을 통해 대안적 위치로 이동함으로써 진보세력이 크게 확산된 것을 보여주고 있다는 점에서도 알 수 있다(이현출 2004b).

이러한 맥락에서 보수정당과 진보정당 간 선거공약의 차이가 있는지 알아보았다. 여기에서는 광역자치단체장 선거에 참여하여 후보를 낸 정당들 중 한나라당, 새천년민주당, 자민련, 민주국민당은 보수정당으로, 그리고 민주노동당, 사회당, 녹색평화당은 진보정당으로 분류하여 이들 간의 정책내용의 차이를 교차분석을 통해 고찰하였다. 분석 결과(표 8-5 참조), 점근유의확률이 .059로 나타나 통계적으로 유의미한 수준에 이르고 있는 것을 알 수 있다.

정책내용을 보면 진보정당의 경우에는 정치·자치행정 분야에서 보수정당에 비해 언급비율이 높고, 나아가 보건복지·노동·여성 등의 영역에서 보수정당보다 언급 비율이 높은 것을 알 수 있다. 이것은 한편으로 한국의 진보이념이 보수이념의 대안부재 혹은 대안창출의 실패에 대한 정치적 공세라는 측면과, IMF 위기 이후 신자유주의와 시장경제 운용의 전 사회적 확대로 실질적인 사회적 불평등이 확대되고 기존 재벌 중심의 경제정책에 대한 비판으로 성장과 복지에 대한 이념의 균열이 태동했다고 볼 수 있다. 이러한 사회적 균열의 정치적 반영이 공약으로 표출

표 8-5. 보수·진보 정당 간 정책공약의 차이

구분	정치	자치 행정	문화 관광	농림 수산	건설 교통	경제 산업	교육	보건 복지	노동	환경	여성	전체
보수	35(7.01)	45(9.02)	57(11.4)	47(9.42)	62(12.4)	70(14.0)	40(8.0)	42(8.4)	26(5.2)	37(7.4)	38(7.6)	499
진보	18(13.4)	16(11.9)	9(6.72)	7(5.22)	15(11.1)	11(8.2)	10(7.4)	15(11.1)	12(8.9)	8(5.9)	13(9.7)	134
$\chi^2(p)$	17.778(p=.059)											

표 8-6. 지역별 정책공약의 차이

구분	정치	자치행정	문화관광	농림수산	건설교통	경제산업	교육	보건복지	노동	환경	여성	전체
광역	34(9.9)	35(10.2)	35(10.2)	8(2.3)	42(12.2)	40(11.6)	29(8.4)	38(11.0)	23(6.7)	28(8.1)	31(9.0)	343
도	24(6.6)	31(8.5)	44(12.1)	51(14.0)	42(11.5)	54(14.8)	30(8.2)	26(7.1)	14(3.8)	23(6.3)	24(6.6)	363
$\chi^2(p)$	41.720(p=.000)											

되었다고 이해할 수 있다.

다음으로 광역시와 도(道)지역 간의 공약의 차이를 알아보자. 서울과 광역시의 경우에는 건설 · 교통(12.24%), 경제산업(11.66%), 보건복지(11.08%), 자치행정(10.20%), 문화관광(10.20%) 등의 순으로 비중을 차지하고 있는 반면에, 도지역의 경우에는 경제산업(14.88%), 농림수산(14.05%), 문화관광(12.12%), 건설교통(11.57%) 등의 순으로 나타나 대조를 이루고 있다. 양자 공히 건설교통 · 경제산업 · 문화관광 등 개발정책을 강조하고 있는 점에서는 공통적이나, 도시의 경우에는 보건복지와 자치행정 분야도 동시에 강조하고 있는 반면에 도지역에서는 농림수산 분야를 강조하고 있어 기본적으로 개발분야에 치중하고 있음을 알 수 있다. 특히 도 지역에서는 정치, 자치행정, 보건복지, 노동, 환경, 여성 등 정치쟁점과 복지쟁점에 특별시나 광역시보다 상대적으로 비중을 덜 두고 있는 것을 알 수 있다. 그리고 이러한 차이는 통계적으로 유의미함을 알 수 있다 (p<.001).

다음으로 정책공약이 선거결과에 영향을 미치는지 여부를 알아보기 위해 당선자와 낙선자로 나누어 정책공약의 차이를 알아보았다. 분석 결과(표 8-7 참조)는 지금까지의 일반적인 예측과 같이 정책공약 내용과 당락과는 통계적으로 유의미한 차이를

표 8-7. 당락 여부와 정책공약

구분	정치	자치 행정	문화 관광	농림 수산	건설 교통	경제 산업	교육	보건 복지	노동	환경	여성	전체
당선	18(6.5)	22(7.9)	36(13.0)	24(8.6)	35(12.6)	41(14.8)	20(7.2)	23(8.3)	14(5.0)	21(7.5)	23(8.3)	277
낙선	40(9.3)	44(10.2)	43(10.0)	35(8.1)	49(11.4)	53(12.3)	39(9.0)	41(9.5)	23(5.3)	30(6.9)	32(7.4)	429
$\chi^2(p)$	6.208(p=.797)											

나타내지 못하고 있음을 알 수 있다(p>.05).

기존에 지역주의적 선거구도가 정착되어 있고, 지방선거가 중앙정치의 대리전 양상을 보이고 있는 마당에 정책공약이 당락에 영향을 미치리라고는 예측할 수 없었다. 따라서 후보자로서도 백화점식으로 주요 정책을 나열하게 되고, 유권자로서도 실천을 담보한 약속으로 보지 않는 선거전의 장식품 정도로 전락해 왔다고 볼 수 있다. 이러한 측면에서 영국과 일본의 선거에서와 같이 매니페스토 선거가 정착되지 않는 한 정책공약이 선거의 당락에 영향을 미치기는 어려울 것이다.

이 장에서는 2002년 광역자치단체장 선거를 대상으로 지방선거에서 공약이 갖는 정치적 의미와 정치과정에서 수행하는 기능을 고찰하고자 하였다. 구체적으로 광역자치단체장 후보는 어떤 공약을 내걸고 있으며, 그러한 공약의 배후에는 어떠한 요인축이 존재하는지 요인분석을 통하여 고찰하였다. 그리고 각각의 요인축이 갖는 정치적 함의와 배경을 분석하였다. 아울러 선거공약의 차이가 존재하는지 여부를 정당별, 보수 · 진보 이념별, 지역별, 당락 여부와 공약내용의 차이와의 관계를 교차분석을 통하여 분석하고 그 결과가 갖는 정치적 함의를 고찰하였다.

분석 결과 광역단체장 후보들은 공약내용에서 경제산업, 건설 교통, 문화관광 등 개발과 성장에 비중을 많이 두고 있는 것으로 나타났다. 그리고 지방선거임에도 불구하고 자치행정이나 정치 영역에도 비중을 두고 있어 지방정치의 중앙화 경향도 볼 수 있었다. 정책대상별로는 전체 공약 중 시민, 국민 등 일반인을 대상으로 한 공약이 52%에 달하고 있어 가장 많은 것으로 나타났다. 다음으로 특정 대상을 상대로 한 공약으로는 농어민, 어린이 · 청소년, 여성 등이 높은 비중을 차지하고 있는 것으로 나타났으며, 저소득층이나 소외계층을 대상으로 직접 관심을 표명한 공약도 일정하게 노출되고 있음을 알 수 있었다.

다음으로 선거공약에 대한 요인분석 결과 정책공약의 기저에 정치쟁점과 생활쟁점, 성장쟁점과 분배쟁점, 물질적 쟁점과 비물질적 쟁점, 탈물질주의 가치쟁점 등 4개의 요인축이 발견되었다. 이러한 요인축 속에서도 성장과 분배 쟁점은 서로 대립하고 있는 것으로 나타났으며, 이는 지방선거에 이념적 대립의 단초가 나타나고 있음을 말해 주는 것으로 이해할 수 있다. 따라서 기존의 선거공약에 대한 평가에서처럼 공약이 선거과정의 장식품에 불과하다는 통념을 넘어 공약의 기저에 이념적 대립이 깔려 있다는 것을 말해 주고 있어 공약에 대한 새로운 시사점을 제공해 주고 있다. 이러한 경향은 제17대 총선에서의 민주노동당의 원내진출과 이념대립의 다원화로 더욱 가속화될 것으로 전망할 수 있다.

그리고 선거공약의 차이는 어디에서 도출되는지 알아보기 위해 정당, 이념, 지역과의 교차분석을 통해 고찰해 보았다. 분석 결과 한나라당, 새천년민주당, 민주노동당 등 주요 정당 간의 정책의 차이는 통계적으로 유의미한 차이를 보이지 않았다. 다만 후보가 소속된 정당에 따라 보수정당과 진보정당으로 양분하여 고찰해 본 결과 그 차이는 통계적으로 유의미한 수준으로 접근하고 있었다. 이러한 결과는 요인분석에서 성장쟁점과 분배쟁점의 대립에서와 유사한 결과로 해석할 수 있을 것이다. 그리고 선거공약은 특별시, 광역시와 도지역으로 구분하여 고찰해 본 결과 통계적으로 유의미한 차이를 보였다. 그러나 그 외의 요인과는 유의미한 차이를 보이지 않는 것으로 나타났다. 아울러 선거공약이 당락에 영향을 미치는지에 대해 분석한 결과도 유의미한 차이가 나타나지 않음을 알 수 있었다.

이러한 분석은 광역자치단체장 선거를 대상으로 하였음에도 정당공약의 이면에 존재하는 4가지 차원을 추출할 수 있었고, 또 그 속에는 진보 · 보수의 이념대립이 기저에 존재한다는 것을 확인할 수 있었다. 따라서 향후 국정선거에도 대상을 확대하여 분석할 때 보다 의미 있는 발견을 도출할 것으로 기대된다. 아울러 이 연구는 종래의 정당 차원의 비교 공약 분석수준을 넘어 대상, 내용별로 공약자료를 코드화함으로써 다양한 선거공보와 소형 홍보물을 거의 동일한 포맷으로 분석이 가능하도록 데이터화하는 것이 가능해짐으로 인해 방법론적으로 실증분석의 가능성을 앞으로 확대하는 계기가 될 것으로 판단된다.

또한 선거공약 연구는 민주주의의 지평을 넓히는 데에도 기여할 것으로 판단된다. 기존의 선거연구는 주로 "누가 누구에게 투표하는가?"라는 문제에 답하기 위하여 다양한 연구가 진행되어 왔다. 그러나 이러한 연구에 의해 설명된 선거 결과가 어떠한 형태로 유권자에게 피드백(feedback)되어 가는지에 관해서 거의 설명되지 않고 있다. 대의민주주의 메커니즘의 작동을 위해서는 반응성과 책임성의 확보가 중요하다고 할 때, 선거공약은 이러한 유권자의 요구에 대한 반응인 동시에 차기선거의 책임성 확보를 위한 기본전제가 되는 것이다. 따라서 선거공약 연구는 한국의 대의민주주의가 기대에 맞게 본래의 기능을 다하고 있는지 여부를 검증해 보는 중요한 의미를 지닌다. 향후 공약평가의 과학화를 통하여 정책선거를 유도할 것으로 기대된다.

그러나 이 장에서는 선거공보와 소형 홍보물에 등장하는 큰 제목과 작은 제목, 본문 등에 대해 다양한 방법으로 가중치를 부여할 수 없었다는 점이 한계로 지적될 수 있다. 또한 정책 찬반에 대한 정확한 방향을 반영할 수 없었다는 한계가 있음을 밝힌다. 앞으로 매니페스토가 도입되면 선거공약 연구 또한 더욱 활기를 띨 것으로 기대한다.

공약의 분류 및 빈도(%)

A. 정치

1. 중앙정부 권한 이양	8(13.79)
2. 부정부패 추방	17(29.31)
3. 정의사회(법과 원칙이 바로 서는 사회)	6(10.34)
4. 지방화 시대	17(29.31)
5. 국세의 지방세 이양	2(3.45)
6. 참여민주주의	4(6.90)
7. 선거공영제 강화	1(1.72)
8. 인권옹호(국선변호인제, 불구속 재판, 공무원노조)	3(5.17)

B. 자치행정

1. 정보 · 정보공개 · 전자정부 등	8(12.12)
2. 행정 · 재정개혁(구조조정, 조직통폐합 등)	4(6.06)
3. 행정개혁(주민 서비스)	19(28.79)
4. 주민 · 주민투표 · 주민참가(주민소환)	11(16.67)
5. 지방자치 확대(참여예산 등)	5(7.58)
6. 행정윤리	9(13.64)
7. 지역균형발전	6(9.09)
8. 세제 개혁	1(1.52)
9. 자주재정 확보(사용료, 수수료 현실화)	3(4.55)

C. 문화 · 관광

1. 지방문화 기반 시설	14(17.72)
2. 전통문화 계승 발전	14(17.72)
3. 문화관광 산업	29(36.71)
4. 체육시설	7(8.86)
5. 문화예술 진흥시책	13(16.46)
6. 이벤트 유치 및 실행	2(2.53)

D. **농림수산**

1. 농림수산업의 진흥시책 추진	18(30.51)
2. 농작물 가격 유지	8(13.56)
3. 농산어촌 생활환경 정비	9(15.25)
4. 농어민 투자 확대	16(27.12)
5. 식량 자급 추진 · 수입 자유화 반대	1(1.69)
6. 농어업 통상외교 등 기타	7(11.86)

E. **건설 · 교통**(사회간접자본)

1. 도로망의 정비 추진	11(13.10)
2. 주택(임대주택, 주택가 안정 등)	8(9.52)
3. 도시개발 · 가로 만들기(청계천 개발 등)	26(30.95)
4. 재해대책 추진(풍수해 예방 체계 등)	
5. 그 외 사회자본	2(2.38)
6. 교통망 정비	27(32.14)
7. 교통안전	1(1.19)
8. 교통난 해소(주차난 해소 등)	9(10.71)

F. **경제 · 산업**

1. 지역전략산업 추진(동북아 물류 중심, 금융거점 등)	24(25.53)
2. 대기업 규제	3(3.19)
3. 중소기업 · 소상공인 대책	15(15.96)
4. 산업기반 정비(소프트: 수출보험, 무역금융 등)	14(14.89)
5. 물가 · 공공요금 인하	3(3.19)
6. 산업기반 정비(하드)	5(5.32)
7. 지역경제 활성화	28(29.79)
8. 공기업 자율경영체제 확대	2(2.13)
9. 기타	

G. **교육**

1. 교육정책 추진(학교교육)	16(27.12)
2. 교육정책 추진(학교교육 이외)	23(38.98)

3. 스포츠 진흥시책 추진 6(10.17)
4. 국제교류 · 국제화 대응 2(3.39)
5. 대학 · 연구기관 유치 12(20.34)
6. 학교 자율화
7. 교육자치

H. **보건 · 복지**
1. 국민연금시책 추진
2. 의료 14(21.88)
3. 복지시책 추진(요양원 등 복지 전반) 38(59.38)
4. 저소득층 지원책 8(12.50)
5. 1인 1연금제 등 4(6.25)

I. **노동**
1. 고용 · 실업대책 추진 7(18.92)
2. 근로자 지원 5(13.51)
3. 일자리 창출 16(43.24)
4. 정규직과 비정규직 차별 해소 6(16.22)
5. 노인 취업 3(8.11)

J. **환경**
1. 공해대책 추진 6(11.76)
2. 환경시책 전반 34(66.67)
3. 원자력 정책 수정(개선) 2(3.92)
4. 수돗물 개선 9(17.65)

K. **여성**
1. 여성사회 진출 5(9.09)
2. 여성참여 확대 25(45.45)
3. (영유아) 보육시설 18((32.73)
4. 남여차별 철폐 5(9.09)
5. 여성 보건 2(3.64)

부록 2

공약대상의 분류

40 기타(대상 없음)	41 국민	42 시민	43 생활자
44 지역공약	45 유권자	46 서민	47 소비자
48 주민	49 재해 피해자	50 고령자	51 여성
52 어린이 청소년(교육)	53 청소년(직업)	54 사회인	55 장애인
56 저소득층	57 외국인	58 노동자	
59 근로자(샐러리맨, 직업인)	60 파트타임 근로		
61 근로여성	62 복지종사자	63 중소기업	
64 농어업종사자	65 대기업	66 상점가	67 전쟁피해자(원호)
68 사회적 약자(교통 유가족, 소년소녀가장, 독거노인 등)			
69 벤처기업	70 그 외(대상 있음)		

9장 제17대 총선 정책공약 분석

1. 정치환경의 변화와 선거공약

제17대 총선을 치르면서 시민단체와 언론을 중심으로 정책선거에 대한 관심이 고조되었다. 이러한 배경에는 그 동안 몇 가지 제도변화가 있었고, 그러한 제도변화의 정치적 효과와 맞물려 더욱 반향이 크게 일어나게 된 것이다. 먼저, 제17대 총선을 앞두고 1인 2표제가 도입되어 정당투표에 대한 준거기준으로서 정당의 공약에 대한 유권자의 관심이 높아졌다는 점이다. 아울러 2004년 3월에 개정된 정당법은 정당의 정책정당화와 정책선거로의 발전을 위하여 국고보조금을 배분받는 정당의 중앙당에 정책연구소를 설치 · 운영(정당법 제29조 3항)하도록 하였고, 정치자금법에서는 정당에 지급되는 국고보조금의 100분의 30을 정책개발 및 연구활동에 사용하도록 규정(정치자금법 제18조)하였다.

무엇보다도 중요한 변화를 가져온 요인은 원내정당화로의 변화이다. 이제 정치가 과거와 같이 원외정당을 중심으로 정치투쟁을 벌일 것이 아니라 원내에서 정책을 두고 여야가 경쟁해야 한다는 국민의 요구가 반영된 결과라고 볼 수 있다.

이러한 변화된 환경에 발맞추어 2005년에는 정당법을 개정하여 국고보조금을 받는 정당을 상대로 1년에 2번 정책토론회를 개최하도록 하였으며, 이에 따라 2005년 12월에 처음으로 여야 4당 정책토론회가 열린 바 있다. 언론과 시민단체에서의 관심 또한 높았다.

먼저 언론의 적극적인 관심이 정책공약 선거에 관심을 높여주었다(세계일보 2004. 4. 15). 2005년 2월의 대통령 선거 공약 점검에 이어, 4월에는 제17대 총선 1주년을 맞아 열린우리당과 한나라당의 총선공약 실천상황을 점검하여 주목을 끌었다. 뒤이어 4 · 30 보궐선거에서 후보자 공약을 점검한 데 이어 지방선거 3년을 맞아 광역자치단체장 선거공약 이행도를 점검하여 선거공약에 대한 관심을 제고하였으며, 한편으론 2006년 지방선거를 앞두고 공약선거 실현을 위한 여론을 환기시켜 왔다.

2004년 총선에서 KBS와 경제정의실천시민연합이 독일의 공약평가 시스템(Wahl-O-Mat)을 도입하여 유권자의 선택을 돕기 위한 프로그램을 운영한 바 있다. 이러한 노력은 유권자로 하여금 정책에 기초한 선거를 할 수 있도록 유도하는 데 중요한 계기를 마련한 것으로 평가된다.

이러한 맥락에서 이 장에서는 2004년 4월 실시된 제17대 총선에서 각 정당이 내놓은 공약을 분석하고, 이를 통해 한국 선거에서 공약의 실태를 파악하여 매니페스토 도입을 위한 가능성을 모색해 보고자 한다. 먼저 제17대 총선 당시 중앙선거관리위원회 홈페이지에 게재된 정책공약을 중심으로 형식요건을 평가할 것이다. 다음으로 10대 공약을 중심으로 국정분야별 특성과 정책수혜대상별 특성을 고찰하고, 이어서 정책분야별로 각 정당이 내놓은 공약을 비교 분석하며 공약이 갖는 문제점을 고찰한다. 끝으로 선거공약에 나타난 각 정당의 이념성향의 차이를 분석하여 매니페스토 선거로의 발전 가능성을 전망하고자 한다.

2. 형식요건 평가

1) 총 평

2004년 실시된 제17대 총선은 탄핵정국 속에 치러졌음에도 불구하고 경제 · 교육 · 통일안보 등의 분야에서 정당 정체성에 따라 공약의 차별화가 어느 정도 나타나고 있다는 측면에서 정책선거로의 이행을 위한 맹아를 발견할 수 있었다. 그러나 공약이 어떤 재원으로, 어떤 일정 하에 추진해 나가겠다는 구체성이 부족하여 매니페스토 수준으로는 발전하지 못하였다. 공약 중에는 실현 가능성이 전혀 보이지 않는 선심성 공약으로 표를 모으려는 일과성 공약(空約)에 머문 것도 눈에 띄었다.

특히 공약은 '우선순위'에 따른 선택의 문제임을 감안하면, 정해진 재원과 인력으로 특정 분야를 우선적으로 고려할 때 다른 분야에서 후순위로 밀리는 공약이 있다. 그러므로 이에 대한 논의와 해명이 이루어지지 않고 있음은 유의미성의 한계를 가진 한국 선거공약의 현주소를 보여준다고 하여도 과언이 아닐 것이다.

2) 10대 공약 평가

먼저 각 정당이 제시한 10대 공약(표 9-1 참조)을 살펴보자. 각 정당은 선거에 임하여 수많은 개별공약 중에서 반드시 실현하고자 하는 정책공약을 10개로 압축하도록 함으로써 실현 가능성이 가장 높은 개별공약을 유권자에게 제시하도록 하였다. 그럼에도 불구하고, 10대 공약을 선정함에 있어 구체적이고 개별성이 있는 정책공약 중에서 최우선 순위에 있는 공약을 제시하기보다는 우선순위를 고려하지 않고 망라형으로 작성하였다. 그래서 무엇을 중요하게 추진하려고 하는지 알 수 없는 포괄적인 정책공약을 제시하는 경우가 많았다. "G7 경제선진국 도약", "정보화와 글로벌시대의 교육개혁", "문화의 다양성과 환경민주주의", "오늘의 주인이 되는 청소년 정책" 등은 민주당이, "국민이 안심하고 살 수 있는 나라", "전국이 골고루 잘사는 나라", "지속적인 성장잠재력 확충", "따뜻하고 건강한 사회", "평화와 번영의 한반도" 등은 열린우리당이, "깨끗한 정치와 민생치안 확립", "흔들림 없는 국가안보와 국익우선 외교", "경제성장의 동력 확충", "국제경쟁력 있는 교육", "쾌적한 삶의 질과 국민통합" 등은 자민련이 내세운 공약으로, 이를 말해 주고 있다.

한편 한나라당과 민주노동당은 구체성과 개별성이 있는 공약을 제시하였으며 정책공약의 우선순위를 반영하고 있는 것으로

표 9-1. 각 당 10대 공약의 국정분야별 분류

구분	한나라당	민주당	열린우리당	자민련	민주노동당
정치·사법		·깨끗한 정치	·깨끗한 정치	·국민을 편하게 하는 정치 ·깨끗한 정치	
통일·외교안보		·아태평화공영	·평화번영의 한반도	·국가안보와 국익우선 외교	·미군 철수, 파병 철회, 평화로운 한반도
행정자치			·안심하고 살 수 있는 나라		
재정경제	·외국인투자 활성화 ·에너지세율 인상 유보 ·재래시장 활성화 ·신용불량자 대책	·G7경제선진국	·지속적인 성장잠재력	·경제성장의 동력 확충	·보육, 교육, 의료, 노후 걱정 없는 세상 ·빈곤층의 신용카드채무 탕감
과학기술정보					
산업자원	·중소기업 지원			·중소기업과 지방경제 활성화	
농림해양	·농지거래 활성화		·농어촌대책	·희망 있는 농어촌 건설	·농업을 국가기간 산업으로
건설교통			·전국이 골고루 잘 사는 나라		
노동	·청년실업 해소	·일자리 창출	·민생경제 활성화	·걱정 없는 서민 가계	·완전고용사회 실현 ·비정규직의 정규직화
교육	·사교육비 제로	·교육개혁	·사교육비 경감	·국제경쟁력 있는 교육	·무상교육, 서울대 해체, 국공립대 통폐합
문화관광		·창의적 문화정책 ·청소년 정책			
보건복지	·약자가정 보호	·고령사회대책기본법 ·장애인차별금지법	·따뜻하고 건강한 사회		·무상의료 추진
환경				·쾌적한 삶의 질	·핵발전소 단계적 폐쇄
여성	·보육정책 개선	·양성평등 실현	·여성이 행복한 나라	·여성을 2만 달러 시대의 주역으로	·출산육아 휴가 확대

* 자료: 중앙선거관리위원회 홈페이지 '총선 10대 공약'(검색: 2004. 4. 2)

평가되었다. 그러나 각 당이 구체적인 재원과 추진일정 등을 명시하지 않음으로써 실현 가능성에 의문이 제기되고 있는 것은 당연한 일이다.

다음으로 정책의 기본방향 설정배경을 살펴보았다. 정책공약 설정의 연원이 현실문제에 있는지, 국제정세의 흐름에 있는지, 혹은 정당이 추구하는 이데올로기에 있는지에 관한 분석이다. 한나라당은 10대 공약 전체의 설정연원이 현실문제에 있음을 알 수 있다. 반면 민주당은 "아시아 · 태평양 공영 프로젝트 추진"과 "문화국가 이미지 고양"은 그 배경이 국제정세의 흐름에 있다고 볼 수 있으며, 나머지 정책공약은 현실문제에 기초하고 있음을 알 수 있다. 열린우리당의 경우에는 "평화와 번영의 한반도"는 국제정세의 흐름에 배경을 두고 있으며, 나머지 공약은 현실문제에 기초하고 있음을 알 수 있다. 자민련의 경우 "국민을 편하게 하는 정치(내각제)", "흔들림 없는 국가안보와 국익우선 외교", "경제성장 동력 확충"은 그 설정배경이 자기 당이 추구하는 이데올로기에 기초하고 있으며, 나머지 공약은 현실문제에 기초하고 있는 것으로 분석된다. 민주노동당의 경우에는 "완전고용사회 실현", "보육 · 교육 · 의료 · 노후 걱정 없는 세상", "미군철수, 파병철회, 평화로운 한반도", "농업을 국가 기간산업으로", "무상의료 추진", "무상교육, 서울대 해체, 국공립대 통합", "핵발전소 단계적 폐쇄"는 자기 당이 추구하는 이데올로기에 기초하고 있는 공약으로 분석할 수 있고, 나머지는 현실문제에 있으나 이 또한 이데올로기적 기초와 궤를 같이하고 있음을 알 수 있다.

따라서 민노당과 자민련은 이념적 기초에 의한 공약에 비중을 두고 있으며, 한나라당과 열린우리당은 정체성보다는 실용적 포괄정당화로 나가고 있음을 알 수 있다. 민주당은 국민의 정부의 노선과 국제흐름을 배경으로 한 공약의 제기가 일부 돋보이고 나머지는 역시 실용성에 기초하고 있음을 알 수 있다. 이처럼 10대 공약을 통해 각 정당이 자신의 색깔을 분명히 하지 않는 반면에 뒤에서 살펴볼 개별정책에 대한 입장에서는 스스로의 이념적 지향을 분명히 하고 있다는 점은 흥미롭다.

3. 정책분야별 평가

1) 국정분야별 특징

먼저 정책을 국정분야별로 나누어 보았다. 각 정당이 제출한 10대 공약을 국정분야별로 분류해 보면 표 9-1에서 살펴본 바와 같다. 한나라당은 재정경제분야 4, 산업자원 및 노동(청년실업)과 농림해양수산이 각각 1개씩 해당하여 다른 정당보다 경제에 중점을 두고 있는 것을 알 수 있다. 그 외에 보건복지, 교육, 여성 분야의 공약을 10대 공약에 전진 배치하고 있음을 알 수 있다.

반면 민주당은 문화관광 2, 보건복지 2로 양 분야에 비중을 두고 있는 것으로 나타났으며, 통일외교에서 국민의 정부를 계승하고 있음을 강조하고 정치, 재정경제, 교육, 노동, 여성 분야를 각각 강조하고 있다. 열린우리당은 국정 전 분야를 고르게 강조하며 포괄적 망라형으로 10대 공약을 제시하고 있다. 자민련은 내각제와 깨끗한 정치 등 정치분야를 강조하고, 외교통일 · 재정경제 · 농림해양 등 각각의 분야를 강조하고 있다. 민주노동당은 노동(완전고용, 비정규직의 정규직화), 재경(조세형평, 신용카드채무 탕감) 등을 강조함으로써 분배와 형평을 강조하고 있음을 알 수 있다. 이 외에도 교육, 농어업, 보건복지, 여성 등을 통한 사회적 약자를 배려하고 미군철수와 핵발전소 폐쇄 등에서 타당과의 차별성을 강조하고 있다.

2) 정책대상별 특징

다음으로 10대 공약을 정책대상별로 분류해 보았다. 한나라당 10대 공약은 일반국민 대상 2(외국인 투자유치, 사교육비)를 제외하고 나머지는 청년실업자 · 서민 · 신용불량자 · 농어민 · 사회적 약자 · 여성 · 중소기업 등을 수혜대상으로 한 공약을 우선순위에 내놓았고, 기업을 대상으로 한 공약은 에너지세 인상유보 하나밖에 없음을 알 수 있다. 따라서 분배보다 성장을 중시하는 보수정당으로서의 한나라당은 오히려 수혜대상을 사회적 약자나 복지에 비중을 두고 있음을 알 수 있다. 이것은 선거에서의 득표 극대화를 위한 정책적 어필을 위한 것으로 해석할 수 있다.

민주당의 경우는 일반국민 대상 공약이 4, 나머지는 청년실업자, 청소년, 노인, 장애인, 신용불량자, 여성 등을 수혜대상으로 하고 있는 것으로 나타났다. 열린우리당은 일반국민 대상으로 한 공약이 6으로 일반적이고 포괄적이며, 나머지는 서민 · 농어민 · 여성 · 사회적 약자를 수혜대상으로 하였음을 알 수 있다. 자민련도 일반국민을 대상으로 한 공약이 6으로 많이 나타나고 있고, 그 외에 중소기업 · 서민 · 농어민 · 여성을 대상으로 한 공약을 10대 공약으로 제시하였다. 이에 반해 민주노동당은 일반 국민 대상 공약은 4, 그 외에 실업자 · 사회적 약자(빈곤층) · 신용불량자 · 비정규직 노동자 · 농어민 · 여성 등을 수혜대상으로 한 구체적 공약을 제시하였다.

3) 정책분야별 특징과 문제점

(1) 정치행정 영역

정치행정 분야는 대선자금 파문이라는 현실을 반영한 부패방지 공약에 각 당이 비중을 두고 있었음을 알 수 있다. 해법으로 한나라당은 국회에 "권력형 비리조사위원회"를 설치하여 "조사요청권"을 부여하였고, 부패방지위원회(현 국가청렴위원회)에 대통령과 친인척 및 고위공직자의 비리전담 감찰기구를 설치할 것을 제안하였다. 열린우리당은 "고위공직자 비리조사처", "특검"의 한시적 상설화를 공약하였다. 자민련은 부패방지위원회에 고위공직자 비리조사기구를 설치할 것을 공약하였고, 민주당은 "부패방지 통합정보 시스템 구축"을, 민주노동당은 "민사몰수제도" 도입을 공약하였다. 아울러 민주당과 열린우리당, 민주노동당 그리고 자민련이 "불법정치자금 국고환수 특별법" 제정을 추진하겠다고 공약하였다.

제17대 국회에서의 또 다른 화두로 등장한 대통령 권력분산과 관련해서는 한나라당은 "책임총리제 도입"을, 민주당은 "분권형 대통령제"를, 자민련은 "내각제 도입"을, 민주노동당은 대통령 권력남용과 부패비리 예방을 위해 "국민소환제"를 추진할 것을 공약하였다. 이에 반해 열린우리당은 분권보다는 "책임정치 강화를 위한 대통령제 운영개선"을 공약하여 대조를 보이고 있다.

정치분야 공약에서 한나라당은 "지구당 완전 폐지 주도", "기존의 정당·합동연설회를 완전 폐지하는 대신 미디어 및 인터넷 선거운동 확대", "후원회 폐지, 정치자금 수입지출 창구 단일화" 등 정당법·선거법·정치자금법 개정 등을 통해 이미 추진된 업적을 공약으로 제시한 경우를 볼 수 있다. 이에 반해 열린우리당은 "정당구조와 운영방식 개선을 통한 정당민주화·선진화 추진", "돈 안 드는 선거와 지역구도 타파를 위한 선거제도 추진", "모든 정치자금의 수입 지출을 투명하게 하여 깨끗하고 투명한 정치 토대 구축" 등과 같이 구호성으로 끝나고 어떤 제도를, 언제까지, 어떻게 도입하여 운영하려는지 구체성을 상실한 공약이 많이 제시되었다.

또한 실현 가능성이 의심되는 공약도 많이 제시되었다. 한나라당의 "대학의 형사법 학자에게도 변호인 자격을 부여"하겠다는 공약은 구체적 실현 가능성에 의문이 제기되는 공약이었다. 열린우리당의 "정치자금법 위반이나 공직자 뇌물수수 등의 경우 일정 금액 이상 수수한 자에 대한 기소법정주의"나 "부정부패나 선거법 위반으로 1심 유죄 판결을 받은 자의 권한 정지" 등은 검찰의 기소편의주의 원칙과 무죄추정 원칙에 위배되는지 여부에 대한 검토가 이루어지지 않은 구호성 공약이라는 논의가 제기되기도 하였다.

이처럼 정당 스스로 내건 공약은 구체성이 결여된 경우가 대부분이었고 매니페스토의 요건과도 거리가 멀었다. 이에 반해 한국정당학회가 각 정당에 분야별 정책입장을 확인한 결과에 따르면 정치분야의 주요 정책에서 각 정당의 정책입장을 뚜렷이 달라짐을 확인할 수 있었다.

표 9-2에서 알 수 있는 바와 같이 "선거공영제", "선거구 획정위원회에 국회의원 배제", "선거법 협상의 선거 2년 전 확정" 등의 이슈에 대해서는 각 정당의 입장이 유사함을 알 수 있다. 그러나 "선거연령 19세 인하", "시민단체 당선 · 낙선운동 허용",

표 9-2. 정치분야 주요 정책에 대한 각 정당의 입장

구 분	한나라당	민주당	열린우리당	자민련	민주노동당
선거연령 19세 인하	대체로 반대	매우 찬성	매우 찬성	매우 반대	매우 찬성
특검 등 비리조사기구 상설화	대체로 찬성	대체로 찬성	매우 찬성	반 대	대체로 찬성
시민단체 당선, 낙선운동 허용	대체로 반대	대체로 찬성	유 보	매우 반대	매우 찬성
국민소환제 도입	유 보	대체로 찬성	매우 찬성	매우 찬성	매우 찬성
교사, 공무원노조 정치활동 허용	대체로 반대	매우 반대	유 보	매우 반대	매우 찬성
언론사 지분소유 상한제	대체로 찬성	유 보	대체로 찬성	유 보	매우 찬성
선거공영제 도입	대체로 찬성	매우 찬성	매우 찬성	매우 찬성	매우 찬성
지역구 대 비례대표 1대1	대체로 찬성	유 보	매우 찬성	매우 반대	매우 찬성
선거구획정위에 국회의원 배제	대체로 찬성	매우 찬성	매우 찬성	유 보	매우 찬성
선거법 협상 선거 2년 전 확정	대체로 찬성	대체로 찬성	매우 찬성	매우 찬성	대체로 찬성

"특검 등 비리조사기구 상설화" 등의 이슈에 대해서는 각 정당 간에 입장이 갈리는 것을 알 수 있다.

(2) 통일안보 영역

국방분야의 공약은 한나라당이 국방예산 GDP 대비 4% 증액의 틀 속에서 군사력 강화, 군복지 개선, 예비군 복무기간 단축 등 구체성 있는 공약을 제시했던 반면, 민주당은 "적정 국방재원의 안정적 확보로 자위적 방위역량 구축"을, 열린우리당은 "국방비를 적정 수준으로 확보하여 자주적 정보전 역량과 전략무기 단계적 확충"을, 자민련은 "중장기 국방예산을 확보하여 대북 군사력 우위 확보" 등 구체성이 없는 공약을 제시하였다.

대미 관계는 한나라, 민주, 열린우리, 자민련 등이 모두 "한미동맹 강화"를 내걸었던 반면, 민노당은 "종속적 한미동맹체제 개폐"를 공약으로 내세워 대조를 보이고 있다. 또한 각 정당은 북핵 문제, 통일정책 기조, 국군포로 문제 등에 대해서는 구체적인 공약은 없고, 포괄적 공약으로 일관하였다.

각 당의 정강정책을 보면 한나라당은 자유민주주의 체제의 수호가 가장 중요한 가치로 부각되었으며, 북한의 핵 포기와 북한 주민의 자유, 인권 문제가 중요하다는 점을 지적하였다. 한나라당의 이러한 입장은 우리 사회의 보수적 시각을 잘 나타내고 있다. 한나라당은 남북이 통일의 주체라는 점은 인정했지만, 북한의 핵 포기와 북한 주민의 자유, 인권 문제를 지적하였다는 점에서 북한 체제의 인정보다는 북한의 내부의 변화와 양보를 전제로 하고 있는 듯이 보인다. 그러나 한나라당보다 더욱 강경한 보수적 입장은 자민련에서 나타난다. 선거 공약에 친북·반미 세력의 저지를 명기하였으며, 대북 현금지원 반대도 당의 공약으로 제시하였다.

반면 민주당과 열린우리당은 이러한 자유민주주의나 북한 인권에 대한 언급은 없었으며, 남북대화나 남북 간 평화협력의 중요성과 평화 공존, 교류 협력의 중요성을 강조하였다. 김대중 정부 이래 추구해 오고 있는 대북 정책의 기조라고 할 수 있으며, 분당에도 불구하고 실질적으로 이 사안에 대해서 두 당 간 입장차이는 거의 없는 것처럼 보인다.

한편 민주노동당은 제17대 총선 핵심 공약에서 기존 정당들과는 분명한 차별성을 나타내는 시각을 잘 보여준다. 주한미군의 철수, 남북한과 미국 간의 평화협정 체결, 이라크 파병 철회 등 기존 정당들과는 근본적으로 상이한 정책적 지향점을 보여준다.

표 9-3. 통일·안보 분야 주요 정책에 대한 각 정당의 입장

구 분	한나라당	민주당	열린우리당	자민련	민주노동당
햇볕정책 지속	매우 반대	매우 찬성	매우 찬성	유 보	매우 찬성
대북 주적 개념 유지	대체로 찬성	대체로 반대	유 보	매우 찬성	매우 반대
정부 금강산 관광 지원해야	매우 반대	대체로 찬성	매우 찬성	유 보	대체로 찬성
북핵 해결위한 대북 경제 제재	대체로 찬성	대체로 반대	매우 반대	매우 찬성	매우 반대
탈북자 관련 대중 조용한 외교	대체로 반대	대체로 찬성	대체로 찬성		
주한미군 철수	매우 반대	유 보	대체로 반대	매우 반대	매우 찬성
주한미군 범죄 관할권 인수	대체로 찬성	매우 찬성	유 보	매우 찬성	매우 찬성
이라크 파병 찬성	대체로 찬성	매우 반대	대체로 반대	매우 찬성	매우 반대
이중국적 허용	매우 반대	대체로 반대	유 보	유 보	매우 반대
신사참배 단호한 조치	매우 찬성	대체로 찬성	대체로 찬성		질문에 미포함

결국 각 당의 통일·안보 관련 정강정책을 통해 살펴보면 자민련이 가장 강한 보수, 한나라당이 분명한 보수적 색채를 띠고 있다는 사실이 재확인되며, 서로 비슷한 색채를 나타내고 있는 민주당과 열린우리당은 진보적 특성을 보이며, 반면 민주노동당은 가장 강력한 진보적 색채를 보이고 있다.

이에 대해 실현 가능성이 의심되는 선심공약도 눈에 뛴다. 한나라당은 현재 3만 5,000원인 사병의 봉급수준을 20만 원으로 인상하는 것과 예비군 훈련수당을 1일 3만 원씩 지급하겠다는 공약을 제시하였다. 아울러 한나라당은 예비군 동원훈련 2년 단축을 공약으로 제시하였고, 민주당은 현재 24개월인 군복무기간을 21개월로 단축하고 향후 18개월까지 조정하는 것을 공약하였고, 열린우리당은 군복무기간을 연내 22개월로 단축하고 연차적으로 추가 단축을 공약하여 실현 가능성보다는 선심공약으로 비추어질 우려가 있었다. 매니페스토형 공약이 도입되면 이러한 무책임한 공약은 발붙이기가 어렵게 될 것이다.

개별정책에 대한 입장을 확인한 결과 외교·안보 분야에는 정책 차이가 뚜렷하게 나타나고 있었다. "신사참배에 대한 단호한 조치", "주한미군 범죄 관할권 인수" 등을 제외한 나머지 분야에서는 입장차이가 첨예하게 드러나고 있다. 이러한 현상은 한국의 경우 이념성향의 차이가 경제적 측면보다는 외교안보나 대북문제 등과 관련된 정치적 영역에서 주로 나타나고 있다는 기존 연구(강원택 2003; 이현출 2005c)의 연장선상에서 이해할 수 있을 것이다. 이번 조사에서도 "햇볕정책 지속", "대북 주적개념 유지", "정부의 금강산관광 지원", "북핵 해결을 위한 대북 경제제재”, “주한미군 철수”, “탈북자 관련 조용한 외교”, “이라크 파병” 등에서 정당 간 뚜렷한 입장차이를 보였다.

이러한 경향은 제16대 국회 활동과 관련해서 볼 때 이라크 파병안 관련 표결 결과를 통해서 의원들 간 이념 성향의 차이를 통해서 확인해 볼 수 있을 것이다. 이라크 파병이 미국의 요구에 의해 추진된 만큼 대미 관계에 대한 정당별 태도를 확인해 볼 수 있기 때문이다. 2003년 4월 2일 국회는 이라크전 파병동의안을 표결에 부쳐 찬성 179표, 반대 68표, 기권 9표로 통과시켰다. 당시 여당이던 민주당의 경우 재적 101명 중 96명이 표결에 참가해 찬성 49명, 반대 43명, 기권 4명으로 나타났다. 그러나 민주당 내부에서는 표결 전까지 반대표가 오히려 많았으며 노무현 대통령과 여권 지도부의 설득에 의해서 일부 의원이 입장을 바꾼 결과로 찬성표가 조금 더 많이 나왔다. 반면 한나라당은 재적의원 151명 중 145명이 투표에 참가한 가운데 찬성 118명, 반대 22명, 기권 5명으로 압도적으로 이라크 파병을 찬성하는 모습을 보였다.

2004년 2월 13일 가결된 이라크에 대한 추가 파병안에 대해서도 한나라당은 찬성 108명, 반대 4명, 기권 4명, 불참 31명이었던 반면, 민주당은 찬성 14명, 반대 34명, 기권 1명, 불참 13명으로 나타났다. 열린우리당은 찬성 26명, 반대 12명, 기권 1명, 불참 8명이었다. 선거가 멀지 않은 상황이었고 일부 시민단체의 반발이 거셌던 상황이었지만, 한나라당이 적극적 찬성 입장을 보인 반면 민주당은 반대 입장이 많았다. 열린우리당은 내부토론에서는 반대가 적지 않았지만, 여당이라는 입장 때문에 찬성표가 다소 늘어났다. 이처럼 두 차례에 걸친 이라크 파병 표결 결과를 보면, 한나라당의 보수적 색채가 분명하게 나타난 반면 민주당과 열린우리당은 상대적으로 진보적 색채가 보다 분명하다고 할 수 있을 것 같다.

(3) 경제과학 영역

경제과학 분야에는 가장 현안이 된 400만 신용불량자 대책이 각 정당의 10대 공약으로 제시되었다. 한나라당은 신용불량등록제를 폐지하고, 일자리 마련 프로그램을 통해 변제능력을 늘리고, 개인자산관리공사를 설립하고, 신용불량구제기금을 마련한다는 방안을 공약으로 제시하였다. 민주당은 신용불량제도를 개선하고, 신용과 능력에 따라 나누어 내는 리볼빙 어카운트제 시행을 공약하였다. 열린우리당은 신용불량자별 특성을 고려한 신용불량자 대책을 추진한다는 공약을 내걸었다. 한편 자민련은 경제성장을 통한 일자리 창출과 소득증대로 상환능력을 키운다는 대책을 공약으로 제시하였다. 반면 민주노동당은 신용불량자가 개인적인 도덕 해이에서 생긴 것이 아니라 정부의 잘못된 경기부양책 때문에 생긴 희생자이므로 파산법과 개인채무자 회생법 개정, 신용불량자 해소에 관한 특별법 제정으로 신용카드 채무 탕감을 위한 공적자금을 조성하고, 일반 신용불량자의 경우 개인파산 및 회생제도 완화를 통해 경제활동에의 복귀를 지원하도록 한다는 공약을 제시하였다.

다음으로 공동주택 및 임대주택 정책과 관련하여 민주당과 열린우리당이 실현 가능성을 면밀히 검토하지 않은 선심성 공약을 제시하였음을 알 수 있다. 한나라당은 국민주택입주자 부담을 20% 완화하며 중형 국민임대아파트를 제공하겠다고 하였으나 구체적 계획은 제시하지 않았으며, 반면 민주당은 2010년까지 서민임대주택 150만 호 건설을 공약하였고, 공공 및 민간건설 임대주택의 경우 현행 임대 의무기간인 5년을 10년으로 연장하는 것으로 공약을 제시하였다.

열린우리당은 매년 50만 호(수도권 30만 호) 주택건설 계획을 내세웠고, 국고 13조 원을 투자하여 장기임대주택 150만 호를 공급할 것을 공약하여 그 실현 가능성과 재원 확보 및 배분의 우선순위 등이 분명치 않음을 보여주었다. 반면 자민련은 구체적 계획 없이 임대주택 건설을 확대하겠다고 하였으며, 민노당은 임대료 인상률을 연 5%로 제한하겠다는 점 등을 공약으로 제시하였다. 아파트 분양가 원가공개에 대해서는 한나라·민주·자민·민노당 등이 공개를 적극 주장하였으나, 열린우리당은 공개를 신중하게 정밀 검토하겠다며 유보적인 입장을 취하였다.

다음으로 농어민 정책에 대해 알아보자. 한나라당은 농지거래 활성화로 농민의 재산권을 보호한다는 공약을 제시하였다. 민주당은 "농가부채경감특별법" 등에 대한 이행감독으로 개방에 따른 농가피해를 최소화하겠다는 공약을 내세웠다. 열린우리당은 119조 원의 농업·농촌대책 및 12조 원의 수산업·어촌대책을 실효성 있게 추진한다는 공약을 제시하였다. 자민련은 농가소득 안전망의 구축을 통한 농가소득 보장, 민노당은 쌀시장 개방을 막아 농업을 국가기간 산업화한다는 공약을 각각

표 9-4.　　　　경제분야 주요정책에 대한 각 정당의 입장

구　분	한나라당	민주당	열린우리당	자민련	민주노동당
성장이 분배보다 우선	대체로 찬성	유 보	유 보	찬 성	매우 반대
공정위에 계좌추적권 부여	반 대	매우 찬성	매우 찬성	유 보	매우 찬성
비정규직 정규직화	유 보	유 보	대체로 찬성	대체로 찬성	매우 찬성
대기업 출자 총액 제한 유지	반 대	매우 찬성	대체로 찬성	유 보	매우 찬성
법인세 인하	매우 찬성	대체로 찬성	대체로 반대	대체로 찬성	매우 반대
근로시간 단축	대체로 찬성	유 보	대체로 찬성	대체로 찬성	매우 찬성
FTA 추가 체결	대체로 찬성	대체로 찬성	대체로 찬성	대체로 찬성	매우 반대
부유세 도입	유 보	유 보	대체로 반대	매우 반대	매우 찬성
노동시장 유연화	대체로 찬성	유 보	대체로 반대	대체로 찬성	매우 반대

제시하였다.

농어업 정책과 관련해서는 열린우리당이 제시한 119조 원의 농업대책과 12조 원의 수산업대책, 그리고 농가소득도 분명치 않은 상황에서 공약한 "직불제를 농가소득의 10%까지 확대"한다는 공약, 농어가 고교생 교육비 전액지원 등은 재원 확보 등의 구체성을 결여한 공약으로 평가할 수 있다. 이 외에도 경제과학 영역에는 많은 재원과 인력이 소요됨에도 구체적인 계획을 수반하지 않은 공약이 많아 실현 가능성이 의문시되는 경우가 많음을 알 수 있다.

개별정책에 대한 정당 간 입장차이를 확인한 결과 한나라당은 성장을 민주노동당은 분배를 강조하는 등 이념의 차이를 뚜렷하게 드러내었다. 노동시장 유연화에서도 한나라당과 자민련은 찬성하는 입장이었으며, 열린우리당과 민주노동당의 경우에는 반대 입장으로 나타났다. 법인세 인하와 공정위원회

계좌추적권 문제에서도 보수진영과 진보진영의 이념 차이가 뚜렷이 나타나고 있음을 알 수 있다. 따라서 경제문제에서도 이념의 차이가 뚜렷이 나타나고 있기 때문에 이를 보다 구체적으로 매니페스토화하게 되면 정책의 차이가 구체적으로 드러날 것으로 보인다.

(4) 사회 영역

교육공약은 한나라당과 민주노동당이 나름대로 구체성과 실현 가능성을 갖추고 있었으나, 민주당과 열린우리당의 공약은 구체성을 결여한 공약이 많이 제시되었다. 고교평준화에 대해서는 한나라당이 이를 전면 재검토하여 특수목적고와 자립형 사립고 등을 확대하여 경쟁력을 갖춘 인재를 육성하겠다는 공약을 제시하였다. 민주당은 현행 틀의 기본은 유지하면서 자율학교, 특성화고, 특목고 등 학교 형태의 다양화를 추진하겠다는 공약을 내세웠다. 열린우리당은 고교평준화 유지 쪽에 무게를 두고 있음을 알 수 있다.

공교육 개선을 위해서는 한나라당이 학생과 학부모의 학교 선택권을 넓히는 데 주안점을 두고, 학교평가제를 통해 학부모가 학교를 선택하도록 하는 공약을 내세웠다. 민주당은 교사 6만명 증원 공약을 내걸었으나, 일정이나 재원확보 방안에 대해서는 침묵하였다. 열린우리당은 학급당 학생수 축소 및 우수교원 확보 등 구체성이 없는 공약을 제시하였다.

다음으로 청년실업과 관련한 정책을 알아보자. 한나라당과 민주당, 민노당은 직접적인 정책을 제시한 반면, 열린우리당과

표 9-5. 사회 분야 주요 정책에 대한 각 정당의 입장

구 분	한나라당	민주당	열린우리당	자민련	민주노동당
사형제 폐지	대체로 반대	유 보	대체로 찬성	반 대	매우 찬성
외국인노동자 노동 3권 보장		유 보	매우 찬성	유 보	매우 찬성
동성애 인정	유 보	유 보	대체로 찬성	반 대	매우 찬성
안락사 인정	대체로 반대	대체로 반대	유 보	매우 반대	대체로 찬성
국가보안법 개폐	폐지 반대	대체로 찬성	대체로 찬성	매우 반대	매우 찬성
주민등록 지문날인 폐지		대체로 반대	유 보	반 대	매우 찬성
호주제 완전 폐지	대체로 찬성	대체로 반대	매우 찬성	대체로 반대	매우 찬성
기여입학제 허용	대체로 반대	대체로 반대	매우 반대	매우 찬성	매우 반대
새만금 간척 추진	유 보	대체로 찬성	대체로 찬성	매우 찬성	매우 반대
고교 전면 무상 교육	대체로 찬성	대체로 찬성	대체로 찬성	유 보	매우 찬성

자민련은 간접적인 정책을 제시하였다. 한나라당은 2008년까지 5년간 1조 8,000억 원의 추가예산을 투입하여, 55만 7천 개의 일자리와 직업훈련 강화 등 "청년실업 해소 5개년 계획"을 내놓았다. 민주당은 경찰인력과 소방인력을 1만 명씩 증원하고, 정보화평화봉사단으로 1만 명을 파견하고, 사회복지사 7,500명을 증원하는 등의 공약을 제시하였다. 민주노동당은 청년실업의무고용제를 도입하여 고용률이 높은 기업에 고용보험료를 인하하는 방안을 공약으로 제시하였다. 그러나 열린우리당과 자민련은 투자활성화와 중소기업·벤처기업의 일자리 창출 등을 중장기 대책으로 제시하였다.

여성정책공약에 대해서는 한나라당과 열린우리당이 보육정책 개선을 통해 여성의 부담 경감과 사회활동 보장을 들고 있는 반면 민주당은 부부공동재산권, 여성고용할당제 등으로 양성평등을 이루는 데 주안점을 두었던 것으로 나타났다. 자민련도

탁아시설에 관심을 표시하였고, 민주노동당은 출산육아휴가 확대에 적극적인 관심을 표명하였다.

사회 분야의 개별정책에 대한 각 정당의 입장을 비교해 보면, 사형제, 국가보안법 폐지, 호주제 완전 폐지, 안락사, 주민등록 지문날인, 동성애 인정 등에서 정당 간 입장차가 뚜렷하게 나타났음을 알 수 있다(표 9-5 참조). 그러나 외국인 노동자의 노동 3권 보장, 고교 전면 무상교육 등의 정책에 대해서는 찬반이 뚜렷하지 않았던 것으로 나타났다.

4. 정책에 나타난 이념 차이

제17대 총선에 제시된 각 정당의 공약은 위에서 고찰한 바와 같이 매니페스토 요건의 불비로 인한 다소 느슨한 공약임에도 불구하고, 정치・외교안보・사회・경제 등 전체적으로 정당 간 이념의 차이를 표출하며 정책적 입장차이를 분명히 드러내는 경우가 나타났음을 확인할 수 있었다.[20] 표 9-6에서 보는 바와 같이 정치・사회 분야는 6개 항목, 경제・외교 분야는 7개 항목으로 평가하여 각 정당의 이념 차이를 분명히 해 보았다.

정치 분야의 평가기준으로는 정치참여 폭의 확대, 정치적 개방성 여부를 중심으로 6개 정책에 대해 5점 척도로 나누어 이념을 알아보았다. 경제 분야의 평가기준으로는 분배, 복지-효

20) 주요 정당에 대한 정책 간 이념의 차이는 한국정당학회와 경향신문이 공동으로 조사한 정당평가를 참조할 것(경향신문 2004년 4월 6일자).

표 9-6. 제17대 총선 정책공약 이념 차이

◉ 정치 분야

구 분	한나라당	민주당	열린우리당	자민련	민주노동당
선거연령 19세 인하	2	5	5	1	5
시민단체 당선, 낙선운동 허용	2	4	3	1	5
국민소환제 도입	2	4	5	5	5
교사, 공무원노조 정치활동 허용	2	1	3	1	5
지역구 대 비례대표 1대1	4	3	5	1	5
선거구획정위에 국회의원 배제	4	5	5	3	5
평 균	2.29	3.67	4.33	2.00	5.00

◉ 경제 분야

구 분	한나라당	민주당	열린우리당	자민련	민주노동당
성장이 분배보다 우선	2	3	3	1	5
공정위에 계좌추적권 부여	2	5	5	3	5
대기업 출자 총액 제한 유지	2	5	4	3	5
법인세 인하	1	2	4	2	5
FTA 추가 체결	2	2	2	2	5
부유세 도입	3	3	2	1	5
노동시장 유연화	2	3	4	2	5
평 균	2.00	3.29	3.43	2.00	5.00

◉ 외교안보 분야

구 분	한나라당	민주당	열린우리당	자민련	민주노동당
햇볕정책 지속	1	5	5	3	5
대북 주적 개념 유지	2	4	3	1	5
정부 금강산 관광 지원해야	1	4	5	3	4
북핵 해결 위한 대북 경제 제재	2	4	5	1	5
주한미군 철수	1	3	2	1	5
이라크 파병 찬성	2	5	4	1	5
국가보안법 폐지	1	4	4	1	5
평 균	1.42	4.14	4.00	1.57	4.88

◉ 사회 분야

구 분	한나라당	민주당	열린우리당	자민련	민주노동당
사형제 폐지	4	3	4	2	5
동성애 인정	3	3	4	2	5
주민등록 지문날인 폐지	3	2	3	2	5
호주제 완전 폐지	4	2	5	2	5
기여입학제 허용	4	4	5	1	5
새만금 간척 추진	3	2	2	1	5
평 균	3.00	2.67	3.00	1.67	5.00

* 1: 보수적; 2: 약간 보수적; 3: 중도; 4: 약간 진보적; 5: 진보적

율, 시장경쟁의 범주와 국가 개입에 대한 찬반이라는 항목 등을 통하여 진보·보수의 이념적 성향을 파악해 보았다. 외교안보 분야의 평가기준은 반공이데올로기 거부·수용(대북 관계, 대미 관계)이라는 측면을 통하여 이념성향을 파악하였다. 사회 분야의 판단기준은 인권, 평등, 개발·보전 등의 가치를 고려하여 조사하였다.

조사 결과 대체로 자민련이 강한 보수, 한나라당이 보수, 민주당과 열린우리당이 비슷한 위치이나 열린우리당의 진보성향이 상대적으로 보다 강하게 나타났고, 민노당은 강한 진보임이 확인되었다. 정치권의 이념 갈등이 가장 강하게 나타난 분야는 역시 외교안보 분야로, 민주노동당을 제외하더라고 정당 간 입장차이가 가장 현저하게 나타났으며, 반면 민노당을 제외하면 경제·사회 분야의 차이는 상대적으로 크지 않았다.

먼저 정치 분야를 살펴보면, 자민-한나라-민주-열린우리-민노의 차이가 뚜렷한 패턴을 보여주고 있는 것으로 나타났다(표

9-6 참조). 열린우리당이 다른 분야에 비해 특히 정치 분야의 진보성이 강하게 나타났는데, 정치개혁에 중점을 두는 정당 이미지에 부합하는 듯한 결과를 보여주었다. 경제 분야와 외교안보 분야는 한나라와 자민 vs 열린우리와 민주의 패턴이 분명하게 드러났음을 보여주었다. 특히 외교안보 분야에서는 두 세력 간의 입장차이가 가장 크게 나타났다. 그 동안 촛불집회 등 진보・보수 단체의 정치공방 등 우리 사회의 이념 갈등을 설명해 주는 근거이기도 할 것이다. 사회 분야는 흥미롭게도 자민련, 민노당을 제외하면 대체로 중도적 입장을 취하고 있는 것으로 나타났다. 민주당이 상대적으로 약간 보수 쪽으로 치우친 반면, 한나라당은 오히려 중도적 입장을 보여주었다. 사회 분야는 일관된 패턴이 확인되지 않은 유일한 분야이며, 한국 정치의 갈등이 사회적 이슈에 대해서는 그리 강하지 않다는 점을 시사한다고 볼 수 있다.

기존의 조사에서도 정당별 의원들의 성향이 대체로 상당한 차이가 있다는 것이 확인되었다. 2003년 뉴스위크 한국판이 국회의원들을 대상으로 실시한 이념 조사에 따르면(2003. 11. 19), 열린우리당 의원들이 3.2로 가장 진보적이고 민주당이 4.2로 다소 진보적, 한나라당이 5.2로 보수적, 자민련은 6.1로 가장 보수적인 것으로 나타났다(1: 진보; 10: 보수). 이러한 특성은 이전의 조사 결과와 비교할 때 새천년민주당 내에서 진보적인 성향을 띠던 의원들이 대다수 열린우리당으로 이동했다고 하는 일반적인 시각을 재확인시켜 주는 것이기도 하다. 이러한 조사는 2001년 국회의원들을 대상으로 한 한국정당학회・중앙일보의 이념조사 결과와도 대체로 일치하는 것이다.

그런데 여러 경험적 자료에서 확인되듯이 우리나라의 주요 정당 간 이념적 차이는 서구와는 달리 경제적 가치(세금, 재벌개혁, 노동 등)보다는 정치적 특성을 강하게 나타내고 있다는 점이었다(강원택 2003). 특히 대미 관계, 대북 관계, 국가보안법 등 안보・대북 관련 정책을 둘러싸고 일반국민들뿐만 아니라 정당 간 또는 의원들 간 시각의 차이가 매우 커졌다. 다시 말해 우리나라에서 나타나는 이념적 갈등은 서구와는 매우 다른 속성을 지니고 있다는 것이었다.

그런데 이번 조사 결과를 보면 정당 간에 경제적 측면에서도 정치영역과 함께 이념적 차이가 뚜렷이 나타나고 있다는 점을 보여주고 있다. 이러한 경향은 2004년 한국정치학회와 중앙일보가 공동으로 조사한 결과에서도 나타났듯이, 국민들은 연령에 따라서 경제적 측면에서 이념의 차이가 나타나는 것으로 나타났으며, 이념의 기저에 신자유주의 차원의 이념 균열이 나타나고 있음을 확인하였다(이현출 2005c). 이러한 현상은 IMF 이후 외부로부터 주어진 경제개혁과 그 결과 전 사회적으로 확산된 불평등구조와 양극화 현상으로 사회적 대립구조가 발생하고 있는 것으로 이해할 수 있을 것이다. 제17대 총선도 이러한 배경 속에서 청년실업자, 신용불량자 문제 등 IMF 이후 우리 사회에 나타난 양극화가 쟁점으로 등장했다는 측면에서 경제적 측면에서의 이념 균열을 이해할 수 있을 것이다.

4년 전 국회의원 선거와 비교할 때 제17대 총선에서의 공약을 통해 나타난 가장 분명한 차이는 정당 간 이념적 차별성이 보다 분명해졌다는 점이다. 물론 제16대 총선 무렵에도 새천년민주당과 한나라당 간의 이념적 차이는 존재했지만, 당시는 지역주의가 위세를 부렸던 상황이었기 때문에 이러한 정당 간 이념적 차이는 크게 부각되지 못했다. 그러나 2002년 대통령 선거를 거치면서 지역주의를 이끌어 온 3김이 정치적으로 퇴장하게 되면서 과거 지역주의의 영향 하에서 표면 위로 드러나지 않던 정치적 이념 차이가 전면에 부상하게 되었다. 이는 특히 지난 대통령 선거에서 노무현 후보와 같이 스스로를 진보적이라고 규정하는 후보가 등장하였고, 또한 이회창 후보가 강한 보수적 색채를 표방하면서 이념적으로 분명한 대립각을 형성하게 된 것과도 긴밀한 관계가 있을 것이다.

제17대 총선공약 분석을 통해 알 수 있는 것은 전반적으로 공약이 매니페스토 수준으로 발전하지 못하고, 구체성을 상실한 채 백화점식으로 나열된 데 그치고 있다는 점이다. 지금까지의 선거에서 나타난 공약과 같이 애매모호한 장밋빛 공약, 이것저것 백화점식 공약, 되든 말든 식의 마구잡이 공약으로 일관되어 온 것을 확인할 수 있었다. 매니페스토의 요건이라는 측면에서 살펴보면 총선 공약은 선거공약에 구체적인 목표, 기간, 재원, 일정표, 나아가 우선순위라는 구체적 계약을 담는 것과는 동떨어져 있다.

그러나 각 정당의 정책위원회에 대한 설문을 통해서 정당정책에 이념적 지향점의 차이가 드러남을 확인할 수 있었다. 그리고 이러한 차이는 정치, 외교안보, 경제, 사회 분야에서 공히 드러나고 있음을 알 수 있었다. 이러한 점은 향후 언제든지 정책선거로의 진전, 즉 매니페스토 도입이 가능하다는 것을 말해 준다. 매니페스토 사이클이 가동되면 이러한 이념적 차이를 이제는 선거전에 구체적 정책으로 표출하여 유권자에게 직접 심판을 받는 체제로 전환될 것이기 때문이다. 이러한 점에서 매니페스토 도입은 매니페스토 작성의 주체인 정당과 후보자의 결단이 중요하다는 것을 알 수 있다.

참고문헌

강용기. 1999. 『현대 지방자치론』. 서울 : 대영문화사.

강원택. 1999. "지방선거에 대한 중앙정치의 영향: 지방적 행사 혹은 중앙정치의 대리전?." 조중빈 (편). 『한국의 선거 II: 제15대 대통령 선거를 중심으로』. 서울 : 푸른길.

______. 2003. 『한국의 선거정치: 이념, 지역, 세대와 미디어』. 서울 : 푸른길.

______. 2005. 『한국의 정치개혁과 민주주의』. 고양 : 인간사랑.

김민전. 2005. "원내파행 방지와 민주적 국회운영을 위한 개선방향." 참여연대 의정감시센터 주최 '국회파행 방지와 국회 의정활동 활성화를 위한 토론회' 발표논문(2005. 1. 19).

김병식. 2002. "지방자치단체장의 선거공약과 공약이행평가에서 나타난 사회복지정책정향에 관한 연구: 충북지역 기초자치단체장의 선거공약을 중심으로." 『한국지방자치학회보』 제14권 제2호(통권 38호).

박광국 · 최신희 · 최병기. 2000. "지방자치단체장의 선거공약의 정치적 상징성에 관한 연구: 대구시 일반회계 예산을 중심으로." 『한국정책학회보』 제9권 3호.

박명호. 2003. "정책선거 실현을 위한 방안." 『한국정당학회보』 제2권 1호.

박철희. 2003. "정책선거 실현을 위한 선거과정 및 정당운영 개선책." 중앙선거관리위원회. 정책선거 실현을 위한 심포지움(12. 16).

송근원. 1990. “대통령선거 아젠다 분석: 제13대 대통령선거 잇슈를 중심으로.” 『한국정치학회보』 제24집 제1호.
______. 1994. “대통령선거 아젠다 분석: 제14대 대통령선거 잇슈를 중심으로.” 『한국정치학회보』 제28집 제1호.
______. 2002. “2002년 대선공약 비교 분석을 위한 기준과 척도.” 『한국정책학회보』 제11권 4호.
신두철. 2004. “정책선거 실현방안과 과제: 정치관계법과 정당정책비교 프로그램을 중심으로.” 한국정치학회 춘계학술회의 발표논문집.
윤용희. 2000. “16대 총선의 정책과 공약선거.” 『한국동북아논총』 제14권.
이강로. 2005. “정치개혁과 대통령의 국정운영 변화: 노무현 대통령의 경우.” 한국정치학회 춘계학술회의 발표논문.
이현우. 1998. “한국에서의 경제투표.” 이남영(편). 『한국의 선거 II: 제15대 대통령선거를 중심으로』. 서울 : 푸른길.
이현출. 2002. “일본 55년 체제 이후의 투표행태: 이념균열에서 지역균열로의 전환.” 『국제정치논총』 제42집 4호.
______. 2003. “2003년 일본 총선결과에 대한 집합자료분석.” 『한국동북아논총』 제8권 제4호(통권 29집).
______. 2004a. “매니페스토: 국민에 대한 계약으로서의 선거공약.” 국회도서관. 『입법정보』 제141호.
______. 2004b. “한국 국민의 이념성향: 특성과 변화.” 한국정치학회 연례학술회의 발표논문집.
______. 2005a. “정당개혁과 지구당 폐지.” 『한국정당학회보』 제4권 제1호.
______. 2005b. “선거공약의 정치과정과 함의: 광역자치단체장 선거를 중심으로.” 『지방행정연구』 제19권 제1호.
______. 2005c. “한국 국민의 이념성향: 특성과 변화.” 『한국정치학회보』 제39집 2호.
______. 2005d. “정책선거 유도를 위한 공약이행 평가방안.” 『선거관리』 제51호.

_____. 2006. "한국의 지방선거와 정책정당화 과제." (사)내나라연구소 · 한국정당학회 주최. '지방선거와 정치발전에 관한 한 · 일 비교' 국제세미나 발표논문(2006. 2. 3).

임혁백. 2000. 『세계화시대의 민주주의』. 서울 : 나남출판.

정윤재. 2005. "노무현 대통령의 개혁리더십과 한국민주주의." 연세대학교 국가관리연구원 학술회의 발표논문.

조현걸 · 박창규. 2000. "6 · 4지방선거에서 선거공약이 유권자의 투표행태에 미친 영향 분석: 대구 · 경북지역 유권자들의 의식조사를 중심으로." 『대한정치학회보』 제8집 2호.

최장집. 2003. "한국민주주의의 제도디자인." 연세대 국가관리연구원 개원식 기념세미나 발표논문(11. 28).

최평길. 2002. 『대통령학』. 서울 : 박영사.

한국정책학회. 2002. 『2002년 지방선거 정책공약 비교분석집』.

허 범. 1997. "대통령선거정책공약의 설계를 위한 개념의 틀과 지도지침." 『한국정책학회보』 제6권 제2호.

_____. 2002. "대통령선거공약토론의 유권자 참여 지향적 조직과 운영." 『한국정책학회보』 제11권 4호.

531 스마트 매니페스토 정책선거추진본부. 2006. "한국형 매니페스토의 평가방안 및 추진일정 계획." 531 스마트 매니페스토 정책선거추진본부 출범식 자료집(2006. 2. 1).

金井辰樹. 2003. 『マニフェスト: 新しい政治の潮流』. 東京 : 光文社新書.

大山礼子 · 藤森克彦. 2004. 『マニフェストで政治を育てる』. 東京 : 雅粒社.

北川正恭. 2004. 『早稲田パブリックマネジメント』 No. 2(2004 Autumn).

四日市大學地域政策研究所. 2003. 『ローカル · マニフェスト: 政治への信頼回復をめざして』. 東京 : イマジン出版.

西尾眞治. 2004. “地方におけるマニフェスト・サイクルの確立に向けて.”『地方財政』 제605호(2004. 11).
小林良彰. 1997.『現代日本の政治過程』. 東京：東京大學出版會.
松澤成文. 2005.『實踐 ザ・ローカルマニフェスト』. 東京：東信堂.
神吉信之. 2005. “マニフェスト型公開討論會への取り組み.” 第2回ローカルマニフェスト檢證大會 發表資料(2005. 11. 19).
新しい日本を作る國民會議. 2004. “今こそ政權公約の達成度を見極めよ.”『中央公論』(2004. 5).
岩渕公二. 2005. “岩手縣におけるマニフェストの推進と檢證の報告.” 第2回ローカルマニフェスト檢證大會 發表資料(2005. 11. 19).
言論NPO. 2003. “英國におけるマニフェスト.”『言論NPO』 通算8号.
財團法人インタ-ネット協會. 2005.『インタ-ネット白書2005』. http://www.iajapan.org/iwp.
前田英昭. 2003. “マニフェストが果たす選擧の構造改革.”『議會政治研究』 No. 67(2003. 09).
佐々木 毅. 2004. “政權公約デビュ-から定着の10年へ.”『中央公論』(3月号).
曾根泰敎. 2006. “日本の地方選擧におけるマニフェスト導入と政治變化.” (사)내나라연구소・한국정당학회 주최 ‘지방선거와 정치발전에 관한 한・일 비교’ 국제세미나 발표논문.
川口英俊. 2005. “2002年衆議院總選擧におけるマニフェストを巡る諸問題について.” 日本法政學會.『法政論叢』 第42卷 第1号.
青木康三郎 外. 2005. “マニフェストはこう作る.”『早稲田パブリックマネジメント』 No. 3(2005 Autumn).
塚本壽雄. 2005. “第2回ローカルマニフェスト檢證大會 第3者評價報告書.” 第2回ローカルマニフェスト檢證大會 發表資料(2005. 11. 19).
品田裕. 2000. “90年代日本の選擧公約.” 水口憲人・北原鐵也・久米

郁男編著.『變化をどう說明するか: 政治篇』. 東京：木鐸社.

Abramowitz, Alan. 1980. "A Comparison of Voting for U.S. Senator and Representative in 1978." *American Political Science Review* 74, 633-640.

Backstrom, Charles H. 1977. "Congress and the Public: How Representative is the One of the Other?" *American Politics Quarterly* 5, 411-435.

Bloy, Marjie. The Tamworth Manifesto(http://www.scholars.nus.edu.sg/landow/victorian/history/tamworth2.html)(검색일: 2004년 8월 30일).

Brady, David and Barbara Sinclair. 1984. "Building Majorities for Policy Changes in the House of Representatives." *Journal of Politics* 46, 1033-1060.

Budge, Ian and Richard Hoffbert. 1990. "Mandates and Policy Outputs: U.S. Party Platforms and Federal Expenditures." *APSR* 84, No. 1.

Budge, Ian, David Robertson, Derek Hearl. 1987. *Ideology, Strategy and Party Change: Spartial Analyses of Post-War Election Programmes in 19 Democracies.* London : Cambridge University Press.

Budge, Ian, Richard Hoffbert and Derek Hearl. 1987. *Ideology, Strategy and Party Change: Spartial.* Cambridge : Cambridge University Press.

Butler, David and Dennis Kavanagh. 1988. *The British General Election of 1987.* London : Macmillan Press.

Craig, F.W.S. (ed.). 1990. *British General Election Manifestos 1959～1987.* Parliamentary Research Services, Brookfield USA : Dartmouth.

Dahl, Robert. 1970. *After the Revolution.* New Haven : Yale University Press.

Davis, Richard. 1999. *The Web of Politics.* Oxford : Oxford University Press.

Downs, Anthony. 1957. *An Economic Theory of Democracy.* New York : Harper & Row Publishers.

Erikson, Robert S. 1990. "Economic Conditions and the Congressional Vote." *American Journal of Political Science* 34.

Erikson, Robert S. and Gerald C. Wright, Jr. 1980. "Policy Representation of Constituency Interests." *Political Behavior* 2, 91-106.

Fiorina, Morris P. 1981. *Retrospective Voting in American National Elections.* New Haven : Yale University Press.

Gamson, William A. 1992. *Talking Politics.* Cambridge : Cambridge University Press.

Ginsberg, Benjamin and Martin Shefter. 1999. *Politics by Other Means.* W.W. Norton & Company, Inc.

Hibing, John R. and John R. Alford. 1982. "Economic Conditions and Forgotten Side of Congress: A Foray into U.S. Senate Elections." *British Journal of Political Science* 12, 505-513.

Jennings, Ivor. 1952. *The Law and the Constitution.* London : University of London Press.

Klingemann, Hans-Dieter, Richard I. Hofferbert and Ian Budge. 1994. *Parties, Policies and Democracy.* Oxford : Westview Press.

LaPalombara, Joseph ad Myron Weiner. 1966. *Political Parties and Political Development.* Princeton : Princeton University Press.

Lipset, S. M. and Stein Rokkan (eds.). 1967. *Party Systems and Voter Alignments.* New York : Macmillan.

Ludlam, Steve and Martin J. Smith (ed.). 2001. *New Labour in Government.* London : Macmillan Press Ltd.

Mann, Thomas E., and Raymond E. Wolfinger. 1980. "Candidates and Parties in Congressional Elections." *American Political Science Review* 74, 617-632.

Page, Benjamin I., and Robert Y. Shapiro. 1992. *The Rational Public.* Chicago : University of Chicago Press.

Pomper, Gerald M. 1992. *Voters, Elections and Parties: The Practice of Democratic Theory.* New Jersey : Transaction Publishers.

Powell, Martin. 2002. *Evaluating New Labour's Welfare Reforms.* Bristol : The

Policy Press.

Przeworski, Adam, Susan C. Stokes and Bernard Manin. 1999. *Democracy, Accountability, and Representation*. Cambridge : Cambridge University Press.

Robertson, D. 1976. *A Theory of Party Competition*. London & New York : Wiley.

Webb, Paul. 2000. *The Modern British Party System*. London : SAGE.

Wright, Gerald C., Jr. 1986. "Elections and the Potential for Policy Change in Congress." in Gerald C. Wright Jr., Leroy Rieselbach and Lawrence C. Dodd (eds.). *Congress and Policy Change*. New York : Agathon Press.

Wright, Jr. Gerald C. and Michael B. Berkman. 1986. "Candidates and Policy in United States Senate Elections." *American Political Science Review* 80. No. 2.

경향신문 2004년 4월 6일자.

뉴스위크 2003년 11월 19일.

朝日新聞. 2003년 11월 11일자.

http://www.scholars.nus.edu.sg/landow/victorian/history/tamworth2.html

http://www.nec.go.kr

http://www.genron-npo.net/

http://www.secj.jp/050826/index.htm

http://research.php.co.jp/

http://www.scholars.nus.edu.sg/landow/victorian/history/tamworth2.html